6141.

gal.

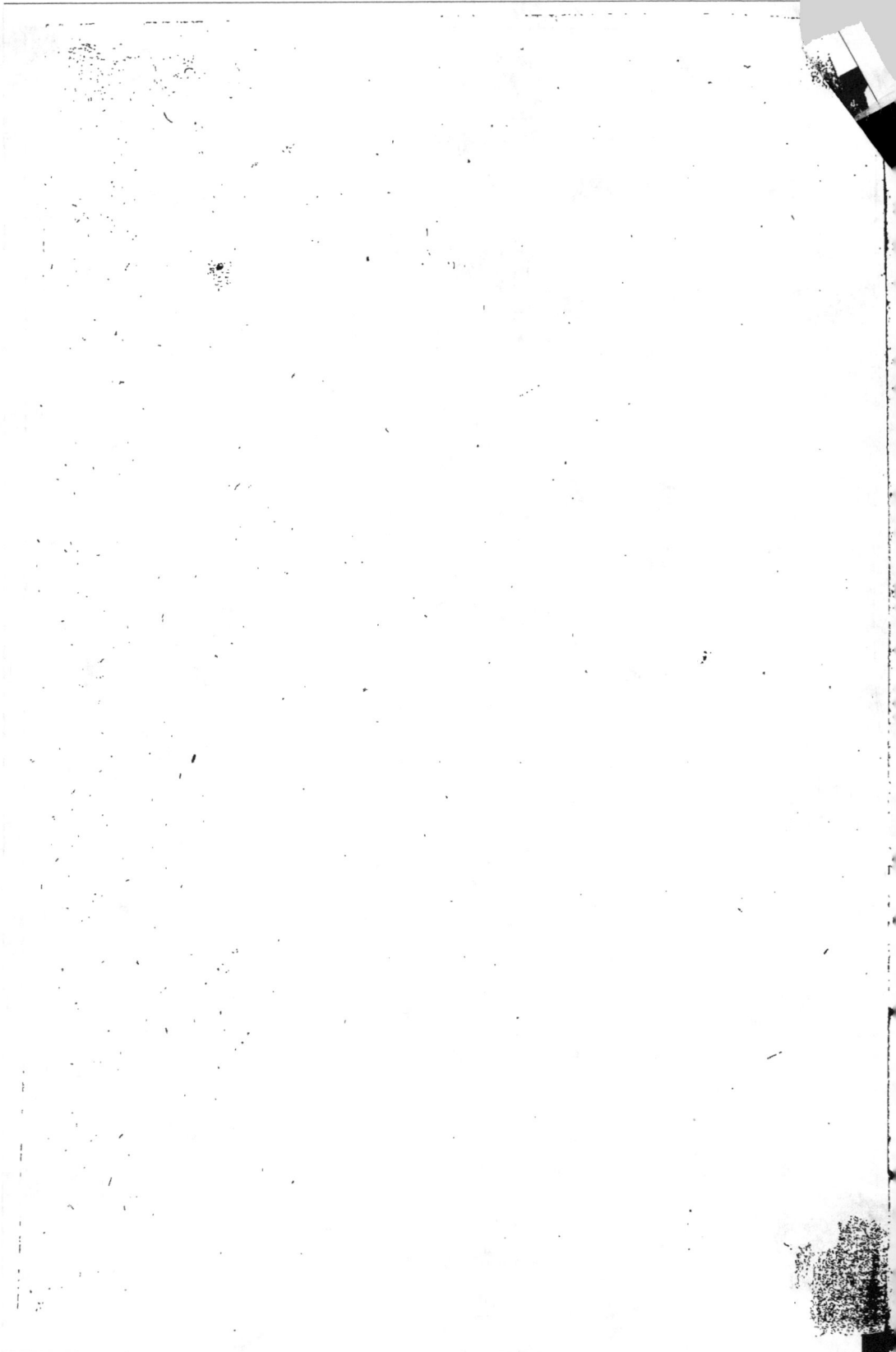

CONSTITUTIONS

DES

TRIEZE ETATS-UNIS

DE L'AMÉRIQUE.

CONSTITUTIONS

DES

TREIZE ETATS-UNIS

DE L'AMÉRIQUE.

NOUVELLE ÉDITION.

PREMIERE PARTIE.

A PARIS.

1792.

RECUEIL

Contenant les Constitutions des différens États Indépendans de l'Amérique :

La Déclaration de l'Indépendance :

Les Articles de Confédération entre lesdits États :

Les Traités entre Sa Majesté Très-Chrétienne, et les États-Unis de l'Amérique.

Publié par ordre du Congrès, et imprimé à Philadelphie en 1781.

On y a ajouté :

Le Traité d'Amitié et de Commerce entre L. H. P. les États-Généraux des Pays-Bas-Unis, et les États-Unis de l'Amérique :

Le Traité d'Amitié et de Commerce entre S. M. le Roi de Suède et les États-Unis de l'Amérique.

A

EN CONGRÈS.

Résolu,

Qu'il sera nommé un Comité de trois Personnes pour recueillir et faire imprimer deux cents Exemplaires, exacts et corrects, de la Déclaration de l'Indépendance, des Articles de Confédération et d'Union perpétuelles, des Alliances entre lesdits États-Unis et Sa Majesté Très-Chrétienne, et des Constitutions, ou Formes de Gouvernement des différens États, lesquelles Pièces seront réunies et publiées ensemble.

Les Membres choisis en conséquence de cette résolution, sont M. Bée, M. Witherspoon et M. Wolcott.

Extrait des Minutes.

Charles Thompson, Secrétaire.

I.

NEW-HAMPSHIRE.

NEW-HAMPSHIRE.

En CONGRÈS (1) *à EXETER*, 5 *Janvier* 1776.

Nous, Membres du Congrès de la Colonie de New-Hampshire, choisis et nommés par les suffrages libres du Peuple de ladite Colonie, autorisés par lui et munis de ses pouvoirs, pour nous assembler, aviser aux moyens, et prendre les mesures que nous jugerons les plus avantageuses

(1) Les Etats Américains ont appellé les uns *Congrès* les autres *Convention*, le Corps de Représentans qu'il ont choisi pour vaquer à la confection de leurs formes de Gouvernement, et ceux qu'ils pourront élire dans la suite pour les changer et les corriger; on a cru devoir employer dans cette traduction le mot Anglois; on auroit pu y substituer la périphrase, *Commission générale extraordinaire*, mais elle auroit souvent embarrassé; la dénomination de *Congrès* donné à ces Corps, ne pourra pas se confondre avec celle donnée à l'Assemblée des Représentans de tous les Etats-Unis, que l'on appelle toujours *Congrès général* ou *continental*.

A 3

au bien public, et en particulier pour établir une forme de Gouvernement, dans le cas où le Congrès Continental nous le recommanderoit; vu la recommandation qui nous a été adressée à cet effet par ledit Congrès; après avoir mûrement réfléchi sur la malheureuse situation dans laquelle ce pays a été jetté par un grand nombre d'actes oppressifs et vexatoires du Parlement Britannique, qui nous privent de nos droits et de nos privilèges naturels et constitutionnels; considérant que, pour forcer d'obéir à ces actes, le Ministère de la Grande-Bretagne, par un abus insensé et cruel de son autorité, a envoyé dans ce pays une grande flotte et une puissante armée; que par ses ordres la vie et les biens des Colons ont été en plusieurs lieux la proie du fer et des flammes; que l'on a pris des vaisseaux et leurs chargemens appartenans à plusieurs habitans honnêtes et industrieux de cette Colonie qui s'adonnoient au commerce, en se conformant aux Loix, et aux usages depuis long-tems établis dans ce pays:

Considérant que le départ subit et imprévu de son Excellence Jean Wentworth, Ecuyer, notre dernier Gouverneur, et de plusieurs des Membres du Conseil, nous laissent dénués de toute législation, qu'il n'y a plus de Tribunaux ouverts pour punir les criminels, et que par-là la vie et les biens du bon Peuple de cette Colonie, sont exposés aux machinations, et aux mauvais desseins des méchans :

Nous nous voyons donc réduits, pour la conservation de la tranquillité, du bon ordre, et pour la sûreté de la vie et des biens des habitans de cette Colonie, à la nécessité d'établir une forme de Gouvernement qui puisse durer et se maintenir pendant la contestation malheureuse, et, pour ainsi dire, contre nature, qui divise maintenant cette Colonie et la Grande-Bretagne; protestant et déclarant que nous n'avons jamais cherché à nous soustraire à la dépendance de la Grande-Bretagne, mais qu'au contraire, nous nous trouvions heureux sous sa protection, tant que nous avons pu jouir de nos droits et de nos privilèges naturels et constitutionnels; et que nous éprouverons une joie sincère, s'il peut s'effectuer entre nous et notre Mère-Patrie une réconciliation qui puisse être approuvée par le Congrès Continental, dans la prudence et la sagesse duquel nous avons mis et mettons notre confiance.

En conséquence, et pour répondre à celle que le Peuple de cette Colonie a mise en nous ; nous arrêtons et déclarons, que le

présent Congrès prendra le nom, le pouvoir
et l'autorité de *Chambre des Représentans*, *ou
d'Assemblée pour la Colonie de New-Hampsphire*;
et que ladite Chambre procédera à choisir
douze Sujets tous *Francs - Tenanciers* (1), de
bonne réputation et habitans dans ladite Colonie, de la manière suivante ; cinq dans le
Comté de Rockingam, deux dans le Comté
de Strafford, deux dans le Comté de Hillsbo-
rough, deux dans le Comté de Cheshire,
et un dans la Comté de Grafton ; lesquels douze
Sujets formeront une partie distincte et séparée
de la *Législature* (2), sous le nom de Conseil
pour cette Colonie ; que ce Conseil restera

---

(1) *Francs - Tenanciers*. Cette dénomination qui
s'appliquoit originairement en Angleterre à ceux qui
possédoient leurs terres en *aleu*, ne signifie pas autre
chose en Amérique que *possesseurs en propre, Propriétaires de terres*.

(2) L'embarras qui résulte dans la diction du mot
Corps législatif appliqué à un Corps composé de deux
autres Corps distincts et séparés, a fait adopter de
l'Anglois le mot *Législature*; il est dans l'analogie de la
Langue françoise, qui manque de mot pour représenter cette idée, et *Législature*, qui est le Corps revêtu
de la puissance législative, ne peut pas être confondu
avec *Législation*, qui est l'action de cette puissance.

en fonction jusqu'au troisième mercredi du mois de décembre prochain, et que sept de ses membres seront un *Quorum* (1), et pourront traiter les affaires.

Que ce Conseil nommera son président, et qu'en l'absence du président, le Conseiller le plus âgé présidera.

Que les deux Chambres de la Législature nommeront un Secrétaire, qui pourra être un des Conseillers, ou qu'elles choisiront à leur volonté, parmi toutes autres personnes.

Qu'aucuns actes ou résolutions ne seront valides, ni mis à exécution, que lorsqu'ils auront été passés et arrêtés par les deux Chambres de la Législature.

Que tous les officiers publics de ladite Colonie et de chacun des *Comtés* (2) pour

---

(1) On a cru devoir adopter le mot *Quorum* employé par les Anglois, pour signifier le nombre des Membres d'un Corps quelconque, nécessaire pour représenter ce Corps, et remplir toutes les fonctions qui lui sont attribuées. On s'en servira dans le reste de l'ouvrage pour épargner le retour fréquent d'une longue périphrase.

(2) Les Anglois ont conservé à leurs Provinces l'ancien nom de *Comtés* qui leur avoit été donné dans

l'année courante, seront nommés par le Conseil et l'Assemblée, à l'exception des Greffiers des différens Tribunaux qui seront nommés par les Juges de leurs Cours respectives.

Que tous bills, résolutions ou délibérations pour recueillir ou lever de l'argent, seront en premier lieu formés dans la Chambre des Représentans.

Que dans aucunes des *Sessions* (1) du Conseil ou de l'Assemblée, l'une des Chambres de la Législature ne pourra pas s'ajourner pour un délai plus long que du samedi au lundi suivant, sans le consentement de l'autre Chambre.

Et il est résolu en outre, que si la malheureuse contestation actuelle avec la Grande-

le tems du Gouvernement féodal, et ils ont appliqué ce même nom aux différentes subdivisions de leurs Colonies Américaines.

(1) Le mot Anglois *Session*, qui répond au mot François *Assises*, désigne tout l'espace du tems pendant lequel un Corps Politique ou de Judicature est en activité, et doit être distingué du mot *Séance*, qui désigne les tems particuliers pendant lesquels ce Corps est effectivement assemblé, chaque jour; ainsi les Sessions des Législatures Américaines sont toutes à-peu-près d'un an, et leurs Séances sont journalières.

Bretagne duroit au-delà de la présente année, et que le Congrès Continental ne donnât pas d'instructions ou de directions à ce contraires, les membres du Conseil seront choisis par le Peuple de chaque Comté respectif, de la manière qui sera ordonnée par le Conseil, et par la Chambre des Représentans.

Que le Général et les *Officiers supérieurs* (1) de la Milice, lorsque les emplois vaqueront, seront nommés par les deux Cambres, et tous les Officiers subalternes choisis par les Compagnies respectives.

————————————

(1) On distingue dans le Militaire les Officiers en trois classes, *Généraux, Supérieurs, Subalternes :* on appelle *Officiers généraux*, parce qu'ils commandent les différentes armes, sans être attachés à aucune en particulier, les Généraux Majors et Maréchaux-de-Camp selon les services, et tous ceux au-dessus de ce grade; les Brigadiers Généraux sont aussi en Amérique Officiers Généraux. Les *Officiers supérieurs* sont en France les Brigadiers, et dans tous les services, les Colonels, Lieutenans-Colonels et Majors. Les Capitaines, Lieutenans, &c. sont *Officiers subalternes.* Quant aux *Bas-Officiers*, ce sont des Soldats à qui l'on a donné un titre pour commander les autres; mais ils diffèrent des Officiers proprement dits, par le lien de l'engagement auquel ils sont soumis.

Que tous les Officiers de l'armée seront nommés par les deux Chambres, à moins qu'elles n'en ordonnent autrement pour quelque cas particulier.

Que tous les Officiers Civils de ladite Colonie, et de chacun des Comtés, seront nommés, et le tems qu'ils devront rester dans leurs Offices fixé par les deux Chambres, excepté pour les Greffiers, les Trésoriers des Comtés, et les Gardes des Registres des Actes.

Que le Peuple de chaque Comté choisira chaque année un Trésorier et un Garde des Registres des Actes pour le Comité; que le procès-verbal d'élection de ces Officiers sera envoyé aux Cours respectives des *Sessions générales de Paix* (1) du Comté, pour y être vérifié et certifié de la manière que le Conseil et l'Assemblée l'ordonneront par la suite.

---

(1) *Les Juges de Paix* sont des Juges inférieurs chargés de la Police : ils ont droit de faire arrêter les gens qui troublent la tranquillité publique; il y en a plusieurs dans chaque Comté, ils forment une Cour qui connoît de plusieurs espèces de crimes, même capitaux, et ce sont les Assises de cette Cour que l'on appelle *Sessions générales de Paix*.

Qu'il sera expédié chaque année, le premier jour de Novembre, ou auparavant, des lettres circulaires, au nom du Conseil et de l'Assemblée, signées par le Président du Conseil et par l'Orateur de la Chambre des Représentans, pour procéder aux élections des Membres du Conseil et de la Chambre des Représentans; et que les procès-verbaux de ces élections seront renvoyés le troisième mercredi du mois de Décembre suivant, de la manière que le Conseil et l'Assemblée le prescriront par la suite.

Dans la Chambre des Représentans, 19 Septembre 1776.

VOTÉ ET RÉSOLU,

Que comme la population s'accroîtra dans quelques villes nouvelles, ou dans quelques établissemens nouveaux de cet État d'année en année, ou dans d'autres périodes de tems, il sera expédié des Lettres circulaires pour que ces villes ou ces établissemens envoient des Délégués au Conseil et à l'Assemblée, de manière qu'ils soient pleinement représentés suivant le nombre de leurs habitans, et dans

la même proportion que les autres parties
de l'État.

Envoyé au Conseil pour y être approuvé.

P. W H I T E, Orateur.

En Conseil, même jour.

Lu et approuvé. E. THOMPSON, Secrétaire.
Collationné par moi, E. THOMPSON, Secrétaire.

I I.

MASSACHUSETTS.

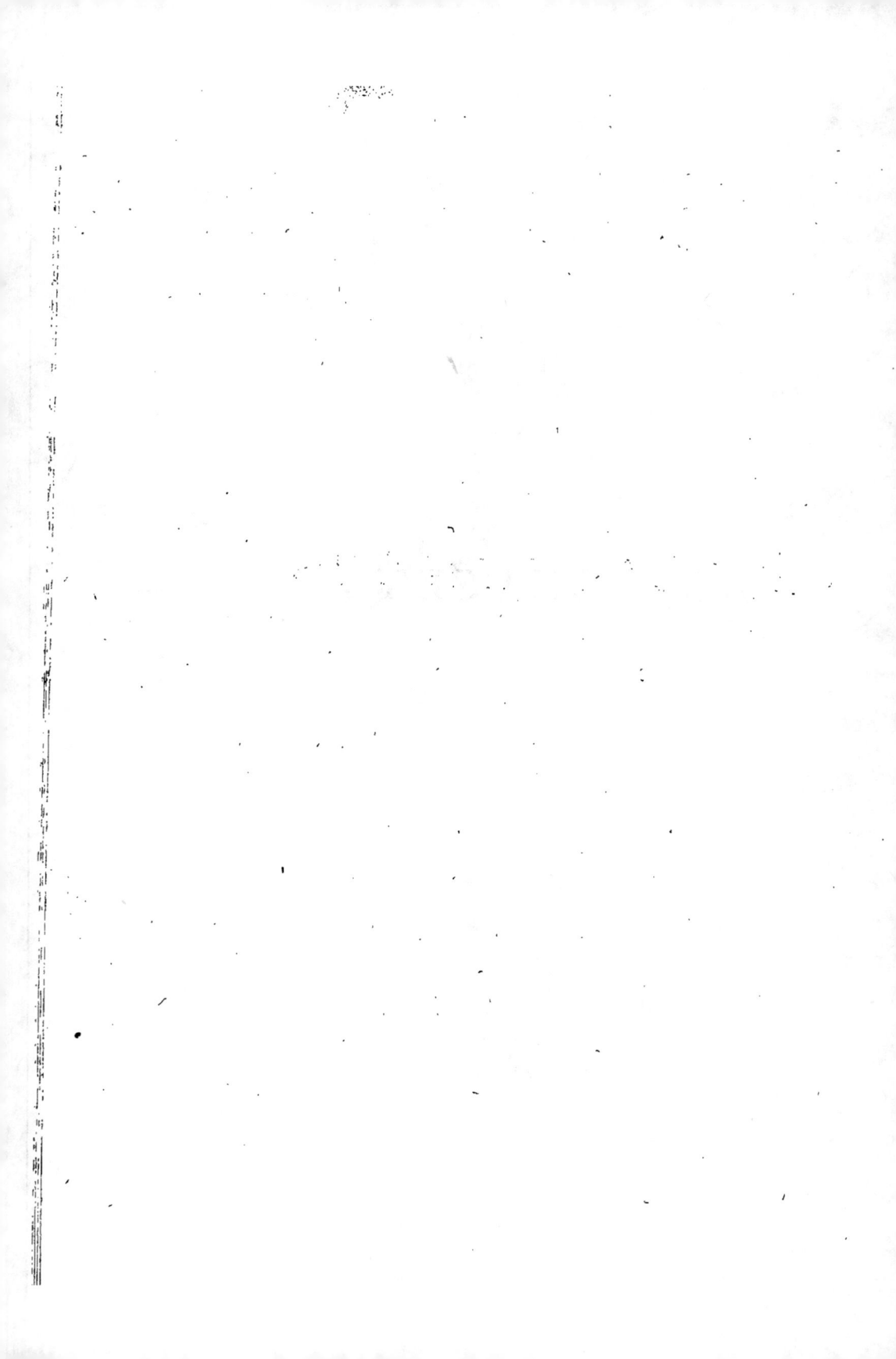

MASSACHUSETTS.

CONSTITUTION ou Plan de Gouvernement, arrêté par les Délégués du Peuple de l'État de la Baye de Massachusetts, dans leur Assemblée tenue et commencée à Cambridge le premier Septembre 1779, et continuée par ajournemens jusqu'au 2 de Mars 1780.

PRÉAMBULE.

LE but de l'institution, du maintien et de l'administration d'un Gouvernement, est d'assurer l'existence du Corps Politique, de le protéger, et de procurer aux individus qui le composent, la faculté de jouir en sûreté, et avec tranquillité de leurs droits naturels, et d'une vie heureuse; et toutes les fois que ces grands objets ne sont pas remplis, le Peuple a droit de changer le Gouvernement, et de prendre les mesures nécessaires à sa sûreté, à sa prospérité, et à son bonheur.

B

Le Corps Politique est formé par une association volontaire d'individus. C'est un contrat social par lequel le Peuple entier convient avec chaque Citoyen, et chaque Citoyen avec le Peuple entier, que tous seront gouvernés par certaines Loix pour l'avantage commun. Le Peuple doit donc, en formant une Constitution de Gouvernement, pourvoir à une manière équitable de faire les Loix, ainsi qu'aux précautions nécessaires pour que ces Loix soient interprétées avec impartialité et fidèlement exécutées, afin que tout homme puisse dans tous les tems jouir par elles de sa sûreté.

D'après ces principes, *Nous*, *Peuple de Massachusetts*, nous reconnoissons, et nos cœurs sont pénétrés du sentiment de la plus vive gratitude, nous reconnoissons la bonté signalée du Législateur suprême de l'Univers, qui, par une suite des décrets de sa providence, nous procure l'occasion et la faculté de faire entre nous tous, avec le tems d'une mûre délibération, avec tranquillité, et sans fraude, violence ni surprise, un pacte original, explicite et solemnel, et de former une Constitution nouvelle de Gouvernement Civil, pour nous et pour notre postérité.

Et après l'avoir ardemment supplié de nous diriger dans l'accomplissement d'un dessein aussi important, nous arrêtons, nous ordonnons et nous établissons *la Déclaration de Droits*, *et le Plan de Gouvernement* suivans, pour être *la Constitution de la République de Massachusetts*.

PREMIÈRE PARTIE.

Déclaration des Droits des Habitans de la République de Massachusetts.

ART. I. Tous les hommes sont nés libres (1) et é aux, ont certains droits naturels, essen-

---

(1) *Note d'un Américain.* On sera peut-être surpris de trouver une distinction d'*hommes libres* dans un pays où l'on croit que tous les hommes le sont. Il en existe encore en Amérique deux classes qui ne le sont pas.

L'une entièrement esclave; ce sont les Nègres. A la vérité, plusieurs, et même la plus grande partie des Colonies ont toujours été opposées à leur importation, et souvent ont fait des Loix pour l'empêcher; mais comme le consentement de la Couronne étoit nécessaire pour la confirmation de ces Loix, elles n'ont jamais pu être établies, le Roi les ayant toujours rejettées comme contraires aux intérêts de la Compagnie Angloise d'Afrique: aussi, la défense d'importer ces malheureuses victimes de l'avarice européenne a-t-elle été une des premières opérations du Congrès général; et l'on doit croire qu'il ne tardera pas à statuer sur le sort des Nègres actuellement existans dans l'étendue des *Treize Etats-Unis;* car, quoique

tiels et inaliénables, parmi lesquels on doit compter d'abord, le droit de jouir de la vie

---

plusieurs propriétaires en Pensylvanie leur aient donné la liberté, il en existe encore d'esclaves, même dans cette Colonie, et beaucoup dans les Colonies méridionales.

L'autre classe d'*hommes non libres*, ne gémit pas dans l'esclavage, mais elle est privée de la liberté dans le sens politique de ce mot qui implique la part dans le Gouvernement, et le droit de voter aux élections des Officiers publics. Cette seconde classe se subdivise en plusieurs espèces, et comprend :

1°. *Les enfans mineurs*, c'est-à-dire, qui n'ont pas vingt ans accomplis. Comme ils sont en général sans propriétés jusqu'à cet âge, et sous l'autorité immédiate de leurs parens, on suppose que ceux-ci auroient trop d'influence sur leurs suffrages.

2°. *Les Apprentifs* attachés à un maître pour apprendre de lui le commerce ou une profession quelconque : on présume qu'il auroit sur leurs voix pendant la durée de leur apprentissage une influence de même nature que celle des pères sur leurs enfans.

3°. Enfin *les Domestiques*, engagés. Ce sont en général des arrivans d'Angleterre, d'Irlande, d'Allemagne, &c. Beaucoup de ces émigrans n'ayant pas de quoi payer leur passage, conviennent avec les Capitaines qui consentent à les passer, de les servir eux et les personnes auxquelles ils céderont leur droit

B 3

et de la liberté , et celui de les défendre ; ensuite le droit d'acquérir des propriétés , de

---

pendant une, deux, trois ou quatre années, plus ou
moins, pour leur tenir lieu d'argent; la durée de
l'engagement se règle sur l'âge et les talens du Domestique : des ouvriers déjà formés n'en contractent que
de fort courts.

Les Capitaines en arrivant à l'Amérique, cèdent ces
engagemens de service aux habitans qui ont besoin
de Domestiques; mais il faut que la cession se fasse
devant un Magistrat qui règle l'engagement conformément à la raison et à la justice, et qui oblige les
maîtres de promettre par un acte écrit, que pendant
la durée de l'engagement le Domestique sera bien et
duement nourri, vêtu, logé, &c. qu'on lui apprendra
à lire , à écrire et à compter : qu'on lui montrera
quelque métier; qu'on l'instruira dans une profession
qui puisse lui procurer par la suite de quoi vivre, et
qu'à la fin du terme il sera mis en liberté, et recevra
en quittant son maître, un habillement complet et
des hardes neuves. On délivre au Domestique une
copie de cet engagement, et il en reste une autre
sur les registres entre les mains du Magistrat, à qui
le Domestique peut dans tous les tems avoir recours,
si son Maître le maltraite ou n'exécute pas fidèlement
sa partie du contrat.

Cette heureuse coutume facilite aux Colonies l'acquisition de nouveaux habitans, et fournit aux pauvres

les posséder et de les protéger ; enfin le droit de chercher et d'obtenir leur sûreté et leur bonheur.

II. C'est un droit aussi bien qu'un devoir pour tous les hommes vivans en société, de rendre à des tems marqués un culte public au grand Créateur et Conservateur de l'Univers. Et aucun Sujet ne doit être troublé, molesté ni contraint dans sa personne, dans sa liberté, ni dans ses biens pour le culte qu'il rend à Dieu, de la manière, et dans le tems les plus convenables à ce que lui dicte sa conscience, ni pour ses sentimens en matière de Religion, ni pour la Religion qu'il professe ; pourvu qu'il ne trouble point la tranquillité publique, et qu'il n'apporte aucun empêchement au culte religieux des autres.

III. Comme le bonheur d'un Peuple, le bon ordre et la conservation du Gouvernement Civil dépendent essentiellement de la piété, de la Religion, et des bonnes mœurs, qui ne peuvent se répandre parmi tout un Peuple,

---

de l'Europe le moyen de se transporter dans un pays où on les forme à une industrie qui leur assure pour la suite une honnête subsistance.

que par l'institution d'un culte public de la
Divinité, et par des instructions publiques sur
la Piété, la Religion et la Morale, le Peuple
de cette République a donc le droit, pour se
procurer le bonheur, et pour assurer le bon
ordre et la conservation de son Gouvernement, de donner à sa Législature le pouvoir
d'autoriser et de requérir, et la Législature
doit par la suite, lorsqu'il sera nécessaire,
autoriser les différentes Villes, Paroisses,
Districts et autres Corps Politiques ou Sociétés
Religieuses, à faire à leurs propres dépens
les fonds convenables pour l'institution du
culte public de la Divinité, et pour le soutien
et l'entretien de Ministres Protestans chargés
d'enseigner la Religion et la Morale, et même
les en requérir dans tous les cas où ces fonds
ne seroient pas faits volontairement.

Le Peuple de cette République a aussi le
droit de revêtir la Législature de l'autorité
nécessaire pour enjoindre à tous les Sujets
d'assister aux instructions des susdits Instituteurs publics, dans certains tems et dans
certaines saisons, s'il y a quelqu'une de ces
instructions qu'ils puissent suivre commodément et en conscience.

Pourvu néanmoins que les différentes Villes,

Paroisses, Districts et autres Corps Politiques ou Sociétés Religieuses aient dans tous les tems, le droit exclusif de choisir leurs Instituteurs publics, et de contracter avec eux pour leur entretien.

Tout l'argent payé par chacun des Sujets pour le maintien du culte public, et pour l'entretien des susdits Instituteurs publics, devra, si le contribuable l'exige, être uniformément appliqué à l'entretien de l'Instituteur, ou des Instituteurs publics de sa Secte ou de sa Communion, pourvu qu'il y en ait quelqu'un dont il suive les instructions, sinon cet argent devra être appliqué à l'entretien de l'Instituteur ou des Instituteurs de la Paroisse ou du District dans lequel il aura été élevé.

Et tous Chrétiens, de quelque Communion qu'ils soient, qui se comporteront tranquillement, et comme bons Sujets de la République, seront également sous la protection de la Loi; et la Loi n'établira jamais aucune subordination d'une Secte ou d'une Communion à une autre.

IV. Le Peuple de cette République a seul et exclusivement le droit de se gouverner comme un État libre, souverain et indépendant, et dès à présent, et à tout jamais il exerce et exercera tout pouvoir, toute juris-diction, il jouit et jouira de tous les droits qu'il n'a pas expressément délégués, ou qu'il ne déléguera pas expressément par la suite aux États-Unis de l'Amérique assemblés en Congrès.

V. Tout pouvoir résidant originairement dans le Peuple, et étant émané de lui, les différens Magistrats et Officiers du Gouverne-ment, revêtus d'une autorité quelconque légis-latrice, exécutrice ou judiciaire, sont ses Subs-tituts, ses Agens, et lui doivent compte dans tous les tems.

VI. Aucun homme, aucune corporation, aucune association d'hommes ne peuvent avoir, pour obtenir des avantages ou des privilèges particuliers et exclusifs, distincts de ceux de la Communauté, d'autres titres que ceux qui résultent de la considération de services rendus au Public; or, ces titres n'étant par leur nature ni héréditaires, ni transmissibles à des enfans, à des descendans, ou à des parens, l'idée d'un homme né Magistrat, Législateur ou Juge, est absurde et contre nature.

VII. Le Gouvernement est institué pour le bien commun, pour la protection, la sûreté, la prospérité et le bonheur du Peuple, et non pas pour le profit, l'honneur, ou l'intérêt particulier d'un homme, d'une famille, d'une classe d'hommes. En conséquence, le Peuple seul a le droit incontestable, inaliénable et imprescriptible d'instituer le Gouvernement, et aussi de le réformer, le corriger, ou le changer totalement, quand sa protection, sa sûreté, sa prospérité et son bonheur l'exigent.

VIII. Pour empêcher que ceux qui sont revêtus de l'autorité ne deviennent oppresseurs, le Peuple a droit de faire rentrer ses Officiers publics dans la vie privée, à certaines époques, et de la manière qui aura été établie par la forme de Gouvernement, et de remplir les emplois vacans par des élections et des nominations régulières.

IX. Toutes les élections doivent être libres, et tous les habitans de cette République ayant les qualités qui seront réquises par la forme de Gouvernement, ont un droit égal à élire les Officiers, et à être élus pour les emplois publics.

X. Chaque individu de la Société a droit d'être protégé par elle, dans la jouissance de sa vie, de sa liberté et de sa propriété, conformément aux Loix établies. Il est, en consé-

quence, obligé de contribuer pour sa part aux
frais de cette protection ; de donner son
service personnel ou un équivalent, lorsqu'il
est nécessaire : mais aucune partie de la propriété d'un individu ne peut, avec justice, lui
être enlevée, ou être appliquée à des usages
publics, sans son propre consentement, ou
sans celui du Corps qui représente le Peuple :
enfin, le Peuple de cette République ne peut pas
être soumis à d'autres Loix qu'à celles auxquelles le Corps constitutionnel qui le représente, a donné son consentement. Et toutes les
fois que les besoins publics exigeront que la
propriété d'un individu soit appliquée à des
usages publics, il doit en recevoir une indemnité raisonnable.

XI. Tout Sujet de la République doit trouver un remède certain dans le recours aux
Loix, pour tous les torts ou injures qu'il peut
éprouver dans sa personne, dans sa propriété,
dans sa réputation. Il doit obtenir droit et
justice gratuitement, et sans être obligé de
les acheter ; complettement, et sans qu'on
puisse les lui refuser ; promptement et sans
délai, et conformément aux Loix.

XII. Aucun Sujet ne peut être tenu de répondre pour une offense ou un crime quelcon-

ques, à moins qu'ils ne lui soient énoncés pleinement et clairement, substantiellement et formellement, et ne peut être contraint de s'accuser lui-même, ou de fournir des preuves contre lui-même. Tout Sujet aura droit de produire toutes les preuves qui peuvent lui être favorables, d'être confronté face à face avec les témoins, et d'être entendu pleinement dans sa défense par lui-même, ou par son conseil, à son choix; et aucun Sujet ne doit être arrêté, emprisonné, dépouillé ou privé de sa propriété, de ses immunités ou de ses privilèges, *mis hors de la protection de la Loi* (1), exilé ou privé de la vie, de la liberté

---

(1) On déclare en Angleterre *outlawed*, *hors de la protection de la Loi*, tout criminel qui refuse de comparoître; c'est une forme imaginée pour l'y forcer, et ses effets sont la mort civile et la confiscation des biens; autrefois même un homme *outlawed* étoit tellement hors de la protection des Loix, que sa vie n'étoit plus sous leur sauve-garde, et que son meurtrier n'étoit point puni. Les anciennes Loix Angloises appelloient la tête d'un homme *outlawed*, *caput lupinum*, *tête de loup*; et l'on pouvoit le tuer aussi impunément que l'on tue un loup. Mais depuis que les mœurs se sont adoucies, le meurtre dans ce cas est puni comme

ou de ses biens, que par le jugement de ses Pairs en vertu de la Loi du Pays.

Et la Legislature ne fera point de Loi pour

---

dans tous les autres, excepté lorsque l'on tue l'homme *outlawed* en s'efforçant de l'arrêter. Cette prononciation a lieu pour les crimes poursuivis par une partie civile, comme pour ceux poursuivis par la partie publique; elle doit être précédée de trois formalités, qui sont le *capias, ordre d'arrêter*, le *exigi facias*, ou *ordre de rechercher*, et la *proclamation*; lorsque ces décrets répétés plusieurs fois dans certains délais, n'ont pas produit la comparution du coupable, on le déclare *outlawed*. Quand c'est à la poursuite d'une partie civile, ou à celle de la partie publique pour crimes non capitaux, l'homme qui veut arrêter le criminel, doit être muni d'un *Warrant de capias ut lagatum*, c'est-à-dire, *d'un ordre pour appréhender l'homme outlawed*; mais quand c'est pour trahison ou *félonie*, tout le monde a droit de lui courre sus, et de l'arrêter sur la simple notoriété. L'homme mis hors de la protection de la Loi est admis à purger la contumace.

Comme le terme de *félonie* se rencontrera plusieurs fois dans ces Constitutions, il est bon de l'expliquer tout de suite ici. On appelle ainsi dans la Jurisprudence angloise tous les crimes qui sont punis de mort, ou pour lesquels on prononce la confiscation des biens.

infliger une punition capitale ou infamante sans une procédure par Jurés, excepté pour la discipline de l'Armée de terre ou de la Marine.

XIII. Dans les poursuites criminelles, la vérification des faits dans le voisinage du lieu où ils se sont passés, est de la plus grande importance pour la sûreté de la vie, de la liberté et de la propriété des citoyens.

XIV. Tout Sujet a droit d'être à l'abri de toutes recherches et de toutes saisies sans motifs raisonnables, de sa parsonne, de ses maisons, papiers et de toutes ses possessions. Tous *Warrants* (1) sont donc contraires à ce

_____

(1) Le *Warrant* est un ordre donné par les Officiers de Justice, et même en Angleterre par les Secrétaires d'Etat, pour faire recherche de personnes ou de choses, et les saisir. Il est ainsi nommé, parce que celui qui les donne en est responsable, *Garant*. Il faut que la cause pour laquelle le *Warrant* est donné y soit exprimée, ainsi que la personne ou la chose qui en sont l'objet. Tout *Général Warrant*, c'est-à-dire, tout *Warrant* qui ordonneroit la recherche ou la saisie d'une personne ou d'une chose quelconques, sans désignation expresse, est contre les Loix.

Le *Warrant* se donne ordinairement à la requête d'une

droit, si la cause ou le motif pour lesquels on les décerne, ne sont pas au préalable certifiés par le serment ou l'affirmation, ou si l'ordre porté par le *Warrant* à un officier civil, de faire des recherches dans tous les lieux suspects, d'arrêter une ou plusieurs personnes suspectes, ou de saisir leur propriété, n'est pas accompagné d'une désignation spéciale des personnes ou des objets que l'on doit, arrêter ou saisir ; et l'on ne doit décerner de *Warrant* que dans les cas et avec les formalités prescrites par la Loi.

Dans toutes les discussions de propriété, et dans tous les procès entre deux ou plusieurs personnes, excepté pour les cas où il en a été usé autrement jusques à présent, les parties ont droit à une *procédure par Jurés* (1) ;

---

partie civile ou de la partie publique, qui doivent administrer des preuves suffisantes pour l'obtenir.

(1) La procédure par *jurés* tire son origine de l'ancien droit d'être jugé par ses Pairs. En Angleterre, il n'y a que les Francs-Tenanciers qui puissent être Jurés ; il en est de même en Amérique. Le Shériff fait tous les ans une liste des Francs-Tenanciers du Comté ; et lorsque les Juges ordonnent qu'il soit procédé par un Juré, ils choisissent sur la liste une certaine quantité de personnes enregistrées,

et

et cette espèce de procédure sera regardée comme sacrée, à moins que la Législature ne trouve par la suite nécessaire de la changer, dans les causes résultantes de faits qui se sont passés en haute mer, ou dans celles qui concerneront les gages des Matelots.

XVI. La liberté de la presse est essentielle pour assurer la liberté d'un État; elle ne doit donc être gênée en aucune manière dans cette République.

XVII. Le Peuple a droit d'avoir et de porter des armes pour la défense commune. Comme en tems de paix les armées sont dangereuses pour la liberté, on ne doit pas en conserver sur pied sans le consentement de la Légis-

---

et toujours beaucoup plus qu'il n'en faut pour composer le Juré; dans quelques provinces, comme dans celle de Massachusett'sBay, c'est un enfant qui tire les noms d'une boëte où ils sont enfermés. Les Parties en matière civile et même criminelle ont, outre les cas de récusation portés par la Loi, le droit d'en récuser un grand nombre, sans articuler aucune raison. Les Jurés en matière civile sont appellés pour prononcer sur les points de fait, et même quelquefois sur ceux de droit; leur prononciation s'appelle *Verdict*, du mot latin *vere dictum*, dit véritable, et est portée au Juge qui décide d'après la Loi.

C

lature ; et le pouvoir militaire doit toujours être tenu dans une subordination exacte à l'autorité civile , et gouverné par elle.

XVIII. Un recours fréquent aux principes fondamentaux de la Constitution , et une adhésion constante à ceux de la piété , de la justice , de la modération , de la tempérance , de l'industrie et de la frugalité , sont absolument nécessaires pour conserver les avantages de la liberté , et pour maintenir un Gouvernement libre. Le Peuple doit en conséquence faire une attention particulière à ces principes dans le choix de ses Officiers et de ses Représentans ; et il a droit d'exiger de ses Législateurs et de ses Magistrats , qu'ils les observent exactement et constamment , dans la confection et l'exécution de toutes les Loix nécessaires pour la bonne administration de la République.

XIX. Le Peuple a droit de s'assembler d'une manière paisible et en bon ordre , pour consulter sur ce qui intéresse le bien commun. Il a droit de donner des instructions à ses Représentans , et de requérir du Corps Législatif , par la voie d'adresses , de pétitions ou de remontrances , le redressement des torts qui lui ont été faits , et le soulagement des maux qu'il souffre.

XX. Le pouvoir de suspendre les Loix, ou de surseoir à leur exécution, ne doit jamais être exercé que par la Législature, ou par une autorité émanée d'elle, dans les cas particuliers seulement, pour lesquels la Législature l'aura expressément prescrit.

XXI. La liberté des délibérations, de la parole et des débats dans l'une et l'autre Chambre de la Législatute, est si essentielle pour les droits du Peuple, que l'usage de cette liberté ne pourra jamais être le fondement d'aucune accusation ou poursuite, d'aucune action ou plainte dans aucune autre Cour ou lieu quelconques.

XXII. La Législature doit s'assembler fréquemment, pour redresser les torts, pour corriger, fortifier, et confirmer les Loix, et pour en faire de nouvelles, suivant que le bien-commun l'exigera.

XXIII. Il ne doit être établi, fixé, imposé ni levé aucuns subside, charge, taxe, impôt, ou droits, sous quelque prétexte que ce soit, sans le consentement du Peuple ou de ses Représentans dans la Législature.

XXIV. Des Loix faites pour punir des actions antérieures à l'existence de ces Loix, et qui n'ont point été déclarées criminelles par des Loix précédentes, sont injustes, oppressives et incompatibles avec les principes fondamentaux d'un Gouvernement libre.

XXV. Aucun sujet ne doit, dans aucun cas, ni dans aucun tems, être déclaré coupable de trahison ou de félonie par la Législature.

XXVI. Aucun Magistrat ni aucune *Cour de Loi* (1) ne doit demander des cautions ou des sûretés excessives, ni imposer des amendes trop fortes, ni infliger des punitions cruelles ou inusitées.

XXVII. En tems de paix, aucun soldat ne doit être logé dans aucune maison sans le consentement du propriétaire; et en tems de guerre, ces logemens ne doivent être faits que par le Magistrat civil, et en la manière prescrite par la Législature.

XXVIII. Aucune personne ne peut, dans

_____

(1) En Amérique ainsi qu'en Angleterre, on distingue les Cours de Justice en deux espèces, *Cours de Loi* et *Cours d'Équité*. Les premières sont obligées de juger précisément suivant la lettre de la Loi. Les autres en suivent plutôt l'esprit, et jugent selon l'équité, dans le cas où l'exécution rigoureuse de la Loi seroit une injustice. La procédure y est différente de celle des autres Cours, et il s'y forme, d'après la suite des décisions antérieures, une Jurisprudence particulière qui répond à la Jurisprudence des Arrêts dans nos Parlemens. Ces Cours ne connoissent que d'affaires civiles.

aucun cas, être assujettie à la *Loi martiale* (1); ou à aucunes peines pécuniaires ou corporelles en vertu de cette Loi, que par l'autorité de la Législature, excepté les personnes employées dans l'armée de terre ou dans la Marine et celles employées dans la Milice, en service actuel.

XXIX. Il est essentiel pour la conservation des droits de chaque individu, de sa vie, de sa liberté, de sa propriété, et de sa réputation, qu'il y ait une interprétation des Loix, et une administration de la Justice impartiales. C'est un droit appartenant à tous les Citoyens, d'être jugé par des Juges aussi

_____

(1) La *Loi Martiale* est, comme son nom l'indique, la Loi qui régit le Militaire ; dans l'état ordinaire, les Militaires seuls y sont sujets, et ne le sont même qu'en leur qualité militaire. Mais il y a des cas où la nécessité oblige pour le salut de l'Etat d'étendre l'activité de cette Loi jusques sur les citoyens, et de suspendre pour un tems l'autorité civile ; ces cas sont ceux d'invasion et de rébellion. Cet établissement momentané de la Loi Martiale a eu lieu plusieurs fois dans les Colonies Angloises en tems de guerre, et même quelquefois aussi dans quelques parties de la Grande-Bretagne. Il faut en Angleterre le concours du Parlement et du Roi, pour publier la Loi Martiale ; et les Américains ont aussi avec raison réservé ce droit à leurs Législatures.

libres, impartiaux et indépendans, que le sort
de l'humanité le permet. Il est donc non-seulement de la meilleure politique, mais il est
nécessaire pour la sûreté des droits du Peuple
en général, et de chaque citoyen en particulier, que les Juges de la Cour Suprême de
Judicature soient maintenus dans leurs offices
aussi long-tems qu'ils s'y conduiront bien, et
qu'ils aient un salaire honorable, assuré et
fixé par des Loix constantes.

XXX. Dans le Gouvernement de cette République, le Département législatif n'exercera
jamais le pouvoir exécutif ou judiciaire, ni
aucun des deux : le Département exécutif
n'exercera jamais le pouvoir législatif ou judiciaire, ni aucun des deux : et le Département
judiciaire n'exercera jamais le pouvoir législatif ou exécutif, ni aucun des deux ; afin que
ce soit le Gouvernement des Loix, et non pas
le Gouvernement des Hommes.

SECONDE PARTIE.

FORME DE GOUVERNEMENT.

LE Peuple habitant le territoire ci-devant appellé *la Province de là Baye de Massachusetts*, convient ici solemnellement, et tous les individus qui le composent, conviennent mutuellement de se former en un Corps politique ou État libre, souverain et indépendant, sous le nom de *République de Massachusetts.*

CHAPITRE PREMIER.

De la Puissance Législatrice.

PREMIÈRE SECTION.

Cour Générale.

ART. I. LE Département de la Législation sera composé de deux Chambres, *un Sénat* et *une Chambre des Représentans*, dont chacune aura le droit négatif sur l'autre.

Le Corps législatif s'assemblera chaque année, le dernier mercredi du mois de Mai, et dans tous les autres tems où il le jugera nécessaire et il se dissoudra et sera dissous le mardi veille dudit dernier mercredi de Mai, et s'intitulera *la Cour générale de Massachusetts.*

II. Aucuns Bills ou Résolutions du Sénat ou de la Chambre des Représentans, ne deviendront Loi, et n'auront force de Loi, qu'après avoir été présentés au Gouverneur pour sa révision; et si d'après cette révision le Gouverneur les approuve, il fera connoître son approbation en les signant. S'il a quelque objection à faire contre la passation d'un Bill ou d'une Résolution, il les renverra, en y joignant ses objections par écrit, au Sénat ou à la Chambre des Représentans, c'est-à-dire, à celle de ces deux Chambres de la Législature où l'acte aura pris naissance, et la Chambre enregistrera tout au long dans ses registres les objections envoyées par le Gouverneur, et procédera à examiner de nouveau ledit Bill ou ladite Résolution. Mais si d'après ce nouvel examen, les deux tiers du Sénat ou de la Chambre des Représentans sont d'avis, nonobstant les objections, de passer lesdits actes, ils seront envoyés avec les objections à l'autre Chambre de la Législature, pour y être aussi examinés de nouveau; et s'ils y sont approuvés par les deux tiers des Membres présens, ils

auront force de Loi. Dans tous ces cas, la votation dans les deux Chambres se fera par *oui*
et par *non* (1); et les noms des Votans pour ou
contre lesdits Bills ou Résolutions, seront
couchés sur les registres publics de la République.

Et pour prévenir tous délais inutiles, si
quelques Bills ou Résolutions ne sont pas renvoyés par le Gouverneur, cinq jours après qu'ils
lui auront été présentés, ils auront force de
Loi.

III. La Cour générale aura dorénavant plein
pouvoir et autorité d'ériger et d'établir des

---

(1) La manière de prendre les voix par *oui* et par *non*,
pratiquée dans la Chambre des Communes de la Grande-
Bretagne, et adoptée par les Américains, consiste à
réduire la proposition dans une forme qui puisse être
décidée par une simple affirmation ou négation ; c'est
l'Orateur de la Chambre qui est chargé de ce soin, et cela
s'appelle *sum up the motion*, *résumer la proposition*.
Lorsque la proposition est ainsi résumée et présentée, les
Membres font connoître leur vœu en criant tous ensemble,
les uns *oui*, les autres *non* : l'Orateur qui a l'oreille
exercée, proclame l'avis de la pluralité, d'après le son
qui lui a paru réunir le plus grand nombre de voix ; mais
s'il est en doute, ou si quelqu'un réclame contre sa
décision, il recueille les voix et les compte.

Tribunaux et Cours *qui auront des registres* (1), et d'autres qui n'en auront pas. Toutes ces Cours agiront au nom de la République; elles informeront, procéderont et jugeront sur toutes espèces de crimes, délits, discussions, procès, plaintes, actions, causes et choses quelconques qui s'éleveront ou arriveront dans la République, entre ou concernant des personnes habitant, résidant, ou amenées dans son territoire; soit que ces causes soient civiles ou criminelles, que lesdits crimes soient capitaux ou non capitaux, et soit que lesdites discussions soient réelles, personnelles ou mixtes; et elles feront exécuter leurs décisions, et pourront donner à cet effet, les ordres nécessaires.

---

(1) On distingue en Angleterre les Cours de Justice en *Courts of records*, Cours à registres, et *Courts of no records*, Cours qui n'ont pas de registres. Les premières qui représentent les anciennes Cours de la Couronne, ont une Jurisdiction supérieure et plus importante, et leurs décisions en conséquence sont conservées avec soin, et font autorité; les autres qui représentent les Cours des anciens vassaux de la Couronne, n'ayant qu'une Jurisdiction inférieure, leurs décisions sont de peu de conséquence, et on ne les conserve point.

Il leur est aussi donné et accordé par la présente Constitution plein pouvoir et autorité d'administrer dans l'occasion, le serment ou l'affirmation, pour mieux découvrir la vérité dans toute matière en cause et pendante devant eux.

IV. Et en outre il est ici donné et accordé à ladite Cour générale plein pouvoir et autorité d'ordonner et établir dans l'occasion toutes espèces d'ordres, loix, statuts et ordonnances, directions et instructions salutaires et raisonnables, et d'y attacher ou non des amendes, de manière pourtant que ces actes ne répugnent point et ne soient point contraires à la présente Constitution ; et de faire tous actes qu'elle jugera convenables pour le bien et l'avantage de cette République, pour le Gouvernement et le bon ordre de la République et de ses Sujets, et pour le soutien nécessaire et la défense de son Gouvernement. La Cour générale aura aussi plein pouvoir et autorité de nommer et établir annuellement, ou de pourvoir par des Loix fixes à la nomination et à l'établissement de tous les Officiers civils de la République, à l'élection et à l'institution desquels il n'aura pas été pourvu autrement ci-après dans la présente forme de

Gouvernement; de fixer les différens devoirs
et pouvoirs, et leurs bornes pour les différens
Officiers civils et militaires de la République;
et de prescrire la forme des sermens ou affirmations que ces différens Officiers devront
prêter pour entrer en fonctions de leurs offices ou emplois; de manière que toutes ces
choses ne répugnent point et ne soient point
contraires à la présente Constitution. Ladite
Cour générale aura encore plein pouvoir et
autorité d'imposer et lever des taxes propor-
tionnelles et raisonnables sur tous les habitans, les gens résidans, et sur les biens-fonds
situés dans le territoire de la République, et
aussi d'imposer et lever des droits raisonnables sur toutes les productions, biens, denrées, marchandises et effets quelconques importés, produits ou manufacturés, existant
dans ledit territoire; pour être le revenu provenant desdites taxes, droits, etc. distribué et
appliqué, en vertu d'Ordonnances signées par
le Gouverneur actuel de la République, de
l'avis et du consentement du Conseil, aux différens services publics, tant pour la défense
nécessaire et le maintien du Gouvernement
de ladite République, que pour la protection
et la conservation de ses Sujets, conformé-

ment aux Actes qui y sont ou qui y seront en vigueur.

Et tant que les charges publiques du Gouvernement seront en tout ou en partie imposées par têtes ou sur les biens-fonds, dans la manière pratiquée jusques à présent, l'estimation de tous les biens-fonds de la République sera renouvellée une fois au moins tous les dix ans, et plus souvent, si la Cour générale l'ordonne, afin que leur assiette puisse être faite avec égalité.

SECTION II.

Le Sénat.

ART. I. IL sera élu annuellement par les Francs-Tenanciers et les autres Habitans de cette République, ayant les qualités prescrites par la Constitution, quarante personnes pour être Conseillers ou Sénateurs pendant l'année qui suivra leur élection ; ces quarante sujets seront choisis par les habitans des Districts dans lesquels la République pourra être divisée à cet effet, selon les tems ; par la Cour générale. Et la Cour générale, en assignant le nombre des Membres du Sénat que les

Districts devront respectivement élire, se réglera sur la proportion des taxes payées par les susdits Districts , et fera connoître à tems aux habitans de la République, les limites de chaque District , et le nombre de Conseillers et de Sénateurs qui devront être choisis dans chacun ; mais le nombre des Districts ne sera jamais au-dessous de treize, et aucun District ne sera assez grand pour devoir élire plus de six Sénateurs.

Et jusques-à ce que la Cour générale juge à propos de changer la division actuellement existante , les différens Comtés de cette République seront réputés Districts pour le choix des Conseillers et Sénateurs (excepté que les Comtés du Duc et de Nantucket ne formeront à cet effet qu'un seul District.) Et ils éliront le nombre suivant de sujets pour Conseillers et Sénateurs; savoir :

Suffolk	six.
Essex	six.
Middlesex	cinq.
Hampshire	quatre.
Plymouth	trois.
Barnstable	un.
Bristol	trois.

York . . . . deux.

Le Comté du Duc et de Nantucket . un.

Worcester . . . . cinq.

Cumberland . . . . un.

Lincoln . . . . un.

Berkshire . . . . deux.

II. Le Sénat sera la première Chambre de la Législature, et les Sénateurs seront choisis de la manière suivante; il y aura toujours par la suite, le premier lundi du mois d'Avril de chaque année, une assemblée des habitans de chaque *Ville* (1) dans les différens Comtés de cette République: cette Assemblée sera convoquée par *les Officiers municipaux* (2) et annoncée selon les formes prescrites, sept jours au moins avant le premier lundi d'Avril, à l'effet d'élire les sujets pour être Sénateurs

_____

(1) Lorsque dans ces Constitutions, il est question des Villes relativement à leurs assemblées et à leurs droits d'élection, &c., il faut toujours entendre *Ville* et *Banlieue*, les Anglois rendent ces deux idées par le mot *Town*.

(2) On a rendu ici le mot anglois *Selectmen*, *Hommes choisis*, par *Officiers municipaux*, parce qu'ils remplissent à-peu-près les mêmes fonctions.

ou Conseillers. Et dans ces assemblées, tout habitant mâle, âgé de vingt-un ans et au-dessus, et possédant un bien-fonds en franche-tenue dans cette République, de trois livres sterling de revenu, ou un bien quelconque de la valeur de soixante livres sterling, aura droit de donner son suffrage pour les Séna-teurs du District dont il sera habitant. Et pour écarter toute espèce de doute sur la significa-tion du mot *habitant* dans la présente Consti-tution, tout homme sera réputé *habitant*, à l'effet d'élire ou d'être élu pour quelque office ou place de l'État, dans la Ville, le District ou la *Bourgade* (1) où il demeurera et où il aura sa maison.

Les Officiers municipaux des différentes villes présideront à ces Assemblées avec im-

---

(1) On a cru pouvoir rendre par le mot *Bourgade* le nom de *Plantation* donné par les Anglais aux pre-miers établissemens de leurs Colons, qui n'ont pas encore pris une forme régulière de ville ou de village, et qui ne sont encore que des habitations éparses; ce nom même est quelquefois resté à des établissemens devenus considérables et réguliers, comme celui de Providence, qui est toujours appellé dans les Chartes Anglaises *Colonie de Rhode-Island*, et *Plantation de Providence.*

partialité;

partialité ; ils recevront les suffrages de tous les habitans de la ville présens, et qui auront qualité pour l'élection des Sénateurs ; ils les trieront et les compteront en pleine assemblée, et en présence du Greffier de la ville, qui enregistrera exactement en pleine assemblée et en présence des Officiers municipaux le nom de chaque sujet pour lequel on aura voté, et le nombre des suffrages qui auront rapport à chaque nom ; il sera fait une expédition de ce registre qui sera certifiée par les Officiers municipaux et le Greffier de la ville, scellée et adressée au Secrétaire de la République actuellement en charge, avec une suscription qui indiquera les objets de son contenu, et délivrée par le Greffier de la ville au Shé-riff (1) du Comté dans lequel elle est située, trente jours au moins avant le dernier mer-credi du mois de Mai de chaque année ; ou bien elle sera délivrée dans le Bureau du Se-crétaire, dix-sept jours au moins avant le susdit

_____

(1) Le *Shériff* est le premier Magistrat du Comté : ce mot vient de *Shire*, qui signifie en anglais *Comté*. C'est le Shériff qui préside aux assemblées du Comté, qui fait la liste des Jurés ; il est à la fois Officier d'administration et Juge dans certains cas : c'est un emploi très-important.

D

dernier mercredi de Mai ; et le Shériff de chaque Comté délivrera dans le Bureau du Secrétaire les certificats qu'il aura reçus, dix-sept jours avant ce même dernier mercredi de Mai.

Les habitans des bourgades qui n'ont pas encore de chartes d'incorporation, ayant les qualités requises par la Loi, qui sont ou seront autorisés à s'imposer des taxes pour le maintien du Gouvernement, et sur qui l'on percevra ces taxes, auront le même droit de suffrages pour l'élection des Conseillers et Sénateurs dans la bourgade où ils résident, que les habitans des villes ont dans leurs villes respectives. Les Assemblées des bourgades pour cet objet se tiendront annuellement, le même premier lundi d'Avril, dans le lieu indiqué pour chacune par les Assesseurs respectifs ; et ces Assesseurs auront pour convoquer les Électeurs, pour recueillir les suffrages et en rendre compte, la même autorité que les Officiers municipaux et les Greffiers des villes, en vertu de la présente Constitution. Et toutes autres personnes, qui ayant qualité, comme il est dit ci-dessus, et vivant dans des habitations qui ne tiennent encore à aucune corporation, seront imposées pour le maintien du Gouvernement par les Assesseurs d'une

ville adjacente , auront le privilège de voter
à l'élection des Conseillers et Sénateurs , dans
la ville dans laquelle ils seront imposés ; et
seront en conséquence avertis à cet effet du
lieu de l'assemblée par les Officiers municipaux de cette ville.

III. Afin qu'il puisse y avoir une assemblée
complette des Sénateurs , le dernier mercredi
de Mai de chaque année , le Gouverneur ,
et cinq Membres du Conseil actuellement en
charge , examineront le plutôt possible les
expéditions des registres qui auront été envoyées ; et , quatorze jours avant ledit dernier
mercredi de Mai , le Gouverneur expédiera
ses lettres de convocation à ceux qui paroîtront avoir été choisis par la pluralité des
suffrages , pour qu'ils se rendent et prennent
leurs séances ce jour-là ; mais pour la première
année , lesdites expéditions des registres seront
examinées par le Président et cinq Membres
du Conseil de l'ancienne Constitution de
Gouvernement , et ledit Président expédiera
ses lettres de convocation, aux Sujets ainsi
élus, pour qu'ils viennent prendre séance ,
comme il est dit ci-dessus.

IV. Le Sénat sera juge souverain et en dernier ressort, des élections , des certificats et

des qualités de ses Membres, d'après les règles
établies par la Constitution; et le susdit dernier mercredi de Mai de chaque année, il
décidera et déclarera qui sont les Sujets élus
pour Sénateurs dans chaque District à la pluralité des voix; et s'il arrive que dans le
nombre complet des Sénateurs portés sur les
expéditions des registres, il paroisse que
quelques-uns n'auront pas été élus dans leur
district à la pluralité des suffrages, on supléera
au déficit de la manière suivante; savoir, les
Membres de la Chambre des Représentans, et
ceux des Sénateurs qui auront été déclarés
duement élus, prendront les noms des sujets
qui, dans ce District, auront réuni la plus
grande quantité de suffrages, sans avoir été
élus jusqu'à la concurrence du double des Sénateurs manquans, s'il y a ce nombre de
Sujets qui aient reçu des suffrages; et ils
éliront au scrutin parmi ces Sujets le nombre
de Sénateurs nécessaire pour remplir le vide
de ce District: de cette manière, toutes les
places vacantes dans tous les Districts de la
République se trouveront remplies, et l'on
suppléera de la même manière aussi promptement qu'il sera possible, à toutes les vacances
des places de Sénateurs, soit par mort, par

éloignement de l'État, soit par toutes autres causes.

V. Mais aucun sujet ne pourra être élu pour Sénateur, s'il n'est pas possesseur en son propre et privé nom d'une franche-tenue dans le territoire de la République, valant au moins trois cents livres sterlings, ou d'un effet mobiliaire valant au moins six cents livres sterlings, ou de deux montant ensemble à cette somme ; s'il n'a pas été habitant de cette République pendant les cinq années qui auront immédiatement précédé son élection, et s'il n'est pas, au tems de son élection, habitant du District pour lequel il aura été choisi.

VI. Le Sénat aura le pouvoir de s'ajourner lui-même, pourvu que ce ne soit pas pour plus de deux jours à chaque fois.

VII. Le Sénat choisira son Président, nommera ses officiers, et réglera ses formes de procéder.

VIII. Le Sénat sera Cour de Justice, avec pleine autorité pour entendre et décider toutes *accusations de crimes d'État* (1) intentées par

_____

(1) On a rendu le mot anglais *Impeachment* par *accusation de crime d'État*. Ce terme s'applique à une procédure particulière aux procès pour malversations dans les

la Chambre des Représentans contre tout ou
tous Officiers de la République, pour mauvaise
conduite, ou malversation dans leurs offices.
Mais avant de procéder sur une accusation de
crime d'État, les Membres du Sénat seront
respectivement tenus de prêter serment, qu'ils
procéderont et jugeront sur la charge en question, sincèrement et impartialement d'après
les preuves : leur jugement néanmoins ne
pourra pas s'étendre plus loin qu'à la destitution de l'Office, et à l'incapacité de posséder aucune place d'honneur, de confiance ou
de profit au service de cette République ; mais
la Partie ainsi convaincue sera néanmoins sujette à être poursuivie en vertu d'une *plainte* (1)

----

grands emplois ; c'est en Angleterre la Chambre des Communes qui se rend accusatrice devant celle des Pairs,
à qui seule la connoissance de ces causes est réservée
en sa qualité de Cour suprême de Justice. En Amérique,
c'est la Chambre inférieure de la Législature qui sera
accusatrice, et la Chambre supérieure qui jugera,
excepté en Pensylvanie, où il n'y a qu'un seul Corps
de Législation, nommé *Assemblée générale*; c'est elle
qui poursuit les *Impeachments*, et le Conseil d'Etat
qui les juge.

(1) Le mot anglais *Indictment*, qu'on a rendu ici
par *Plainte*, est effectivement le premier acte de la

devant les Tribunaux ordinaires, et soumise à la procédure et à la punition conformes à la Loi du Pays.

IX. Il ne faudra pas moins que seize Membres du Sénat pour former un *Quorum* qui puisse agir légitimement.

SECTION III.

Chambre des Représentans.

ART. I. IL y aura dans la Législature de cette République, une représentation du Peu-

---

procédure criminelle. Le *Bill d'Indictment* est remis à un grand Juré, c'est-à-dire, à un Juré composé de quinze personnes au moins, qui met au dos du Bill, *Ignoramus*, s'il ne trouve pas de fondement à l'accusation, ou *Billa vera*, s'il la trouve fondée ; mais pour répondre de cette dernière manière et autoriser l'accusation, il faut les voix réunies de douze des Membres du grand Juré, dans ce dernier cas la plainte est reçue, et l'accusé est *Indicted*. On procède ensuite aux informations par un petit Juré composé de douze personnes seulement. Lorsque l'examen de l'affaire est fini, et que l'accusé a été entendu par lui et par ses conseils, le petit Juré prononce *Guilty, il est coupable*, ou *not Guilty, il n'est pas coupable* ; mais la première prononciation ne peut avoir lieu que par le suffrage unanime de douze Jurés : le Juge ensuite ouvre la Loi, et prononce la peine qu'elle prescrit.

D 4

ple, élue annuellement et fondée sur le principe de l'égalité.

II. Et afin de pourvoir à une représentation
des Citoyens de cette République, fondée sur
le principe de l'égalité, toute ville formant
corporation qui contiendra cent cinquante
têtes imposables (1) pourra élire un Représentant : toute ville formant corporation, et contenant trois cent soixante-cinq habitans imposables, pourra élire deux Représentans ; toute
ville formant corporation et contenant six
cents habitans imposables, pourra élire trois
Représentans ; et en suivant cette progres-
sion, deux cent vingt-cinq habitans imposables
donneront le droit d'élire un Représentant de
plus.

Cependant toute ville formant actuellement
corporation, quoiqu'elle n'ait pas cent cinquante habitans susceptibles d'être taxés,
pourra élire un Représentant ; mais à l'avenir
on ne donnera de charte de corporation, avec
le privilège d'élire un Représentant, à aucun
lieu, à moins qu'il n'y ait cent cinquante
habitans imposables.

_____

(1) Un homme n'est imposable qu'à vingt-un ans,
e fixé par les Loix pour la majorité.

La chambre des Représentans pourra, si le cas arrive, condamner à une amende les villes qui négligeront de choisir des Représentans, et d'envoyer le procès-verbal de leur élection conformément à la présente Constitution.

Les frais de voyage, pour se rendre à l'assemblée et pour en revenir, seront payés une fois seulement dans chaque session, et jamais plus, par le gouvernement, des fonds du trésor public, à chaque Membre qui, au jugement de la Chambre, se sera rendu aussi exactement à tems qu'il l'aura pu, et qui ne sera pas parti sans la permission de la Chambre.

III. Tout Membre de la Chambre des Représentans sera choisi par des suffrages écrits; il devra avoir été habitant de la ville pour laquelle il aura été élu, pendant l'année au moins qui aura précédé immédiatement son élection, et posséder dans son territoire, en son propre et privé nom, une franche-tenue valant cent livres sterling, ou un bien imposable quelconque valant deux cent livres sterling; et il cessera de représenter ladite ville aussi-tôt qu'il perdra quelqu'une des qualités ci-dessus.

IV. Tout habitant mâle, âgé de vingt-un an, et résidant depuis un an dans une ville de cette République, ayant dans le territoire de cette ville une franche-tenue de trois livres sterling de revenu, ou un bien quelconque valant soixante livres sterling, aura droit de suffrages à l'élection du Représentant ou des Représentans de cette ville.

V. Les membres de la Chambre des Représentans seront choisis chaque année dans le mois de Mai, dix jours au moins avant le dernier mercredi de ce mois.

VI. La Chambre des Représentans sera la grande *Cour d'Enquêtes* (1) de cette République et toutes les accusations de crimes d'État faites par elle seront entendues et jugées par le Sénat.

VII. Tous les Bills d'argent prendront naissance dans la Chambre des Représentans ; mais le Sénat pourra y proposer des changemens, ou y concourir avec des changemens, comme sur les autres Bills.

VIII. La Chambre des Représentans aura le

_____

(1) *Le grand Enquêteur* (c'est le nom d'un Office de Judicature en Angleterre) étoit chargé d'instruire tous les crimes contre l'Etat, comme le grand Juré d'instruire tous les crimes contre les Loix dans son District.

pouvoir de s'ajourner elle-même, mais jamais pour plus de deux jours à chaque fois.

IX. Il ne faudra pas moins de soixante Membres de la Chambre des Représentans pour constituer un *Quorum* qui puisse traiter des affaires.

X. La Chambre des Représentans sera Juge des certificats, des élections et des qualités de ses Membres, d'après les règles établies par la Constitution; elle choisira son Orateur, nommera ses Officiers et réglera son ordre et ses formes de procéder. Elle aura l'autorité de punir de la prison toute personne, même n'étant point de ses Membres, qui se rendra coupable de manque de respect envers elle, soit en causant du désordre, soit en tenant des propos injurieux ou méprisans en sa présence; ou qui, dans la ville où siégera la Cour générale, et durant le tems de ses sessions, menacera quelqu'un de ses Membres dans sa personne ou dans ses biens, pour une chose dite ou faite dans la Chambre, ou qui les attaquera pour pareil sujet, ou qui attaquera ou arrêtera quelque témoin ou toute autre personne mandée par la Chambre, soit en s'y rendant, soit en s'en retournant; ou bien qui délivrera quelque personne arrêtée par ordre de la Chambre.

Et aucun Membre de la Chambre des Représentans ne pourra être arrêté, ni tenu de donner caution pour une action civile durant son voyage pour se rendre à la Chambre, ou son retour, ou pendant qu'il siégera.

XI. Le Sénat aura les mêmes pouvoirs dans les mêmes cas ; le Gouverneur et le Conseil auront aussi la même autorité pour punir en cas pareils, pourvu qu'aucun emprisonnement en vertu d'un *Warrant* ou d'un ordre du Gouverneur, du Conseil, du Sénat ou de la Chambre des Représentans pour quelqu'un des délits désignés ci-dessus, ne soit pas pour un terme au-delà de trente jours.

Le Sénat et la Chambre des Représentans pourront examiner et décider par le ministère de Comités de leurs Membres respectifs, ou de toute autre manière qu'ils jugeront respectivement convenable, tous les cas qui intéresseront leurs droits et leurs privilèges et tous ceux que, par la Constitution, ils ont le droit d'examiner et de décider.

CHAPITRE II.

Puissance exécutrice.

PREMIÈRE SECTION.

Gouverneur.

ART. I. IL y aura un premier Magistrat chargé supérieurement de la Puissance exécutrice, dont le nom sera *Gouverneur de la République de Massachusetts*, et qui sera traité d'*Excellence*.

II. Le Gouverneur sera choisi tous les ans ; et aucun sujet ne sera éligible pour cet office, si au tems de son élection il n'a pas été habitant de cette République pendant les sept années immédiatement précédentes ; s'il n'est pas au tems aussi de son élection possesseur en son propre et privé nom d'une franche-tenue dans le terriroire de la République, valant mille livres sterling ; et s'il ne se déclare pour être de la Religion Chrétienne.

III. Les personnes ayant qualité pour voter aux élections des Sénateurs et des Représentans dans les différentes Villes de la République, donneront dans une Assemblée convoquée à cet effet, le premier lundi du mois d'Avril de

chaque année, leur suffrage pour un Gouverneur, aux Officiers Municipaux qui présideront à cette assemblée ; et le Greffier de la
Ville, en présence et assisté des Officiers Municipaux en pleine assemblée, criera et comptera
les suffrages, et formera une liste des personnes
pour qui l'on aura voté, avec le nombre de
suffrages pour chacune, accolé à son nom ; il
enregistrera cette liste sur les registres de la
Ville, et en fera lecture à haute et intelligible
voix dans l'Assemblée ; il scellera, en présence
des habitans, des expéditions de cette liste
certifiées par lui et les Officiers Municipaux, et
les enverra au Shériff du Comté, trente jours
au moins avant le dernier mercredi de Mai ; le
Shériff les enverra dans les bureaux du Secrétaire, dix-sept jours au moins avant le susdit
dernier mercredi de Mai, ou bien les Officiers
Municipaux pourront y faire parvenir de
pareilles expéditions dix-sept jours au moins
de même avant ledit jour, et le Secrétaire les
présentera le dernier mercredi de Mai au Sénat
et à la Chambre des Représentans, pour y être
examinées. Dans le cas où l'un des Sujets
balottés aura la pluralité sur le nombre total
des voix, le choix sera déclaré et proclamé par
les deux Chambres ; mais si aucun n'a réuni

cette pluralité en sa faveur, la Chambre des Représentans élira deux Sujets parmi les quatre qui auront eu le plus grand nombre de suffrages, s'il y en a ce nombre pour qui l'on ait voté, sinon elle en élira deux parmi les balottés et présentera au Sénat les deux Sujets ainsi élus, parmi lesquels le Sénat en élira un au scrutin, qui sera déclaré Gouverneur (1).

IV. Le Gouverneur aura l'autorité, dans l'occasion et à sa volonté, d'assembler et convoquer les Conseillers de cette République actuellement en charge; et le Gouverneur avec ces Conseillers, ou au moins cinq d'entr'eux devra et pourra dans l'occasion tenir un Conseil pour ordonner et diriger les affaires de cette République, conformément à la Constitution et aux Loix du Pays.

_____

(1) Cet article demande une courte explication que voici. S'il y a, par exemple, cent Electeurs, il faudra qu'un Sujet ait au moins cinquante-une voix pour être proclamé Gouverneur sans autre formalité; mais si aucun n'a réuni cinquante-une voix, et que sur six Sujets balottés, par exemple, quatre aient eu de quarante à cinquante voix, et les deux autres n'en aient eu que trente à quarante, la Chambre des Représentans élira deux Sujets sur les quatre premiers, pour les présenter au Sénat.

V. Le Gouverneur, avec l'avis du Conseil, aura plein pouvoir et autorité, durant la session de la Cour générale, de l'ajourner ou de la proroger pour le tems que les deux Chambres desireront, et aussi de la dissoudre la veille du dernier mercredi de Mai; et, dans les vacances de ladite Cour, de la proroger d'une époque à une autre, mais jamais pour plus de quatre-vingt-dix jours dans une seule vacance; et de la rassembler avant l'époque à laquelle elle aura pu être ajournée ou prorogée, si le bien de la République l'exige; et dans le cas où il se déclareroit quelque maladie contagieuse dans le lieu où ladite Cour devroit se rassembler, ou pour toute autre cause qui mettroit en danger la santé ou la vie des Membres de la Cour, en faisant leur service, il pourra ordonner que la session se tienne dans quelqu'autre lieu de l'État, le plus commode et le plus convenable.

Le Gouverneur dissoudra ladite Cour générale; la veille du dernier mercredi de Mai.

VI. Dans le cas d'avis différent entre les deux Chambres, relativement à la nécessité, la convenance ou le tems d'un ajournement ou d'une prorogation, le Gouverneur, avec l'avis du Conseil, aura droit d'ajourner ou

de

de proroger la Cour générale, mais jamais au-
delà de quatre-vingt-dix jours, selon qu'il
trouvera que le bien public le demande.

VII. Le Gouverneur de cette République,
en exercice, sera le Commandant en chef de
l'Armée, de la Marine et de toutes les forces
militaires de l'État sur terre et sur mer; il
aura plein pouvoir par lui-même, ou par un
Commandant, ou par tel ou tels autres Officiers, de discipliner, instruire, exercer et
gouverner la Milice et la Marine : et lorsque
la défense spéciale et la sûreté de la République l'exigeront, il aura pouvoir d'assembler
les Habitans, de les mettre sur le pied de
guerre, de les commander et de les conduire ;
et à leur tête d'aller chercher, de repousser,
chasser et poursuivre par la force des armes,
tant par mer que par terre, dans les limites
de cette République et hors de ces limites,
et aussi de tuer et détruire, s'il est nécessaire, de vaincre et prendre par toutes
voies, entreprises et moyens convenables
quelconques, toutes et telles personnes, qui
par la suite pourroient tenter ou entreprendre
d'une manière hostile de détruire, d'envahir,
de troubler cette République, ou de lui nuire
en quelque manière que ce soit : il pourra

E

établir et exercer sur l'Armée, sur la Marine
et sur la Milice en service actuel, la Loi
Martiale, en tems de guerre ou d'invasion,
et aussi en tems de rébellion déclarée telle
par la Législature, lorsque le cas l'exigera
nécessairement; et il pourra prendre et sur-
prendre par toutes voies et moyens quelconques, avec leurs vaisseaux, armes, munitions et autres effets, toutes et telles personnes
qui attaqueront, ou tenteront d'attaquer, de
conquérir cette République, ou de lui nuire;
et enfin le Gouverneur sera revêtu de tous
ces pouvoirs et de tous autres appartenans
aux offices de Capitaine général et Commandant en chef, et d'Amiral, pour les exercer
conformément aux règles et réglemens de la
Constitution, et aux Loix du Pays, et non
autrement.

Mais ledit Gouverneur, dans aucun tems,
ni en vertu d'aucun pouvoir à lui accordé
par la présente Constitution, ou qui pourroit
dans la suite lui être accordé par la Législature,
ne transportera aucun des habitans de cette
République, ni ne les obligera de marcher
hors de ses frontières, sans leur libre et
volontaire consentement, ou sans le consentement de la Cour générale, excepté dans le

cas où il seroit nécessaire de les faire marcher, où de les transporter par terre ou par eau hors de ces frontières, pour la défense d'une partie de l'État à laquelle on ne pourroit pas parvenir autrement.

VIII. Le Gouverneur, par et avec l'avis du Conseil, aura le pouvoir de faire grace, excepté pour les crimes dont les coupables auront été convaincus devant le Sénat, pour une accusation de crime d'État intentée par la Chambre. Mais aucunes Lettres de grace accordées par le Gouverneur avec l'avis du Conseil, avant conviction, ne pourront avoir d'effet pour la personne qui en demandera l'exécution, nonobstant toutes expressions générales ou particulières y contenues, spécifiant le crime ou les crimes qu'il auroit entendu pardonner.

IX. Tous les Officiers de Justice, *le Procureur-général*, *le Solliciteur-général* (1), tous

_____

(1) L'*Attorney* (Procureur) *Général*, et le *Sollicitor* (Avocat) *Général*, sont des Officiers dont les fonctions correspondent à celles de nos Avocats et Procureurs Généraux, il sont à la fois Officiers du Fisc, et Parties publiques.

les Shériffs, *Coroners* (1) et Gardes-registres
des vérifications, seront nommés et installés
par le Gouverneur, par et avec l'avis et le
consentement du Conseil, et toutes ces nominations seront faites par le Gouverneur, et
faites au moins sept jours avant l'installation.

X. Les Capitaines et Officiers subalternes
de la Milice seront élus par les suffrages écrits
de la totalité de leurs Compagnies respectives (2), et devront être âgés de vingt-un

---

(1) Le *Coroner* est un Juge inférieur qui fait les premières informations dans les cas de meurtre, ou de
cadavres trouvés; il connoît aussi en Angleterre des
naufrages et des trésors trouvés: mais ces droits barbares n'existant pas en Amérique, son Office est rer-
treint aux premiers articles; il supplée aussi le Shériff
dans toutes ses fonctions, soit en cas d'absence, soit
en cas de récusation.

(2) Dans les Etats Américains, tous les habitans
depuis l'âge de seize ans jusques-à celui de soixante,
sont enrôlés et composent la Milice; mais il y en a
plusieurs qui, à raison de leurs occupations ou de
leurs emplois, sont dispensés de suivre les exercices
qui se font à certains jours marqués; et cette distinction a donné lieu à établir deux contrôles différens, l'un
nommé *Train-band*, *Bande prête à marcher*, comprend
seulement ceux qui sont tenus à tous les exercices, et

ans ou plus ; les Officiers supérieurs des Régimens seront élus par les suffrages écrits des Capitaines et Officiers subalternes de leurs Régimens respectifs ; les Brigadiers seront élus de la même manière par les Officiers supérieurs de leurs Brigades respectives ; et tous ces Officiers ainsi élus seront brevetés par le Gouverneur qui réglera leur rang.

La Législature réglera par des Loix fixes le tems et la manière d'assembler les Électeurs, de recueillir les suffrages, et de présenter et certifier au Gouverneur l'élection des Officiers.

Les Majors-généraux seront nommés par le Sénat et la Chambre des Représentans, qui auront le droit négatif réciproquement l'un sur l'autre, et ils seront brevetés par le Gouverneur.

Si les Électeurs des Brigadiers, Officiers supérieurs, Capitaines ou Officiers subalternes négligent ou refusent de faire ces élections lorsqu'elles leur auront été duement notifiées, conformément aux Loix alors en vigueur, le Gouver-

---

à marcher au premier coup de tambour ; l'autre nommé *Alarm-list*, *Liste d'alarme*, comprend la totalité des habitans enrôlés, parce que dans les cas d'alarme, tout le monde doit marcher. La totalité de la Compagnie a droit de suffrage pour l'élection des Officiers.

neur, avec l'avis du Conseil, nommera des personnes convenables pour remplir ces emplois.

Et aucun Officier, duement breveté pour commander dans la Milice, ne pourra être privé de son emploi qu'en vertu d'une adresse des deux Chambres au Gouverneur, ou par une procédure dans une Cour Martiale, conformément aux Loix de cette République alors en vigueur.

Les Officiers commandant les Régimens nommeront leurs Adjudans et leurs Quartiers-Maîtres, les Brigadiers leurs Majors de Brigade, les Majors-généraux leurs Aides, et le Gouverneur nommera l'Adjudant-général.

Le Gouverneur, avec l'avis du Conseil, nommera tous les Officiers de l'Armée Continentale, qui par la confédération des États-Unis sont à la nomination de cette République, et il nommera aussi tous les Officiers des forteresses et des garnisons.

La division de la Milice en Brigades, Régimens et Compagnies, faite en conséquence des Loix de la Milice actuellement en vigueur, sera réputée la vraie et convenable division de la Milice, jusqu'à ce qu'elle soit changée en conséquence de quelque Loi future.

XI. Il ne sera tiré aucun argent du trésor de

la République, ni fait aucune disposition d'argent (à l'exception des sommes destinées pour le rachat des Bills de crédit, ou des rescriptions du Trésorier, ou pour le paiement des intérêts résultans de ces Bills ou rescriptions), qu'en vertu d'un *Warrant* (Ordonnance) signé par le Gouverneur actuellement en charge, avec l'avis et le consentement du Conseil, pour la défense nécessaire et le maintien de cette République, et pour la protection et la conservation de ses habitans, conformément aux Actes et Résolutions de la Cour générale.

XII. Tous les Bureaux publics, le Commissaire général, tous les Officiers, Surintendans de magasins et approvisionnemens appartenans à cette République, et tous les Officiers Commandans dans les forteresses et garnisons de l'État, une fois tous les trois mois, d'office et sans réquisition, et aussi dans tout autre tems, quand ils en seront requis par le Gouverneur, devront lui donner un état de toutes les denrées, effets, provisions, munitions, des canons avec leurs équipages, des petites armes avec tout ce qui en dépend, et de tout ce qui est confié à leurs soins respectifs, comme propriété publique, en distinguant les

quantités, nombres, qualités et espèces de
chaque chose, avec autant de détail qu'il se
pourra , et aussi l'état de situation des forteresses et garnisons. Et ledit Officier Commandant montrera au Gouverneur, lorsqu'il en
sera requis par lui , les plans exacts et véritables des forteresses , du pays et de la mer,
du havre ou des havres adjacens.

Et lesdits Bureaux et tous les Officiers publics
communiqueront au Gouverneur , aussi-tôt
qu'ils les auront reçues, toutes les lettres ,
dépêches et nouvelles intéressant le Public,
qui pourront leur être respectivement adressés.

XIII. Comme le bien public exige que le
Gouverneur ne puisse dépendre en aucune
façon, pour son état , d'aucun Membre de la
Cour générale , ni éprouver aucune influence
de là part d'aucun d'eux ; qu'il doit agir dans
tous les cas avec liberté et impartialité pour
l'avantage public ; que son attention ne doit
pas être détournée de cet objet pour se porter
sur ses intérêts particuliers ; et qu'il doit
soutenir la dignité de la République dans son
caractère de premier Magistrat, il est nécessaire qu'il ait un traitement honorable, d'une
valeur fixe et permanente, qui suffise amplement aux besoins de son état , et qui soit

établi par des Loix constantes. Et ce sera un des premiers Actes dont la Cour générale devra s'occuper, après l'établissement de la présente Constitution, que celui nécessaire pour établir ce traitement par june Loi.

Il sera aussi établi par une Loi des traitemens honorables et permanens pour les Juges de la Cour suprême de Justice.

Et s'il se trouve que quelques-uns des susdits traitemens ainsi établis soient insuffisans, ils seront dans l'occasion augmentés, comme la Cour générale le jugera convenable.]

SECTION II.

Lieutenant du Gouverneur.

ART. Ier. ON élira chaque année un *Lieutenant du Gouverneur* de la République de Massachusetts, dont le titre sera, *Votre Honneur*, et de qui l'on exigera, pour la religion, les biens-fonds ou revenus, et la résidence, les mêmes qualités que du Gouverneur. Le jour, la forme de son élection, et les qualités des Électeurs seront les mêmes que pour l'élection du Gouverneur. Le procès-verbal des suffrages pour cet Officier, et la déclaration de son

élection se feront aussi de la même manière.
Et s'il ne se trouve, par le procès-verbal,
aucun sujet qui réunisse la pluralité des suffrages, la vacance sera remplie par le Sénat
et la Chambre des Représentans, de la même
manière que pour l'élection que ces deux Corps
doivent faire d'un Gouverneur, lorsqu'aucun
sujet n'a réuni la pluralité des suffrages du
Peuple pour cet Office.

II. Le Gouverneur, et en son absence, le
Lieutenant du Gouverneur sera le président
du Conseil, mais n'y aura pas de voix; et le
Lieutenant du Gouverneur sera toujours Mem-
bre du Conseil, excepté lorsque la place de
Gouverneur sera vacante.

III. Toutes les fois que la place de Gouverneur sera vacante, par mort, absence de
l'État, ou autrement, le Lieutenant du Gouverneur actuellement en charge, remplira,
durant cette vacance, toutes les fonctions
du Gouverneur; et il aura et exercera tous
les pouvoirs, et toute l'autorité dont le Gouverneur est revêtu par cette Constitution lorsqu'il est présent.

SECTION III.

Conseil et manière de régler les Élections par la Législature.

ART. Ier. IL y aura un Conseil pour conseiller le Gouverneur dans la partie exécutrice du Gouvernement ; ce Conseil sera composé de neuf personnes, outre le Lieutenant du Gouverneur ; et le Gouverneur actuellement en charge aura plein pouvoir et autorité de le convoquer et de l'assembler, dans l'occasion, et toutes les fois qu'il le voudra. Le Gouverneur, assisté de ses Conseillers ou au moins de cinq d'entr'eux, pourra et devra, dans l'occasion, former et tenir Conseil, pour ordonner et diriger les affaires de la République, conformément aux Loix du Pays.

II. Il sera choisi, le dernier mercredi du mois de Mai de chaque année, par le scrutin réuni des Sénateurs et des Représentans assemblés dans une même Chambre, neuf Conseillers parmi les sujets qui auront été élus par les Villes ou Districts, pour Conseillers ou Sénateurs ; et dans le cas où, par ce premier choix, on ne trouveroit pas le nombre com-

plet de neuf sujets qui acceptassent la place
dans le Conseil, les susdits Électeurs choisiront dans l'universalité du Peuple le nombre
de sujets nécessaire pour completter le Conseil ; et le nombre de Sénateurs qui resteront
après ce choix, composera le Sénat pour
l'année. Les places des sujets ainsi choisis dans
le Sénat et qui auront accepté la place dans le
Conseil, resteront vacantes dans le Sénat.

III. Dans les cérémonies de cette République, les Conseillers, auront rang immédiatement après le Lieutenant du Gouverneur.

IV. Il ne sera pas choisi plus de deux Conseillers dans un même District de cette République.

V. Les résolutions et avis du Conseil seront
portés sur un registre et signés par les Membres présens ; l'une et l'autre des deux Chambres de la Législature pourront se faire représenter ce registre toutes les fois qu'elles le jugeront à propos ; et tout Membre du Conseil
pourra y insérer son avis, lorsqu'il sera contraire à celui de la pluralité.

VI. Toutes les fois que les Charges de Gouverneur ou de Lieutenant du Gouverneur seront vacantes, par mort, absence, ou autrement, le Conseil ou la pluralité du Conseil,

aura pendant cette vacance, plein pouvoir et autorité de faire et d'exécuter tous et chacun des actes, ou choses que le Gouverneur ou le Lieutenant du Gouverneur pourroient, en vertu de cette Constitution, faire et exécuter, s'ils étoient l'un ou l'autre présens en personne.

VII. Et attendu que les Élections indiquées dans la présente Constitution pour être faites le dernier mercredi de Mai par les deux Chambres de la Législature, ne peuvent pas être complettement achevées ce jour-là, lesdites élections pourront être ajournées d'un jour à un autre, jusqu'à ce qu'elles soient terminées, et elles se feront dans l'ordre suivant : les places vacantes dans le Sénat, s'il y en a, seront remplies en premier lieu ; le Gouverneur et le Lieutenant du Gouverneur seront élus ensuite, dans le cas où le choix n'auroit pas été fait par le Peuple; et enfin, les deux Chambres procéderont à l'élection du Conseil.

SECTION IV.

Secrétaire, Trésorier, Commissaire, etc.

ART. Ier. LE Secrétaire, le Trésorier et Receveur général, le Commissaire général, les
Notaires publics, et les *Contrôleurs de Port* (1)
seront choisis chaque année par le scrutin
réuni des Sénateurs et des Représentans assemblés dans une même Chambre. Et afin que
les Citoyens de cette République puissent
être assurés de tems en tems que l'argent de-
meurant dans le Trésor public, d'après la
reddition et la liquidation des comptes publics,
est leur propriété, aucun homme ne sera éligible
pour Trésorier et Receveur général plus de
cinq années de suite.

II. Les registres de la République seront
gardés dans les Bureaux du Secrétaire, qui
pourra nommer ses Commis, de la conduite
desquels il sera responsable, et il se rendra
aux ordres du Gouverneur et du Conseil, du

---

(1) Ce sont les Officiers chargés de donner les certificats d'arrivée, de départ, de chargement, &c. pour
assurer le paiement des droits.

Sénat et de la Chambre des Représentans personnellement ou par ses Commis, quand il en sera requis.

CHAPITRE III.

Pouvoir Judiciaire.

ART. Ier. LES droits et fonctions qui seront attribués par la Loi à chaque Officier, et le tems qu'il devra rester en charge seront exprimés dans leurs commissions respectives. Tous les Officiers de Justice duement nommés, pourvus de commissions, et qui auront prêté serment, conserveront leurs Offices tant qu'ils s'y conduiront bien, excepté ceux pour lesquels il aura été fait une disposition différente dans cette Constitution; mais le Gouverneur, avec le consentement du Conseil, pourra toutefois les destituer d'après une adresse des deux Chambres de la Législature.

II. L'une et l'autre des Chambres de la Législature, ainsi que le Gouverneur et le Conseil, auront le droit de demander l'avis des Juges de la Cour suprême de Justice sur les questions de Loi importantes, et dans les occasions solemnelles.

III. Afin que le Peuple ne soit pas exposé à souffrir de la longue continuation en place d'un Juge de Paix qui ne rempliroit pas les importantes fonctions de sa charge avec habileté ou fidélité ; toutes les commissions de Juge de Paix expireront et deviendront nulles dans le terme de sept ans de leurs dates respectives; et lorsqu'une de ces commissions expirera , on la renouvellera , si on le juge nécessaire , ou bien l'on nommera une autre personne , selon que cela conviendra mieux au bien de la République.

IV. Les Juges pour la vérification des Testamens , et pour accorder les *Lettres d'Administration* (1) , tiendront leurs Cours à des

---

(1) Les *Lettres d'Administration* tirent leur origine du droit qu'avoient autrefois les Rois d'Angleterre, droit transmis depuis par eux aux Evêques, de s'emparer des successions *ab intestat*, et de disposer des biens ainsi dévolus. Le fond du droit n'existe plus , mais la forme des Lettres d'Administration est restée nécessaire pour autoriser les héritiers à se mettre en possession, et les obliger au paiement des dettes, &c. On donne aussi des Lettres d'Administration , quoiqu'il existe un testament, s'il y a des mineurs. L'Office créé par cet article remplira toutes ces fonctions dans les Constitutions Américaines.

jours

jours fixes, et dans le lieu ou les lieux les plus commodes au Public. Et la Législature désignera par la suite, dans l'occasion, ces tems et ces lieux; mais jusques-là lesdites Cours se tiendront aux tems et dans les lieux que les Juges respectifs ordonneront.

V. Toutes les causes de mariage, de divorce et de provision alimentaire, et tous les appels des Juges vérificateurs des Testamens, seront entendues et décidées par les Gouverneur et Conseil, jusqu'à ce que la Législature ait fait par une Loi d'autres dispositions sur ces matières.

CHAPITRE IV.

Délégués au Congrès.

LES Délégués de cette République au Congrès des États-Unis, seront élus dans le courant du mois de Juin de chaque année, par le scrutin réuni du Sénat et de la Chambre des Représentans assemblés dans une même Chambre, pour servir dans le Congrès pendant une année, à compter du premier Lundi du mois de Novembre suivant; ils auront des Commissions signées du Gouverneur, et scellées du grand sceau de cette République; mais ils

F

pourront être révoqués dans quelque tems de l'année que ce soit, et il en pourra être choisi d'autres à leur place, de la même manière, et qui recevront de pareilles Commissions.

C H A P I T R E V.

Université de Cambridge, et encouragement des Lettres, etc.

P R E M I È R E S E C T I O N.

Université.

ART. I. ATTENDU que nos sages et pieux Ancêtres, dès l'année mil six cent trente-six, ont jetté les fondemens du Collège de Harvard, dans laquelle Université beaucoup de personnages illustres et éminens, ont été, par la bénédiction de Dieu, initiés aux Arts et aux Sciences, dont l'étude les a rendus propres aux emplois publics dans l'Église et dans l'État : et attendu que l'encouragement des Arts et des Sciences, et de tous les genres de bonne Littérature, tend à la gloire de Dieu, à l'avantage de la Religion Chrétienne, et au bonheur de cet État, et des autres États-Unis de l'Amérique, il est déclaré que le Président et les Membres du Collège de Harvard, en tant que Corps, et leurs Successeurs dans la même qualité, leurs Officiers et Domestiques seront continués et maintenus dans l'exercice et la jouissance de tous les pouvoirs, autorités, droits, libertés, privilèges, immunités et franchises qu'ils ont actuellement, ou qu'ils ont droit d'avoir, de tenir, d'user, d'exercer, et dont ils jouissent et ont droit de jouir. Et tous lesdits droits, pouvoirs, etc. sont ratifiés par la présente Constitution, et confirmés pour toujours aux susdits Président et Membres du Collège de Harvard, et à leurs Officiers et Domestiques respectivement.

II. Et attendu qu'il a été fait jusqu'à présent, par différentes personnes, et en différens tems, des dons, concessions, legs de terres, de maisons, denrées, cheptels, des legs et transports de différentes espèces de biens, soit au Collège de Harvard à Cambridge dans la Nouvelle-Angleterre; soit aux Président et Membres du Collège de Harvard, ou audit Collège, sous quelqu'autre désignation, et ce successivement en vertu de différentes Chartes; il est déclaré que tous lesdits dons, legs, transports et concessions sont, par la présente Constitution, confirmés aux Président et Membres du Collège de Harvard, et à leurs successeurs dans la susdite qualité, conformément au véritable dessein, et aux véritables intentions du ou des Donateurs, Testateurs ou Concédans.

III. Attendu que, par un acte de la Cour générale de la Colonie de la Baye de Massachusetts, passé dans l'année mil six cent quarante-deux, le Gouverneur, et le *Député Gouverneur* (1) en exercice, et tous les Magistrats de cette Jurisdiction, étoient, conjointement avec le Président, et un nombre d'Ecclésiastiques désignés dans ledit acte, établis Inspecteurs du Collège de Harvard : et attendu qu'il est nécessaire de déterminer dans cette nouvelle Constitution de Gouvernement, qui seront les Personnages réputés successeurs desdits Gouverneur, Député Gouverneur et Magistrats, il est déclaré que le Gouverneur, le Lieutenant du Gouverneur, le Conseil et le Sénat de cette République, sont et seront

---

(1) Les Anglais appellent *Deputy* celui qui remplit les fonctions d'une place au défaut du Titulaire : ce mot répond aux mots français, Lieutenant ou Substitut, mais on a cru devoir le traduire par *Député*, pour s'écarter du texte le moins possible.

réputés leurs successeurs ; et que, conjointement avec le Président du Collège de Harvard en exercice, et les Ministres des Églises *Congrégationnelles* (1) de Cambridge, Watertown, Charlestown, Boston, Roxbury et Dorchester, mentionnés dans ledit acte, ils seront et sont, par la présente Constitution, revêtus de tous les pouvoirs et autorité appartenant, ou devant, en quelque manière que ce soit, appartenir aux Inspecteurs du Collège de Harvard, pourvu que l'on ne puisse rien inférer de cette disposition qui empêche la Législature de cette République de faire, dans l'administration de ladite Université, les changemens qui pourront tendre à son avantage, et à l'intérêt de la République des Lettres, avec la même pleine autorité qu'ils auroient pu être faits par la Législature de la ci-devant Province de la Baye de Massachusetts.

---

(1) Les Anglais appellent *Congregational* les Eglises qui sont seules de leur espèce, et n'ont de communion avec aucune autre. On a traduit littéralement ce mot pour éviter une périphrase.

S E C T I O N I I.

Encouragement des Lettres.

C O M M E il est nécessaire que la sagesse et
les connoissances soient, ainsi que la vertu,
généralement répandues parmi le Peuple, pour
la conservation de ses droits et de la liberté;
et comme il faut pour cela répandre les moyens
et les avantages de l'éducation dans les différentes parties du Pays , et parmi les différens
ordres du Peuple, il sera du devoir de la Législature et des Magistrats , dans tous les tems
futurs de cette République, de chérir les intérêts
des Lettres , des Sciences et de toutes les Institutions qui peuvent contribuer à leurs progrès, spécialement l'Université de Cambridge,
les Écoles publiques et les Écoles de Grammaire
des différentes Villes; d'encourager les Sociétés
particulières et les Institutions publiques, les
récompenses et les immunités pour les progrès
de l'Agriculture , des Arts , des Sciences, du
Commerce , du Négoce , des Manufactures ,
et de l'Histoire Naturelle du Pays; de maintenir et d'inculquer parmi le Peuple, les principes d'humanité et de bienveillance générales,

de la charité publique et particulière, de l'industrie et de la frugalité, de l'honnêteté et de l'exactitude dans les procédés, de la sincérité, de toutes les affections sociales et de tous les sentimens généreux.

CHAPITRE VI.

SERMENS et Signatures : Incompatibilité et exclusion des Offices : Fixation des Propriétés pour avoir droit à élire ou à être élu : Commissions : Actes : Confirmation des Loix : Habeas corpus : Style des Ordonnances : Continuation des Officiers : Réglement provisoire pour une révision future de la Constitution.

ART. I. TOUT homme choisi pour Gouverneur ou Lieutenant du Gouverneur, Conseiller, Sénateur ou Représentant, et qui acceptera la place, devra faire et signer la Déclaration suivante, avant de commencer les fonctions de sa charge ou de son emploi :

« Je N. déclare que je crois à la Religion » Chrétienne, que je suis fermement persuadé » de sa vérité, que je suis possesseur et jouis- » sant en mon propre et privé nom de la

F ♭

» propriété que la Constitution requiert comme
» condition nécessaire pour la charge ou l'em-
» ploi pour laquelle ou pour lequel j'ai été élu.»

Le Gouverneur, le Lieutenant du Gouverneur, et les Conseillers feront et signeront ladite Déclaration en présence des deux Chambres de la Législature : les premiers Sénateurs
et Représentans, élus sous la présente Constitution, feront et signeront la même Déclaration devant le Président et cinq Conseillers
de l'ancienne Constitution ; et ceux qui le
seront par la suite, rempliront cette formalité
devant les Gouverneur et Conseil alors en
charge.

Et toute personne choisie pour quelqu'une
des charges ou quelqu'un des emplois susdits,
comme aussi toute personne nommée ou ayant
commission pour un Office de judicature, de
puissance exécutrice, emploi militaire, ou
autre place quelconque, sous le Gouvernement
de ce Pays, devra faire et signer la Déclaration
et le serment ou l'affirmation dont la teneur
suit, avant d'entrer en exercice de sa charge
ou de son emploi.

« Je N. reconnois, professe, témoigne et dé-
» clare, avec vérité et sincérité, que la Répu-
» blique de Massachusetts est et a droit d'être

» un État libre, souverain et indépendant ; et
» je jure que je garderai véritable fidélité et
» obéissance à ladite République ; que je la
» défendrai contre toutes conspirations et tra-
» hisons, et contre toutes tentatives hostiles
» quelconques ; que je renonce et abjure toute
» soumission et obéissance au Roi, à la Reine
» ou au Gouvernement de la Grande-Bretagne,
» quel qu'il soit, et à toute autre Puissance
» étrangère quelconque ; et qu'aucun Prince,
» aucunes personnes, aucuns Prélats, État ou
» Potentat étrangers n'ont et ne doivent avoir
» aucune jurisdiction, supériorité, préémi-
» nence, aucune autorité de dispenser, ni au-
» cun autre pouvoir quelconque dans aucune
» matière civile, ecclésiastique ou spirituelle
» dans cette République, excepté l'autorité et
» le pouvoir dont le Congrès des États-Unis
» est ou sera revêtu par ses Constituans : Et je
» témoigne et déclare en outre qu'aucun homme
» ni aucun Corps d'hommes n'a ni ne peut
» avoir aucun droit de m'absoudre ou de me
» décharger de l'obligation de la présente Dé-
» claration, ni des présens sermens ou affir-
» mations, et que je fais cette reconnoissance,
» profession et témoignage, cette Déclaration,
» renonciation et abjuration de bon cœur et

» avec vérité, conformément à la signification
» et à l'acception commune des termes ci-
» dessus, sans aucune équivoque, restriction
» mentale, ni réserve secrette quelconque :
» Dieu me soit en aide ».

« Je N. jure et affirme solemnellement que
» j'exécuterai et remplirai fidellement et im-
» partialement tous les devoirs qui me sont
» imposés en qualité de ... autant que mes
» talens et mon intelligence me le permet-
» tront, conformément aux règles et régle-
» mens de la Constitution, et aux Loix de la
» République : Dieu me soit en aide ».

Mais lorsqu'une personne choisie ou nommée, comme il a été dit ci-dessus, sera de la
secte appellée *Quakers*, et refusera de faire ledit serment ; elle fera son affirmation dans la
forme précédente, et la signera en omettant les
mots : « *je jure* » et « *j'abjure* » *serment* » et
» *abjuration* », dans le premier serment ; et dans
le second, les mots : « *je jure* » et dans tous
les deux, les mots : » *Dieu me soit en aide* » au
lieu desquels elle ajoutera » *je fais la présente*
affirmation sous les peines ou amendes du parjure. »

Lesdits sermens ou affirmations seront faits
et signés par le Gouverneur, le Lieutenant du
Gouverneur, et les Conseillers, devant le Pré-

sident du Sénat, en présence des deux Chambres de la Législature, et par les Sénateurs et Représentans, les premiers élus sous la présente Constitution, devant le Président et cinq Conseillers de la Constitution précédente ; par ceux qui seront élus dans la suite, devant les Gouverneur et Conseil alors en charge ; et par le reste des Officiers sus-mentionnés, devant les personnes, et en la manière qui seront prescrites, selon les tems, par la Législature.

II. Aucuns Gouverneur, Lieutenant du Gouverneur ou Juge de la Cour suprême de Justice ne posséderont aucune autre Charge ou emploi sous l'autorité de cette République, que ceux dont la conservation ou la jouissance leur sont permises par la présente Constitution, à l'exception de l'Office de Juge de Paix dans l'État, que les Juges de ladite Cour suprême pourront posséder ; et aucuns des susdits Officiers ne pourront tenir ou posséder aucune charge ou emploi, ni recevoir aucune pension ou salaire d'aucuns autres États, Gouvernemens ou Puissances quelconques.

Personne ne pourra posséder ou exercer en même tems plus d'un des Offices suivans ; dans cet État : savoir, Juge vérificateur des Testamens, Shériff, Garde des registres des

Testamens ou des Actes; et jamais plus de deux des Offices qui seront à la nomination du Gouverneur, ou des Gouverneur et Conseil, ou du Sénat, ou de la Chambre des Représentans, non plus que des Offices élus par l'universalité du Peuple, ou par le Peuple d'un Comté particulier, excepté les Emplois militaires, et l'Office de Juge de Paix, ne pourront être possédés par une même personne.

Aucunes personnes, pourvues d'un Office de Juge de la Cour suprême de Justice, de Secrétaire, Procureur - général, Solliciteur-général, Trésorier, ou Receveur - général, Juge vérificateur des Testamens, Commissaire-général; aucuns Président, Professeur ou Instituteur du Collège de Harvard, Shériff, Greffier de la Chambre des Représentans, Garde des registres des Testamens ou des Actes, Greffier de la Cour suprême de Justice, Greffier *de la Cour inférieure des Plaids communs*, (1) ou

____

(1) La Cour *of Common Pleas* en Angleterre, est une Cour qui connoit de toutes les affaires civiles, soit en première instance, soit par appel des Tribunaux qui lui sont encore mais inférieurs, elle l'est elle-même à la *Cour du Banc du Roi*, à laquelle on peut se pourvoir en révision des Sentences de la Cour *des Plaids communs*.

Officiers des Douanes, y compris les Contrôleurs de Port, ne pourront avoir en même tems une place dans le Sénat ou dans la Chambre des Représentans; mais lorsqu'ils auront été nommés ou choisis pour quelqu'un de ces Offices, leur acceptation emportera la démission de leur place dans le Sénat ou dans la Chambre des Représentans, et il sera pourvu au remplacement de la place ainsi vacante.

La même règle aura lieu dans le cas où quelque Juge de la Cour suprême de Justice, ou Juge vérificateur des Testamens, acceptera une place dans le Conseil, ou bien où quelque Conseiller acceptera quelqu'un des Offices susdits.

Et aucune personne qui, d'après un Procès duement fait, aura été convaincue d'avoir employé la corruption par présens ou de toute autre manière, pour obtenir une élection ou une nomination, ne pourra jamais être admise à une place dans la Législature, ni à aucun Office de confiance ou d'importance de cette République.

III. Dans tous les cas où il est parlé de sommes d'argent, dans la présente Constitution, sa valeur sera supputée en argent à

six schellings et huit sols par once (1), et la
Législature aura le pouvoir d'augmenter dans
la suite des tems, quant à la quotité de la propriété, les qualités exigées des personnes qui
doivent être élues pour les différens Offices,
selon que les circonstances de la République
le requerront.

IV. Toutes les commissions seront au nom
de *la République de Massachusetts*, signées par
le Gouverneur, et certifiées par le Secrétaire
ou son Commis, et seront scellées du grand
Sceau de la République.

V. Tous les actes expédiés dans les Greffes
de quelqu'une des Cours de Loi, le seront au
nom de *la République de Massachusetts*; ils seront scellés du sceau de la Cour de laquelle
ils émaneront. Ils seront certifiés par le premier Juge de la Cour à laquelle ils seront
adressés, et qui ne sera pas partie, et signés
par le Greffier de cette Cour.

---

(1) Une proclamation donnée sous le règne de la
Reine Anne en l'année 1709, a fixé le taux de l'argent
des Colonies à trente-trois un tiers pour cent plus
haut que celui de la Grande-Bretagne; ainsi cent livres
sterling d'Angleterre valent en Amérique cent trente-
trois livres un tiers.

VI. Toutes les Loix qui ont été jusques-à-présent adoptées, usitées et approuvées dans la Province, Colonie ou État de la Baye de Massachusetts, et communément pratiquées dans les Cours de Justice, demeureront en pleine vigueur, jusqu'à ce qu'elles aient été changées ou révoquées par la Législature, à l'exception seulement des parties qui répugnent aux droits et aux libertés contenues dans la présente Constitution.

VII. La jouissance du privilège et du bénéfice de la Loi d'*Habeas corpus*, sera maintenue dans cette République, de la manière la plus libre, la plus facile, la moins dispendieuse, la plus expéditive et la plus ample; et ne pourra pas être suspendue par la Législature, excepté dans les occasions les plus urgentes et les plus pressantes, et pour un tems limité, qui ne pourra pas excéder douze mois.

VIII. Le style d'Ordonnances, en faisant et passant tous les Actes, Statuts et Loix, sera: *il est ordonné par le Sénat et la Chambre des Représentans, assemblés en Cour générale, et par leur autorité.*

IX. Afin que le cours de la Justice ne soit pas interrompu, et que la République n'éprouve ni danger, ni dommage par le changement dans la forme du Gouvernement, tous

les Officiers Civils et Militaires pourvus de
Commissions sous l'autorité du Gouvernement
et du Peuple de la Baye de Massachusetts
dans la Nouvelle - Angleterre, et tous les autres Officiers desdits Gouvernement et Peuple,
au tems où la présente Constitution commencera d'avoir son effet, conserveront l'exercice,
et la jouissance de tous les pouvoirs et de
toute l'autorité qui leur ont été accordés ou
confiés, jusqu'à ce qu'il ait été nommé d'autres personnes à leurs places; toutes les Cours
de Justice continueront d'expédier les affaires
dans leur Département respectif; et tous les
Officiers, ou Corps revêtus d'une autorité
quelconque pour exercer la puissance législatrice ou exécutrice, demeureront en pleine
vigueur, et en pleine jouissance et exercice
de tous leurs emplois, et de l'autorité qui leur
a été confiée, jusqu'à ce que la Cour générale
et les Officiers chargés de la puissance exécutrice, soient désignés et revêtus de leurs emplois et de leur autorité.

X. Pour adhérer d'une manière plus efficace
aux principes de la Constitution, et pour corriger les infractions qui peuvent y être faites
par quelque moyen que ce soit, aussi bien
que pour y faire les changemens que l'expérience

rience y fera trouver nécessaires ; la Cour générale qui se tiendra dans l'année de Notre-Seigneur mil sept cent quatre-vingt-quinze, expédiera des avertissemens aux Officiers municipaux des différentes Villes, et aux Assesseurs des Bourgades qui n'ont pas encore de Chartes d'incorporation, avec ordre d'assembler tous les habitans ayant qualité pour voter dans leurs Villes et habitations respectives, afin de recueillir leurs opinions sur la nécessité ou l'utilité de faire une révision de la Constitution, à dessein d'y faire des corrections ou changemens.

Et s'il paroît d'après les procès-verbaux qui seront dressés de ces assemblées que les deux tiers des habitans de cet État ayant qualité pour voter, qui se seront assemblés, et auront donné leurs avis en conséquence des susdits avertissemens, soient pour la révision et correction, la Cour générale expédiera ou donnera ordre qu'il soit expédié dans les bureaux du Secrétaire des avertissemens aux différentes Villes pour élire des Délégués, qui s'assembleront et formeront une *Convention* (1) pour vaquer à cette révision ou correction.

_____

(1) *Voyez* la Note (1) de la Constitution de New-Hampshire.

G

Lesdits Délégués seront choisis de la même manière et dans la même proportion que leurs Représentans dans la seconde Chambre de la Législature, doivent l'être par la présente Constitution.

XI. La présente forme de Gouvernement sera transcrite sur parchemin, et déposée dans les Bureaux du Secrétaire, et sera une partie des Loix du Pays ; et il en sera mis une copie imprimée à la tête du livre qui contient les Loix de cette République, dans toutes les éditions desdites Loix, qui se feront à l'avenir.

JAMES BOWDON, Président.

Certifié, SAMUEL BARRET, Secrétaire.

III.

RHODE-ISLAND.

RHODE-ISLAND.

CHARTE de Rhode-Island, accordée par le Roi Charles II, dans la quatorzième année de son Règne.

Partie quinzième des Lettres-Patentes de la quinzième année du règne du Roi Charles II.

CHARLES II, par la grace de Dieu, etc. à tous ceux qui ces présentes Lettres verront, Salut. Attendu que nous avons été informés par la Pétition de nos amés et féaux Sujets Jean Clarke, pour Benjamin Arnold, Guillaume Brenton, Guillaume Codington, Nicolas Easton, Guillaume Boulston, John Porter, John Smith, Samuel Gorton, Jean Wickes, Roger Williams, Thomas Olney, Grégoire Dexter, John Cogeshall, Joseph Clarke, Randall Houlden, Jean Greene, Jean Roome, Samuel Wildbore, Guillaume Field, Jacques Barker, Richard Tew, Thomas Harris et Guillaume Dyre, et le reste des acquéreurs et des

G 3

habitans libres de notre Isle, appelée *Rhode-Island*, et du reste de la Colonie des *Établissemens* (1) *de Providence* dans la Baye de Narraganset, faisant partie de la Nouvelle-Angleterre en Amérique. Que, suivant avec un esprit de loyauté et de paix leurs sages, sérieuses et religieuses intentions de s'édifier pieusement eux-mêmes, et de s'édifier les uns les autres dans la sainte Foi Chrétienne et dans son culte, d'après leur pleine et entière persuasion, comme aussi de gagner et de convertir les pauvres et ignorans Indiens naturels du Pays à la sincère profession de cette même Foi et de ce même culte, et à l'obéissance pour l'une et l'autre, ils s'étoient non-seulement transportés hors du royaume d'Angleterre en Amérique, avec le consentement et l'encouragement des Rois nos Prédécesseurs et Aïeux ; mais encore que depuis leur arrivée et après

---

(1) Dans la Constitution de l'Etat de Massachusetts on a traduit le mot anglois *Plantation*, par celui de *Bourgade*, parce qu'il n'avoit rapport qu'à quelques habitations peu nombreuses ; mais dans celle-ci où il désigne une Province toute entière, on a cru devoir le rendre par le mot français *Etablissemens*, qui donne l'idée d'une Colonie qui commence à se former.

leur premier établissement parmi nos autres Sujets dans ces contrées, pour éviter la discorde et les maux sans nombre qui en auroient résulté pour nos susdits autres Sujets qui ne pouvoient pas tolérer dans ces contrées éloignées leurs opinions différentes en matière de Religion, et pour remplir ces différentes vues, ils avoient de nouveau et avec regret quitté leurs habitations et leurs établissemens ; et que, avec des peines, des voyages, des hasards et des travaux excessifs, ils s'étoient transportés au milieu des Indiens naturels du Pays, qui, comme nous en sommes informés, sont les plus puissans Princes et Peuple de cette contrée.

Que, favorisés dans leurs travaux et dans leur industrie par la Providence (dont leur établissement a pris le nom), ils ont non-seulement été conservés d'une manière admirable, mais qu'ils ont augmenté en nombre et ont prospéré, et qu'ils ont acquis et possédé, par le consentement desdits Naturels du Pays, et par la vente qui leur en a été faite par eux, les terres, isles, rivières et rades qu'ils ont pu desirer, ce qui les a mis et met en état d'établir des habitations, de construire des

vaiseaux, de fournir du merrain et autres
marchandises, et leur donne des commodités
à tous égards pour commercer, notamment
avec nos Colonies Méridionales ; et qu'ils peuvent beaucoup étendre le commerce de notre
Royaume, et augmenter les territoires qui en
dépendent., puisqu'ils ont engagé, par leur
voisinage et les liaisons d'amitié qu'ils ont
contractées avec le grand corps des Indiens
de Narraganset, ces mêmes Indiens à se soumettre à nous, eux, leur peuples, et leurs terres, de leur plein et libre consentement, ce
qui peut, comme ils l'espèrent, avec le tems
et la bénédiction de Dieu sur leurs efforts,
établir le fondement certain du bonheur pour
toute l'Amérique.

Et attendu que dans leur humble Adresse
ils ont librement déclaré qu'ils desirent et se
flattent dans leur conscience de prouver, si
on le leur permet, par une expérience écla-
tante, qu'un État civil peut subsister et être
très-florissant, parmi nos Sujets Anglois, avec
une pleine liberté en matière de Religion, et
que la vraie piété justement fondée sur les
principes de l'Évangile, sera pour la souveraineté le gage de la plus grande et de la

meilleure sûreté, et inculquera dans le cœur des hommes les plus fortes obligations pour la véritable loyauté.

Sachez, que voulant encourager l'entreprise et seconder les espérances de nos susdits amés et féaux Sujets, leur assurer le libre exercice et la libre jouissance de tous leurs droits civils et religieux, à eux appartenans, en qualité de nos amés Sujets, et leur conserver cette liberté dans la vraie Foi Chrétienne et dans le culte de la Divinité, dont ils ont recherché la jouissance par un voyage aussi pénible, et avec un esprit de paix et de loyale soumission envers les Rois nos Prédécesseurs et Aïeux, et envers nous-mêmes. Et attendu que parmi les peuples et les habitans de cette Colonie, il y a des personnes qui ne peuvent pas, d'après leur manière de penser particulière, se conformer à l'exercice public de la Religion, selon la liturgie, la forme et les cérémonies de l'Église Anglicane, prêter ni signer les articles et sermens exigés en faveur de cette Église; mais qu'à raison du grand éloignement, nous espérons que cette exception ne nuira point à l'unité ni à l'uniformité établies et maintenues dans notre Nation: Nous avons en conséquence jugé à propos, et par les Présentes nous

publions, accordons, ordonnons et déclarons
que notre volonté et notre bon plaisir Royal
sont comme il suit :

Que personne dans ladite Colonie ne pourra
désormais, dans aucun tems, être molesté, puni,
inquiété, ni appellé en cause d'aucune manière
pour aucune différence d'opinion en matière
de Religion, pourvu qu'il ne trouble pas
la tranquillité de ladite Colonie ; mais que
toutes et chacune personnes, à commencer
de ce jour, et dans tous les tems par la
suite, auront la pleine et entière liberté de
jugement et de conscience en matière de
Religion, et en jouiront dans toute l'étendue
de pays déterminée ci-après, en se conduisant
paisiblement et tranquillement, et n'usant
de cette liberté, ni pour se porter à la licence et à la profanation, ni pour faire tort
aux autres, ou troubler leur repos par des
actes de violence ; et ce, nonobstant toutes
Loix, Statuts, ou clauses y contenues, ou qui
y seront insérées par la suite, et nonobstant
tous usages et coutumes quelconques de ce
Royaume à ce contraires.

Et, afin qu'ils puissent être le mieux possible en état de défendre leurs justes droits
et libertés contre tous les ennemis de la Foi
Chrétienne, et contre tous autres à tous

égards, nous avons en outre jugé à propos, et sur l'humble pétition des personnes susdites, il nous plaît gracieusement de déclarer :

Qu'ils auront le bénéfice de notre dernier acte d'indemnité et de libre pardon, et en jouiront comme en ont joui nos Sujets de nos autres domaines et territoires.

Et nous les créons et formons en un Corps politique et régulier, avec les pouvoirs et privilèges ci-après mentionnés ; en conséquence, voulons et nous plaît, et de notre grace spéciale, certaine science et propre mouvement, nous avons ordonné, établi et déclaré, et par ces Présentes, nous ordonnons, établissons et déclarons pour nous, nos hoirs et successeurs ;

Que lesdits William Brenton, Wiliam Codington, Nicolas Easton, Benedict Arnold, William Boulston, John Porter, Samuel Gorton, John Smith, John Wickes, Roger Williams, Thomas Olney, Grégoire Dexter, John Cogeshall, Joseph Clarke, Randall Houlden, John Greene, John Roome, William Dyre, Samuel Wildbore, Richard Tew, William Field, Thomas Harris, James Barker.... Rainsborrow.... Williams, et John Nickson, et tous autres qui sont actuellement ou qui seront par la suite admis habitans libres de la Compagnie ou Société de notre Colonie des Établissemens de Providence dans la Baye Narraganset, Nouvelle-Angleterre, seront, à commencer de ce jour, et dans tous les tems par la suite, un Corps régulier et politique de fait et de nom, sous la dénomination de *Gouverneur et Compagnie de la Colonie Angloise de Rhode - Island et des Établissemens de Providence*, dans la Nouvelle-Angleterre en Amérique; et que, sous cette même dénomination, eux et leurs successeurs auront et pourront avoir une succession perpétuelle, seront et pourront être habiles et capables de toutes poursuites, selon les Loix; qu'ils pourront plaider, tant en défendant qu'en demandant, être attaqués en Justice, et s'y défendre dans tous procès, causes, discussions, matières, actions ou choses publiques ou particulières, de nature ou d'espèce quelconques; et aussi d'avoir, prendre, posséder, acquérir et acheter des terres, tenues, héritages, biens ou cheptels, et les louer, concéder, léguer, aliéner, troquer, vendre et en disposer à leur gré et selon qu'ils aviseront bon être, comme le peuvent légitimement faire nos autres loyaux Sujets de notre Royaume d'Angle-

terre, ou toute Corporation et Corps politique
d'icelui.

Que lesdits Gouverneur et Compagnie, et
leurs successeurs pourront avoir et auront dans
tous les tems par la suite, un sceau commun
pour s'en servir et en user pour toutes matières, clauses, choses et affaires quelconques
d'eux ou de leurs successeurs; et qu'ils pourront changer, rompre ce sceau, et en faire
un nouveau dans un tems quelconque, selon
leur volonté et plaisir, et selon qu'ils le
jugeront à propos.

Et de plus, Nous voulons et ordonnons,
et par ces Présentes nous déclarons et établissons pour nous, nos hoirs et successeurs, que
pour mieux ordonner et conduire les intérêts
et affaires de ladite Compagnie et de leurs successeurs, il y aura un Gouverneur, un Député Gouverneur et dix Assistans, qui seront,
à des époques déterminées, établis, élus et
choisis dans le nombre des habitans libres de
ladite Compagnie existans alors, de la manière et selon les formes qui seront ci-après
réglées par ces Présentes, lesquels susdits Officiers appliqueront leur attention et leurs
soins à disposer, le mieux possible, et à bien
ordonner des intérêts et des affaires de ladite

Compagnie, tant pour les terres et les héritages qui lui seront concédés, comme il sera dit ci-après, que pour les mettre en valeur, et pour le Gouvernement de cette Colonie.

Et pour pourvoir à la meilleure exécution de notre bon plaisir et de notre volonté Royale à ce sujet, Nous assignons, nommons et établissons pour nous, nos hoirs et successeurs, le susdit Benedict Arnold, pour être le premier et actuel Gouverneur de ladite Compagnie, ledit William Brenton, pour être Député Gouverneur, et lesdits William Boulston, John Porter, Roger Williams, Thomas Olney, John Smith, John Greene, John Cogeshall, James Barker, William Field et Joseph Clarke, pour être les dix Assistans actuels de ladite Compagnie, et pour demeurer respectivement dans lesdites charges jusqu'au premier mercredi du mois de Mai prochain.

Et de plus, nous voulons, et par ces Présentes nous ordonnons et accordons pour nous, nos hoirs et successeurs, que le Gouverneur de ladite Compagnie en exercice, ou en cas d'absence du Gouverneur par maladie ou autre cause, mais avec son agrément et sa permission, le Député Gouverneur en exercice devra et pourra, à des époques fixées et dans toutes les occasions qui l'exigeront, donner ses ordres pour convoquer ladite Compagnie, et l'assembler à l'effet de consulter sur ses intérêts et ses affaires, et y aviser. Et que deux fois chaque année régulièrement, le premier mercredi du mois de Mai et le dernier mercredi du mois d'Octobre, ou plus souvent, si les circonstances l'exigent, les Assistans et ceux des habitans libres de ladite Compagnie (dont le nombre ne sera pas au-dessus de six pour Newport, quatre pour chacune des Villes de Providence, Porstmouth et Warvick, et deux pour chacune des autres Bourgades, Villes ou Cités) (1), qui seront élus et députés pour s'y rendre à ces époques, par la pluralité des habitans libres de leurs Villes, Cités ou Bourgades respectives pour lesquelles ils seront élus ou députés, auront une Assemblée générale pour consulter, aviser et décider sur les in-

_____

(1) La différence des titres de *Town*, *Ville*, et de *City*, *Cité* en anglais, consiste dans la Charte d'incorporation qu'a la Cité, et que la Ville n'a pas ; cette distinction suffit pour la Constitution de Rhode-Island ; lorsqu'il se présentera quelque nouvelle acception de ces mots, on en préviendra le Lecteur.

térêts et affaires de ladite Compagnie et de ses établissemens.

Et de plus, de notre grace spéciale, certaine science et propre mouvement, nous donnons et accordons auxdits Gouverneur et Compagnie de la Colonie Angloise de Rhode-Island, et des Établissemens de Providence dans la Nouvelle-Angleterre en Amérique, et à leurs successeurs : que le Gouverneur, ou en son absence, et avec sa permission, le Député Gouverneur de ladite Compagnie en exercice, les Assistans et ceux des habitans libres de ladite Compagnie, qui auront été élus ou députés, comme il a été dit ci-dessus, ou tous ceux d'entre ces Députés qui seront présens à la susdite convocation, s'intituleront, *Assemblée générale*; et que tous, ou la pluralité des présens, parmi lesquels doivent toujours être le Gouverneur ou le Député Gouverneur, et six des Assistans au moins, pour former dans cette classe le nombre de sept, auront, en vertu de ces Présentes qui les leur accordent, plein pouvoir et autorité d'indiquer et changer par la suite les jours, les tems et les lieux de la convocation et de l'Assemblée générale, comme ils le jugeront à propos ;

et

et de choisir, nommer, et établir toutes et
autant de personnes qu'ils jugeront à propos,
et qui voudront l'accepter, pour être habitans
libres de ladite Compagnie et Corps politique,
et de les y admettre, d'établir tels Offices,
d'élire tels Officiers, et d'accorder telles commissions qu'ils jugeront utiles et nécessaires,
pour ordonner, gérer et expédier les affaires
desdits Gouverneur et Compagnie, et de leurs
successeurs; de faire, ordonner, établir ou
abroger, à telles époques que ce soit, toutes
loix, statuts, ordonnances et réglemens, formes
et étiquettes de Gouvernement et de Magis-
tratures, qui leur paroîtront convenables pour
le bien-être et l'avantage de ladite Compagnie, pour l'administration et le bon ordre
des terres et des héritages, dont la concession
sera ci-après mentionnée, et pour le gouvernement et le bon ordre des habitans présens
et futurs de ladite Colonie; pourvu que ces
loix, ordonnances et constitutions ne soient
point contraires et ne répugnent point aux
Loix de notre Royaume d'Angleterre, mais
qu'elles y soient aussi conformes que faire se
pourra, relativement à la nature et à la Constitution du Pays et du Peuple de cette Colonie:
Nous leur donnons aussi le pouvoir d'ordonner,

H

diriger, ériger et établir, comme ils le jugeront à propos, et dans les lieux qu'ils désigneront, des Cours de Justice, pour entendre
et connoître de toutes actions, cas, matières, et choses qui arriveroient dans ladite
Colonie et lesdits Établissemens, et qui seront
en litige, et de tout ce qui en dépendra; de
distinguer et fixer les différens noms et titres,
devoirs, pouvoirs et limites des différentes
Cours, des différentes Charges, et des différens Officiers inférieurs et supérieurs; de déterminer et fixer des formes de sermens ou
attestations qui ne répugneront pas, mais qui
seront, au contraire, ainsi qu'il a été dit ci-
dessus, aussi conformes que faire se pourra
aux Loix, et aux statuts de ce Royaume;
et, après les avoir déterminées, comme ils
le jugeront convenable, d'exiger, pour légi-
timer l'administration de la Justice et l'exécution des fonctions des différentes charges
et emplois de confiance, que ces sermens
soient prêtés, et ces attestations données par
les personnes que ces formalités regarderont
respectivement; de régler et ordonner les
formes de toutes les élections aux charges et
aux emplois de confiance; de prescrire, limiter
et distinguer dans les limites et bornes ci-

après mentionnées, le nombre et la circonscription de toutes les Bourgades, Villes ou Cités, qui, n'étant pas expressément nommées dans ces Présentes, auront pourtant le droit d'élire et d'envoyer des habitans libres à ladite Assemblée générale ; d'ordonner, diriger et autoriser la prononciation des amendes, et emprisonnemens, conformément aux Loix et à la raison, et leur exécution, ainsi que l'exécution des autres peines pécuniaires ou corporelles sur les criminels et délinquans, suivant l'usage des autres corporations de notre Royaume d'Angleterre ; et aussi dé pardonner, commuer, changer, révoquer, ou annuller, sous leur sceau commun, ou autrement, les amendes, emprisonnemens, sentences, jugemens et condamnations, comme ils le jugeront à propos ; afin que, par ce moyen, notredit Peuple et nosdits habitans de ladite Colonie, puissent être si religieusement, paisiblement et civilement gouvernés, que par leur bonne vie, et par le bon ordre de leur société, ils puissent inviter et gagner les Indiens naturels du Pays, à la connoissance du seul vrai Dieu, Sauveur du genre humain, et à lui obéir ; voulant, commandant et requérant, et, par ces Présentes, pour nous, nos hoirs et successeurs, ordonnant et établissant : que toutes les loix, statuts, ordonnances et réglemens, instructions, directions ou ordres qui seront faits et donnés par les Gouverneur, Député-Gouverneur, Assistans et Habitans libres, ou tel nombre compétent d'entr'eux, comme il a été dit ci-dessus, et publiés par écrit, revêtus de leur sceau commun, seront duement et soigneusement gardés, observés, remplis et exécutés, selon leurs véritables sens et intentions. Et nos présentes Lettres Patentes, ou les copies ou ampliations d'icelles, seront dans tous les tems, envers nous, nos hoirs, et successeurs un *Warrant* suffisant, et une suffisante décharge pour autoriser tous et tels Officiers supérieurs ou inférieurs qu'il appartiendra, à mettre lesdites ordonnances, loix, statuts, réglemens, instructions et directions à exécution.

Et de plus, Nous voulons, et tel est notre bon plaisir, et par ces Présentes, pour nous, nos hoirs et successeurs, nous établissons et ordonnons : que, une fois chaque année dans la suite, savoir, le susdit premier mercredi du mois de Mai, dans la ville de Newport, ou ailleurs, en cas de nécessité urgente, le Gouverneur, le Député-Gouverneur, les Assistans et autres

Officiers de ladite Compagnie, ou ceux d'entre
eux que l'Assemblée générale jugera à propos,
seront choisis de nouveau pour l'année suivante, dans ladite Cour ou Assemblée générale, dont la session commencera à cette
époque, par la pluralité des habitans libres de
ladite Compagnie alors existans et présens. Et
s'il arrive que les Gouverneur, Député-Gouverneur et Assistans actuellement nommés par
ces Présentes, ou ceux qui seront choisis par
la suite à leur place, ou aucun d'eux, ou aucun
autre des Officiers de ladite Compagnie, meu-
rent, ou soient destitués de leurs Offices quels
qu'ils soient, avant l'edit jour d'élection générale, (et nous déclarons par ces Présentes,
qu'ils pourront être destitués par les Gouverneur, Assistans, et par la Compagnie, ou par
la pluralité d'iceux, assemblés, comme il a
été dit ci-devant, dans une desdites Cours
publiques, pour mauvaise conduite, et pour
de simples vices qui leur ôteroient la considération due à leur état, sans même avoir commis de véritables crimes (1); alors, et dans

(1) On a été obligé d'employer ici une longue périphrase, pour rendre les deux mots anglais, *misdemeanor*,
et *défault*, dont le premier est un terme de Jurispru-

H 3

tous cas pareils, lesdits Gouverneur, Député-
Gouverneur, Assistans et Compagnie, ou la
pluralité d'iceux réunis, comme il a été dit ci-
devant, dans une de leurs Assemblées générales pourront légalement et devront procéder
à une nouvelle élection d'un ou de plusieurs susdits de ladite Compagnie, à la place de l'Officier
ou des Officier morts, ou destitués selon leur réglement, et immédiatement après qu'il aura été
ainsi fait une nouvelle élection d'un Gouverneur,
d'un Député-Gouverneur d'Assistans, ou de tout
autre Officier de ladite Compagnie, en la manière et selon les formes susdites, les autorités,
Offices, et pouvoirs donnés aux ci-devant
Gouverneur, Député-Gouverneur, ou autres
Officiers ainsi destitués, et à la place de qui
on aura élu, seront annullés, et cesseront pour
tels et chacun d'eux respectivement. Pourvu
toujours, et telle est notre volonté et notre bon
plaisir, que, tous ceux qui sont, par ces présentes, actuellement nommés et choisis,
comme il a été dit ci-dessus, avant de commencer les fonctions de leurs charges et emplois respectifs, s'engageront solemnellement
par serment ou autrement à remplir duement

dence, qui s'applique aux crimes légers, et dont le
second qui n'est pas ici un terme de Palais, s'applique
aux vices qui ne peuvent pas être l'objet des Loix.

et fidèlement leurs devoirs, dans leurs différens offices ou emplois, devant la personne ou les personnes qui seront nommées ci-après par ces Présentes, pour les recevoir ; en conséquence , ledit Benedict Arnold, qui a été nommé ci-dessus et établi Gouverneur actuel de ladite Compagnie, prendra le susdit engagement, par-devant William Brenton, ou par-devant deux des Assistans de ladite Compagnie, à qui nous donnons par ces Présentes, pleins pouvoir et autorité de l'en requérir, et de le recevoir : et ledit William Brenton, ci-dessus nommé es institué Député-Gouverneur actuel de ladite Compagnie, prendra le susdit engagement par-devant ledit Benedict Arnold, ou par-devant deux Assistans de ladite Compagnie, à qui nous donnons par ces Présentes, pleins pouvoir et autorité de le requérir et recevoir : et lesdits William Boulston, John Porter, Roger Williams, Thomas Olney, John Smith, John Greene, John Cogeshall, James Barker, William Field, et Joseph Clarke, qui sont ci-dessus nommés et établis Assistans actuels de ladite Compagnie, prendront le susdit engagement, relatif à leurs places respectives, devant les Gouverneur et Député - Gouverneur, nous donnons en consé-

quence pleins pouvoir et autorité de les requérir, administrer et recevoir.

Et pareillement, pour nous, nos hoirs et
successeurs, nous concédons et octroyons
auxdits Gouverneur et Compagnie, et à leurs
successeurs, par ces présentes : que pour maintenir la paix et le bon ordre dans le gouver-
-nement desdits Établissemens, les Gouverneur,
Député-Gouverneur, Assistans, et tous autres
Officiers et Ministres de ladite Compagnie,
pourront légitimement et devront user, exercer
et mettre à exécution dans l'administration de
la Justice, et dans l'exercice du gouvernement
desdits Établissemens, telles méthodes, réglemens, ordonnances et directions, (non contraires et ne répugnant point aux loix et
statuts de notre Royaume) qui ont été jusqu'à
présent données, usitées et accoutumées dans
les circonstances respectives; et ce, jusqu'à
ce que par la prochaine ou par quelqu'autre Assemblée générale il ait été spécialement pourvu
aux cas susdits.

Et de plus, pour nous, nos hoirs et successeurs, Nous concédons et octroyons, par ces
Présentes, auxdits Gouverneur et Compagnie,
et à leurs successeurs : que ledit Gouverneur,
ou en son absence, le Député-Gouverneur, et
la pluralité desdits Assistans en exercice, pour-

ront légalement et devront, dans tous les
tems où l'Assemblée générale ne siégera pas,
nommer et établir, tous et tels Commandant,
Gouverneur et Officiers Militaires qui leur
paroîtront nécessaires, pour commander, conduire et exercer les habitans desdits Établissemens à la guerre, et pour la défense et la
sûreté desdits Établissemens : et que tous et
chacun de ces Commandant, Gouverneur et
Officiers Militaires qui auront été nommés et
établis, comme il a été dit ci-dessus, par le
Gouverneur, ou en son absence, par le Députe-
Gouverneur et six des Assistans, et par la
pluralité des habitans libres de ladite Compagnie présens à quelqu'une des Assemblées
générales, pourront légalement et devront,
chacun selon la teneur de leurs commissions
et instructions respectives, assembler, exercer
à manier les armes, et aux évolutions, équi-
per, et mettre sur le pied militaire les habitans
de ladite Colonie, pour leur défense et sûreté
seulement ; qu'ils pourront et devront commander et conduire lesdits habitans, et ren-
contrer, repousser, résister par la force des
armes, tant par mer que par terre, tuer,
détruire, par toutes voies, entreprises et
moyens convenables, toutes et telles personnes
qui, dans quelque tems que ce soit par la

suite , tenteroient ou entreprendroient de
détruire , envahir, endommager ou troubler
lesdits habitans ou établissemens , et d'exercer
la loi martiale dans les cas seulement d'absolue
nécessité ; comme aussi de prendre et surpre-
dre par tous moyens et voies quelconques,
toutes et telles personnes, avec leurs vaisseaux,
armes et munitions , et autres effets de ces
personnes qui envahiroient ou tenteroient
d'une manière hostile de détruire lesdits Établissemens, et de faire du mal ou du tort
aux habitans ; qu'ils pourront légitimement et
devront, s'ils en ont une juste cause, attaquer
et détruire les Indiens naturels du pays, et
tous autres ennemis de ladite Colonie.

Nous voulons néanmoins, et tel est notre
bon plaisir, et nous déclarons par ces Présentes, pour le repos de nos Colonies dans
la Nouvelle-Angleterre : qu'il ne sera pas
permis à notre dite Colonie de Rhode-Island,
et des Établissemens de Providence dans la
Nouvelle-Angleterre, d'attaquer les Naturels
du Pays, habitans dans les bornes et limites
de ladite Colonie, sans en donner avis aux
autres susdites Colonies, et sans avoir leur
consentement. Et il est déclaré par ces Présentes
que nos autres Colonies ne pourront pas légi-

timement attaquer ni molester les Indiens naturels du Pays, ou tous autres Habitans dans les
bornes ou limites ci-après mentionnées (tous
lesdits habitans s'étant soumis à nous, et étant
pris par nous sous notre protection spéciale)
sans la connoissance et le consentement des
Gouverneur et Compagnie de notredite Colonie de Rhode-Island, et des Établissemens de
Providence.

Et de plus, nous voulons, et tel est notre
bon plaisir, et par ces Présentes, nous déclarons à tous les Rois, Princes, et États Chrétiens : que si quelque personne qui sera par
la suite de ladite Compagnie ou desdits Établissemens, ou toute autre personne, en vertu
de quelques commissions desdits Gouverneur
et Compagnie, alors existans, déroboit ou
pilloit sur terre ou sur mer, faisoit quelque
tort ou mal, ou quelque hostilité illégale dans
quelque tems que ce soit à aucun des Sujets
de nous, de nos hoirs ou successeurs, ou à
aucun des Sujets de quelque Prince ou État
allié pour lors avec nous, nos hoirs et successeurs ; sur la plainte d'une telle insulte ou
tort faits à quelque Prince ou État, ou à
leurs Sujets, nous, nos hoirs et successeurs,
nous ferons publier dans dans toutes les parties

de notre Royaume d'Angleterre une proclamation à cet effet, pour que la personne ou
les personnes qui auroient commis ce vol ou
qui auroient ainsi pillé, ayent à faire, dans
un tems fixé par ladite proclamation, pleine
et entière restitution et satisfaction des insultes
faites, ou des torts commis, de manière que
lesdits Princes ou autres ainsi plaignans soient
pleinement satisfaits et contens : et si la personne ou les personnes qui auroient commis
le vol ou qui auroient ainsi pillé, ne font
point satisfaction en conséquence, nous, nos
hoirs ou successeurs, nous mettrons cette
personne ou ces personnes hors de notre
obéissance et protection, et alors il sera légitime et libre à tout Prince ou autre de poursuivre hostilement tous ces délinquans, et
chacun d'eux, tous et chacun de leurs procureurs, aidans, fauteurs ou conseillers en cette
qualité.

Pourvu aussi, nous le voulons expressément,
et tel est notre bon plaisir, et par ces Présentes, pour nous, nos hoirs et successeurs,
nous ordonons et établissons : que ces Présentes
n'empêcheront en aucune manière aucun de
nos amés Sujets de pratiquer et exercer le
commerce de la pêche sur les côtes de la

Nouvelle-Angleterre en Amérique; mais que tous et chacun d'eux, auront pleinement et entièrement le pouvoir et la liberté de continuer et pratiquer le commerce de la pêche sur lesdites côtes, dans toutes les mers adjacentes, ou dans tous les bras de mer ou d'eau salée, rivières et criques où ils ont accoutumé de pêcher, et de bâtir et établir sur les plages appartenant à ladite Colonie et auxdits Établissemens, tous les quais, chantiers ou ateliers nécessaires pour saler, sécher et garder le poisson qu'ils auront pris ou trouvé sur cette côte.

Et de plus, pour encourager les habitans de nòtredite Colonie et de nos Établissemens de Providence, à établir la pêche de la baleine, tous ou chacun d'eux qui auront harponné un *dubertus* (1) ou tout autre grand poisson, pourront légitimement les poursuivre sur cette côte, et dans toutes les bayes, rivières, anses, et plages en dépendant, et les y tuer et préparer pour leur plus grand avantage, sans être molestés, lorsqu'ils ne feront aucun dégât

_____

(1) *Dubertus*, est un ancien nom donné par les Anglais à une espèce de Baleine.

ou tort volontaires ; et ce, nonobstant toutes clauses contenues dans ces Présentes, et toutes autres choses ou dispositions à ce contraires.

Et de plus aussi, nous voulons gracieusement, et déclarons par ces Présentes : que si quelques-uns des habitans de notredite Colonie entreprend de planter des vignes (le sol et le climat paroissant tous deux concourir naturellement à la production des vins) ou a l'adresse de découvrir des bancs de pêcheries, au dedans ou au dehors de ladite Colonie, nous leur donnerons et accorderons à ce sujet tous encouragemens dus et convenables, comme à nos autres Sujets en pareils cas.

Et de plus, de notre plus ample grace, certaine science et pur mouvement, nous avons donné et accordé, et par ces Présentes, pour nous, nos hoirs et successeurs, nous donnons et accordons auxdits Gouverneur et Compagnie de la Colonie Anglaise de Rhode-Island, et des Établissemens de Providence dans la Baye Narragansett, Nouvelle-Angleterre en Amérique, et à tous ceux qui y habiteront, et à toutes personnes qui y commerceront, et à toutes et telles personnes qui seront ou devront être habitans libres de ladite Colonie, pleins pouvoir et autorité, à toutes époques, et dans tous les tems à venir, de prendre, embarquer, transporter, et emmener hors de nos Royaume et domaines, pour la culture et la défense de ladite Colonie, tous et tels de nos amés Sujets ou Étrangers, qui voudront de leur bon gré les accompagner dans ladite Colonie et lesdits Établissemens, à l'exception des personnes qui en seront empêchées par nous, nos hoirs et successeurs, ou en vertu de quelques loix ou statuts de notre Royaume ; et aussi d'embarquer, transporter tous et toutes espèces d'effets, chaptels, marchandises et autres choses quelconques, qui seront ou pourront être utiles ou nécessaires pour lesdits Établissemens ou pour leur défense, et qui pourront être transportées selon les usages, et ne seront prohibées par aucunes loix ou statuts de notre Royaume, en acquittant et payant à nous, nos hoirs et successeurs, tous les droits, douanes et subsides, qui devront être payés ou payables pour lesdits effets.

Et de plus, nous voulons, et tel est notre bon plaisir, et par ces Présentes, pour nous, nos hoirs et successeurs, nous ordonnons, déclarons et accordons auxdits Gouverneur et Compagnie, et à leurs successeurs : que tous

et chacun de nos Sujets, de nous, de nos hoirs
et successeurs, qui se sont déjà transportés et
établis dans notredite Colonie et nosdits Etablissemens de Providence, ou qui par la suite
iront habiter dans ladite Colonie, et tous et
chacun de leurs enfans qui y seront nés, ou
qui seront nés sur mer en y allant ou en en
revenant, auront et jouiront de toutes les
libertés et immunités de nos Sujets libres et
naturels, dans tous les domaines de nous, de
nos hoirs et successeurs, à tous les égards et
suivant toutes les dispositions et clauses quelconques, comme si tous et chacun d'eux étoient
nés dans notre Royaume d'Angleterre.

Et de plus, sachez que de notre plus abon-
dante grace, certaine science et pur mouvement, nous avons donné, accordé et confirmé,
et par ces Présentes, pour nous, nos hoirs et
successeurs, nous donnons, accordons et confirmons auxdits Gouverneur et Compagnie et
à leurs successeurs, toute cette partie de nos
domaines dans la Nouvelle-Angleterre en Amérique, contenant la baye Nahantick et Nanhy-
gansett, autrement dite Narragansett, et les
contrées et parties adjacentes, bornées à l'ouest
par le milieu ou le canal d'une rivière, communément appellée rivière de Pawcatuck, au-

trement

trement dite Pawcawtuch, et ainsi tout le long de ladite rivière, en suivant le plus grand bras ou le milieu de son canal et remontant dans la partie du nord jusqu'à sa source, et de là par une ligne droite, tirée vers le nord, jusqu'à ce qu'elle rencontre la ligne qui termine au sud la Colonie de Massachusetts; et bornées au nord, par la susdite ligne frontière méridionale de ladite Colonie ou des Établissemens de Massachusetts : la susdite partie concédée s'étend vers l'est, à trois milles anglais à l'est et au nord-est des parties les plus est et nord-est de la susdite Baye Narragansett, en suivant ladite Baye depuis l'Océan jusqu'à l'embouchure de la rivière qui coule vers le sud, baignant la ville de Providence, et de là en suivant la rive orientale de ladite rivière (que l'on nomme plus haut la rivière de Seacunk) et remontant aux cataractes, appellées, cataractes de Patucket, qui sont à l'extrémité la plus ouest de la Colonie de Plymouth; et desdites cataractes par une ligne tirée droit au nord, jusqu'à ce qu'elle rencontre la ligne frontière méridionale susdite de la Colonie de Massachusetts, et est bornée au sud par l'Océan: et nous leur donnons et confirmons en particulier les terres appartenantes à la ville de

I

Providence, à Patuxit, Warwicke, Misquam-
macock, autrement dite Pawcatuck, et toute
la partie du Continent dans l'espace susdit,
ensemble avec Rhode-Island, Bloche-Island,
et tout le reste des Isles et bancs de la Baye
Narragansett, et qui bordent la côte dans le
susdit espace (en exceptant seulement l'Isle des
Pêcheurs, *Fisher's Island*,) ensemble avec
toutes terres fermes, sols, terreins, hâvres,
ports, rivières, eaux, pêcheries, mines royales,
et toutes autres mines, minéraux, pierres précieuses, carrières, bois, rochers, ardoises,
et tous et chacuns autres biens de quelque
espèce qu'ils soient, et aussi toutes jurisdictions,
droits régaliens, privilèges, franchises, préémi-
nences, et héritages quelconques, dans lesdits espaces, limites, terres et isles susdites,
appartenant à tous ou chacun d'eux, à quelque
titre que ce soit ; pour les tenir et en jouir,
par eux, les Gouverneur et Compagnie et leurs
successeurs, à toujours, à titre de concession,
pour leur usage et leur avantage à eux-mêmes,
et ceux de leurs Associés habitans libres de ladite Colonie, leurs hoirs et ayant-cause ; et
pour les tenir de nous, de nos hoirs et successeurs, comme mouvant du Château d'Est-
Greenwick dans notre Comté de Kent, à

simple foi et hommage, et non point *à titre de service personnel*, ni *à titre de service de Chevalier* (1): En acquittant et payant en conséquence à nous, nos hoirs et successeurs, seulement le cinquième de toutes les mines d'or et d'argent qui y seront découvertes et exploitées, dans un tems quelconque, et ce, pour tenir lieu et compensation de tous services, droits, amendes, forfaitures, échues ou à écheoir, et de toutes prétentions ou demandes

_____

(1) Ce sont trois manières différentes, mais toutes honorables, de tenir les terres ou du Roi ou des Seigneurs paticuliers, qui existoient en Angleterre sous le régime féodal, et dont les noms et quelques traces existent encore. Le *free and common soccage*, que l'on a traduit par *simples foi et hommage*, étoit une tenue pour laquelle il n'étoit effectivement dû souvent que le simple hommage ; elle entraînoit pourtant aussi quelquefois un service, soit militaire, soit de culture, et un cens, mais ce service étoit déterminé, soit pour la durée, soit pour la qualité ; la tenue *in capite*, que l'on a rendue par *service personnel*, étoit honorable, parce que c'étoit de la Couronne que l'on relevoit, mais le service en étoit indéterminé, ainsi que celui de la tenue *by Knight's service* à titre de service, *de Chevalier* ; cette dernière espèce de tenue, ainsi que la première, avoit lieu dans tous les Fiefs, et ne regardoit le Roi que comme Seigneur de Fief, et non comme Roi.

I 2

quelconques, qui seront faites ou présentées à nous, nos hoirs et successeurs à ce sujet : et ce, nonobstant toutes concessions ou clauses à ce contraires, portées dans la dernière concession accordée aux Gouverneur et Compagnie de la Colonie de Connecticut en Amérique ; la susdite rivière Pawcatuck ayant été désignée après beaucoup de discussions, pour la limite fixe et certaine entre nos deux susdites Colonies, par leurs agens, qui sont encore convenus que ladite rivière Pawcatuck, sera aussi autrement appellée, rivière Narogansett, ou Narrogansett ; et que, pour prévenir toutes disputes qui pourroient à l'avenir s'élever sur ce sujet, elle sera toujours par la suite désignée, prise et regardée comme étant la rivière Narrogansett, mentionnée dans notre dernière concession en faveur de la Colonie de Connecticut, pour être la limite orientale de cette Colonie.

Et de plus, nous voulons, et tel est notre bon plaisir : que dans toutes affaires d'intérêt public qui pourront avoir lieu dans notre Colonie et nos Établissemens de Providence, et qui exigeront un appel, à nous, nos hoirs et successeurs, pour le jugement de ces cas, ou redressement de ces griefs dans notre Royaume d'Angleterre, il soit permis aux ha-

bitans de ladite Colonie et desdits Établissemens de Providence, de passer et repasser
librement, sans avoir besoin de permission et
sans être molestés, dans et par le reste de nos
Colonies Angloises, pour leurs besoins civils
ou légitimes, de communiquer, entretenir
commerce, et trafiquer avec tous habitans de
nos autres Colonies Angloises qui voudront
les y admettre, en se conduisant bien et paisiblement parmi eux : et ce, nonobstant tous
actes, clauses ou sentences à ce contraires
qui auroient été ou qui pourroient être dé-
cernées dans aucunes desdites Colonies.

Et enfin, pour nous, nos hoirs et successeurs, nous ordonnons et accordons par ces
Présentes, auxdits Gouverneur et Compagnie,
et à leurs successeurs : que nos présentes Lettres
Patentes seront stables, bonnes, efficaces et
valables en toutes choses comme une Loi, à
tous egards, intentions et effets quelconques,
suivant nos véritables desseins et intentions
ci-devant déclarés dans lesdites Présentes ; et
qu'elles seront interprétées, réputées et jugées
dans tous les cas de la manière la plus favorable au profit et à l'avantage desdits Gouverneur et Compagnie, et de leurs successeu rs

I 3

quoique mention expresse, etc. *En témoin de quoi*, etc. *témoin* etc.

Par le Roi lui-même. *Per ipsum Regem.*

Depuis que la Grande-Bretagne a commencé les hostilités, l'État de Rhode-Island et des Établissemens de Providence, n'a pas pris une forme de Gouvernement différente de celle contenue dans la précédente Charte; car le Roi, par cette Charte, cédoit aux Gouverneur et Compagnie, tous pouvoirs législatif, exécutif et judiciaire, se réservant seulement, comme une reconnoissance de la souveraineté, le droit d'un cinquième dans le produit des mines d'or et d'argent que l'on pourroit trouver dans le territoire de cette Colonie.

Le Gouverneur, les principaux Magistrats, et les Membres de la Législature sont choisis par les habitans libres, en la manière accoutumée, et tous les Officiers de Justice et ceux chargés de quelque département de la puissance exécutrice sont élus annuellement par les Gouverneur et Compagnie, ou par les Chambres haute et basse de l'Assemblée. Tous les actes publics et judiciaires qui s'intituloient précé-

demment *au nom du Roi*, s'intitulent actuellement *au nom des Couverneur et Compagnie*. Les
sermens d'obéissance, de fidélité, et ceux que
l'on prête pour les différens Offices, sont faits
conformément aux principes de la Révolution.
Le Gouverneur, dans sa qualité législatrice,
n'a pas le droit négatif sur les actes passés dans
les deux Chambres, mais il a seulement une
voix en commun avec les autres Magistrats.

L'État est divisé en cinq Comtés dans chacun
desquels il y a une Cour de Plaids communs,
et des sessions générales de paix, qui se tiennent deux fois chaque année, pour l'expédition
de toutes les causes non capitales qui s'élèvent
dans leur ressort. Il y a appel de ces Cours à
la Cour supérieure de Judicature, à la Cour
d'Assises, et à *la Cour criminelle générale* (1),
dont la Jurisdiction s'étend sur tout l'État, et
qui siègent aussi deux fois l'année dans chaque
Comté: la Constitution n'admet d'établissemens

_____

(1) Le nom anglais de cette Cour est *Général Jail
Delivery*, c'est-à-dire, *Cour Générale pour vider les
prisons*: elle juge tous les prisonniers arrêtés depuis sa
dernière session, et les prisons sont effectivement vidées,
lorsque la session finit.

I 4

religieux que ceux qui dépendent du choix volontaire des individus. Tous les hommes qui font profession de reconnoître un Être Suprême sont également protégés par les Loix, et aucune Secte particulière ne peut prétendre à la prééminence.

I V.

CONNECTICUT.

CONNECTICUT.

EXPOSÉ de la Constitution de Connecticut.

L'ÉTAT de Connecticut est divisé en six Comtés, et chaque Comté est subdivisé en un certain nombre de *Districts* (1); chaque District a le droit d'envoyer deux Représentans à la *Cour générale*, ou *Assemblée*. La Cour générale est composée de deux Corps appellés *Chambre haute et Chambre basse*. La Chambre haute est composée du Gouverneur, du Député-Gouverneur, et de douze Assistans ou Conseillers; et la Chambre basse est composée des Représentans des différens Districts. Cette Cour a seule le pouvoir de faire et d'abroger

---

(1) On a rendu ici le mot *Town*, *Ville*, par *District*, parce qu'il s'agit d'arrondissemens autour de chaque Ville, plus grands que ce que l'on nomme communément *Banlieue*.

les Loix, d'accorder les levées d'impôts, de disposer des terres appartenant à l'État, aux Districts, et même aux particuliers (1), d'ériger et d'instituer des Tribunaux et des Officiers, suivant qu'elle le juge nécessaire pour le bon gouvernement du Peuple, et aussi de faire rendre compte à toutes Cours, Magistrats ou autres Officiers pour mauvaise conduite ou mauvaise administration; et elle peut, pour de justes motifs, les mettre à l'amende, les déplacer, les destituer, ou les traiter de toute autre manière, selon que la nature des cas le requiert : elle peut aussi agir et procéder dans toute autre matière qui concerne le bien de l'État, excepté pour l'élection du Gouverneur, du Député-Gouverneur, des Assistans, du Trésorier et du Secrétaire, qui seront élus par les habitans libres à la Cour annuelle d'élection, à moins qu'il n'arrive une vacance par mort ou pour autre cause après l'élection; dans ce cas, il sera pourvu au remplacement par la Cour générale.

---

(1) Cette autorité de disposer des biens appartenans aux Districts et aux particuliers, est restreinte, comme de raison, à en disposer pour la défense et les besoins de l'Etat, en indemnisant ceux de qui la propriété a souffert quelque atteinte.

Cette Cour a aussi le pouvoir, pour des raisons qui lui paroîtront suffisantes, d'accorder sur séance, décharge et élargissement sur répit, dans les affaires criminelles et capitales. La Cour générale a deux sessions fixes chaque année, les seconds jeudis des mois de Mai et d'Octobre.

Le Gouverneur, ou en son absence le Député-Gouverneur, peuvent convoquer l'Assemblée dans tout autre tems pour des cas urgens. Le Gouverneur, le Député-Gouverneur, les Assistans et le Secrétaire sont élus annuellement, le second jeudi de Mai; les Représentans sont choisis de nouveau pour chaque session fixe. Les Juges et autres Officiers de Justice, sont nommés annuellement par la Cour générale; les mêmes sont ordinairement continués d'année en année, tant qu'ils sont en état de servir, à moins qu'ils ne se rendent coupables de mauvaise conduite. Les Shériffs sont nommés par les Gouverneur et Conseil, sans fixation de tems, et peuvent être destitués par la même autorité qui les a nommés. Le Gouverneur en exercice est Capitaine-Général de la Milice; le Député - Gouverneur, Lieutenant-Général; les autres Officiers Généraux et les Officiers Supérieurs sont nommés par la Cour générale, et reçoivent leurs commissions du Gouverneur. Les Capitaines et Officiers subalternes, sont choisis par le suffrage de la Compagnie et de tous les habitans libres domiciliés dans l'arrondissement de la Compagnie, et qui, mariés ou non, vivent dans leur ménage. Il faut que les sujets ainsi choisis, soient approuvés par la Cour générale, et reçoivent leurs commissions du Gouverneur avant de pouvoir entrer en fonctions. Tous les Officiers Militaires gardent leurs emplois tant qu'il plaît à l'Assemblée, et ils ne peuvent pas donner leur démission sans la permission du Capitaine-Général, sous peine de faire le service de simples soldats.

La manière d'élire les Gouverneur, Député-Gouverneur, Assistans, Trésorier et Secrétaire, est, que les habitans libres des différens Districts s'assemblent le lundi qui suit immédiatement le premier mardi du mois d'Avril de chaque année (jour fixé par la Loi pour ces élections, et aussi pour celle des Représentans), et donnent leurs suffrages aux sujets qu'ils choisissent pour chacun de ces Offices respectivement, en écrivant les noms desdits

sujets sur un morceau de papier; ces suffrages
sont reçus et cachetés par un *Connétable* (1),
dans l'Assemblée des habitans libres; on fait
un paquet séparé des suffrages pour chaque
Office; on écrit sur le paquet le nom du District, et celui de l'Office; et tous les paquets
sont envoyés par les Représentans à la Cour
générale, qui doit se tenir le second jeudi du
mois de Mai suivant: à cette époque, après
que la Chambre des Représentans a choisi son
Orateur et son Greffier, on choisit un Comité
des Membres des deux Chambres, pour trier
et compter les suffrages, et proclamer les noms
des sujets choisis pour lesdits Offices. Tout
habitant libre ayant qualité pour voter à l'é-
lection de Représentans, ect. est éligible pour
tout Office du Gouvernement. Quant à l'élection des Assistans, vingt sujets sont nommés
par les suffrages des habitans libres à leur Assemblée, pour l'élection des Représentans au
mois de Septembre de chaque année; ces suffrages sont cachetés et envoyés à la Cour gé-

---

(1) *Coustable*, *Connétable*, est un Officier de Justice
inférieur, ou plutôt un servant de la Justice, de qui
les fonctions répondent à celles de nos Huissiers, Sergens,
et aussi du Guet et de la Maréchaussée.

nérale dans le mois d'Octobre suivant ; là, ils sont comptés par un Comité des deux Chambres ; et la nomination des vingt sujets qui ont le plus grand nombre de suffrages demeure en état, jusqu'à ce que sur ce nombre il en soit choisi douze pour Assistans, par les habitans libres, en Avril suivant, de la manière ci-devant exposée.

Les qualités requises pour donner à une personne le droit de voter à l'élection des Officiers du Gouvernement, sont, maturité d'âge, conduite tranquille et paisible, douceur dans le commerce de la vie, et une franche tenue de quarante schellings, ou un bien meuble de quarante livres sterling. Si les Officiers Municipaux du District certifient les qualités de quelqu'un à ces différens égards, il est admis comme habitant libre, en prêtant le serment de fidélité à l'État.

Les noms de tous ceux ainsi admis, sont enregistrés dans le Greffe du District, et ils continuent d'être réputés habitans libres leur vie durant, à moins qu'ils ne soient privés de leur franchise par une Sentence de la Cour supérieure, sur conviction de mauvaise conduite.

Le Gouverneur, ou en son absence le Député-Gouverneur

Gouverneur dans la Chambre haute, et l'Orateur dans la Chambre basse de l'Assemblée, ont la voix prépondérante, lorsque les Membres de leurs Chambres respectives, eux compris, sont partagés également sur une question.

Il y a dans cet État une Cour supérieure, composée d'un Chef-Juge, et de quatre autres Juges qui connoissent de toutes les affaires criminelles, et qui peuvent condamner à la mort, à la privation de quelque membre, et au bannissement. Cette Cour a droit aussi d'entendre et juger toutes les causes civiles apportées par appel des Cours des Comtés ou en révision. Elle connoît aussi de toutes les affaires de divorce. Il y a chaque année deux sessions fixes de la Cour supérieure dans chaque Comté.

Il y a aussi des Cours de Comté qui se tiennent dans les différens Comtés, et qui sont composées d'un Chef-Juge et de quatre Juges du *Quorum* (1).

_____

(1) Il y a dans chaque Comté en Angleterre, un assez grand nombre de Juges de Paix, et ces Officiers de Justice sont aussi nombreux dans les différens Comtés des États Américains ; outre la Police dont ils sont chargés, ils forment encore en se réunissant plusieurs ensemble, un Tribunal qui connoît de certaines affaires criminelles ; mais comme tous les Juges de

Elles connoissent dans l'étendue de leurs Comtés respectifs, de toutes les causes criminelles dont la punition ne va ní à la privation de la vie ou d'un membre, ni au bannissement. Les Cours de Comté connoissent aussi en première instance de toutes les actions civiles, dont le fond n'excède pas quarante schellings.

La Cour supérieure et les Cours de Comté procédent en matières de fait par la voie d'un Juré, selon le cours de la Loi commune.

Les Juges de Paix ont l'autorité d'entendre et juger les actions civiles, dont le fond n'excède pas quarante schellings, Ils connoissent aussi de quelques cas de nature criminelle, dont la punition par amende n'excède pas quarante schellings, ou par le fouet, dix coups, ou qui se borne à mettre le criminel *dans les planches* (1).

Paix ne sont pas également instruits, ni capables, on en distingue quelques-uns, dont la présence est exigée pour donner de l'activité à ce Tribunal, et la formule de la commission l'indique par ces termes, *quorum aliquem vestrûm A. B. C. D. unum esse volumus*; de-là vient le nom de *Juges du Quorum* que l'on donne aux Juges de Paix honorés de cette prérogative.

Les Cours Criminelles de Comté dans l'État de Connecticut, seront donc composées d'un Chef-Juge, et de quatre *Juges du Quorum*, c'est-à-dire, de quatre des Juges de Paix les plus capables du Comté.

(1) C'est la traduction littérale de la phrase anglaise

Cet État est aussi divisé en un certain nombre de Districts pour la vérification des testamens : on nomme dans chacun de ces Districts un Juge pour vérifier les testamens, accorder des lettres d'administration sur les biens de ceux qui sont morts *ab intestat*, etc. Il y a appel de tous les jugemens de cette Cour, à la Cour supérieure.

La Cour supérieure, les Cours de Comté, et les Cours de vérification nomment leurs Greffiers respectifs.

La Cour générale a été jusqu'à ces derniers tems la seule *Cour de Chancellerie* (1) dans cet

---

Sit in the stocks. Le Criminel a les bras et les jambes passées dans des planches horisontales fort rapprochées l'une de l'autre, et qui le tiennent accroupi dans une situation fort incommode. Cette punition est aussi en usage dans la Marine anglaise.

(1) Le Chancelier en Angleterre est le chef de deux Tribunaux distincts et séparés, l'un appellé *Cour ordinaire de Loi*, connoît de certaines affaires, et juge d'après le texte précis de la Loi; l'autre, nommé *Cour d'Equité*, s'écarte de ce texte pour en suivre l'esprit, lorsque le cas ou les circonstances l'exigent, et juge d'après ce qui paroît être le plus conforme à la Justice. *Voyez Page* 36, *note* (1), *Constitution de Massachusetts.* C'étoit en matière d'équité

K 2

État ; mais par une Loi donnée nouvellement ;
les Cours de Comté jugent en matière d'équité
depuis la somme de cinq livres sterlings, jusqu'à celle de deux cents livres; la Cour supérieure, depuis deux cents livres jusqu'à huit
cents livres ; et l'Assemblée générale connoît
de toutes les causes qui excèdent huit cent
livres.

Tous les Procureurs sont admis et reçus au
serment par les Cours de Comté : il n'y a point
de Procureur Général, mais il y avoit sous l'ancien Gouvernement un Procureur du Roi dans
chaque Comté ; et depuis que le Roi a abdiqué
le Gouvernement, ces Procureurs s'intitulent:
Procureurs des Gouverneur et Compagnie.

---

que la Cour générale de Connecticut étoit *Cour de
Chancellerie*, et le droit de juger dans ces matières y
est subdivisé par la Constitution nouvelle, et attribué
aux Cours de Comté, pour les petites sommes.

V.

NEW-YORCK.

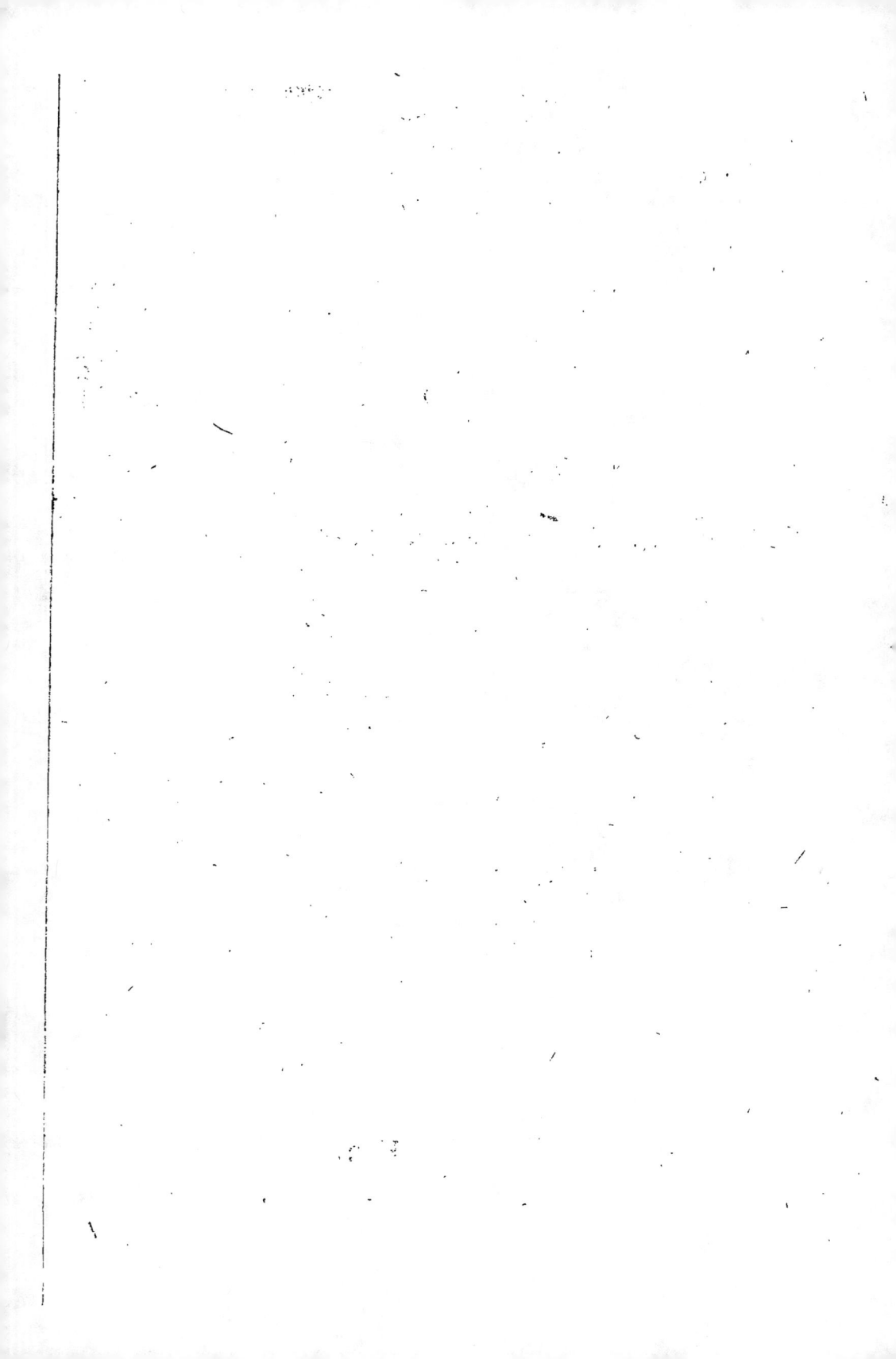

NEW-YORCK.

CONSTITUTION de l'État de New-Yorck, établie par la Convention autorisée et revêtue de pouvoirs à cet effet, le 20 Avril 1777.

ART. I. LA présente Convention, au nom et par l'autorité du bon Peuple de cet État, ordonne, décide et déclare qu'il ne sera sous aucun prétexte exercé d'autorité quelconque sur le Peuple ou les Membres de cet État, que celle qui sera émanée du Peuple, ou accordée par lui.

II. La Convention ordonne, décide et déclare de plus, au nom et par l'autorité du bon Peuple de cet État, que la puissance législatrice suprême dans cet État sera confiée à deux Corps distincts et séparés, dont l'un s'appellera *l'Assemblée de l'Etat de New-Yorck* et l'autre, *le Sénat de l'Etat de New-Yorck*, lesquels deux Corps formeront la législature et s'assembleront une fois au moins chaque année pour l'expédition des affaires.

III. Comme il seroit possible que l'on passât

à la hâte et inconsidérément pes Loix incompatibles avec l'esprit de la présente Constitution,
et avec le bien public, il est ordonné que le
Gouverneur en exercice, le Chancelier et les
Juges de la Cour suprême, ou deux d'entre
eux avec le Gouverneur, seront établis (et ils
le sont par la présente Constitution), comme
un Conseil pour revoir tous les Bills passés en
Loix par la Législature ; et qu'à cet effet ils
s'assembleront de tems en tems lorsque la Législature sera assemblée ; mais qu'ils ne recevront
aucuns salaires ni gratifications pour ce service. Tous les Bills qui auront été passés par
le Sénat et par l'Assemblée, devront,
avant de devenir Loix, être présentés audit
Conseil pour y être revus et examinés ; et si
d'après cette révision et cet examen, il ne
paroît pas convenable audit Conseil ou à la
pluralité de ses Membres, que ledit Bill devienne une Loi de cet État, le Conseil le renverra avec ses objections par écrit au Sénat,
ou à la Chambre d'Assemblée, c'est-à-dire,
à celui de ces deux Corps où le Bill aura été
d'abord proposé ; ce Corps enregistrera tout
au long sur ses registres les objections envoyées par le Conseil, et procédera à un nouvel examen dudit Bill. Mais si, d'après ce

nouvel examen, les deux tiers dudit Sénat ou de ladite Chambre d'Assemblée le passent de nouveau, malgré lesdites objections, il sera envoyé à l'autre Chambre de la Législature, où il sera aussi examiné, et s'il est approuvé par les deux tiers des Membres présens, il sera *Loi.*

Pour prévenir tous délais qui ne seroient point nécessaires, il est ordonné de plus que, si un Bill n'est pas renvoyé par le Conseil dans les dix jours depuis sa présentation, il deviendra Loi, à moins que par quelque ajournement la Législature n'ait rendu impraticable le renvoi dudit Bill dans les dix jours; auquel cas il faudra que le Bill soit renvoyé à la première séance de la Législature, après les dix jours expirés.

IV. L'Assemblée sera composée au moins de soixante-dix Membres, qui seront choisis annuellement dans les différens Comtés, et dans les proportions suivantes :

Pour les Ville et Comté de New-Yorck... 9.
  Les Ville et Comté d'Albany . . . . 10.
  Le Comté de la Duchesse. . . . . . . 7.
  Le Comté de Westchester. . . . . . . 6.
  Le Comté d'Ulster. . . . . 6.
                                      _____
                                       38.

D'autre part. . . . . 38.

Le Comté de Suffolk. . . . . 5.

Le Comté de la Reine. . . . . 4.

Le Comté d'Orange. . . . . 4.

Le Comté du Roi. . . . . 2.

Le Comté de Richmond. . . . . . . 2.

Le Comté de Tryon. . . . . 6.

Le Comté de Charlotte. . . . . . . 4.

Le Comté de Cumberland. . . . . . 3.

Le Comté de Gloucester. . . . . . . 2.
                                     ———
                                     70.

V. Aussi-tôt que faire se pourra, après sept
années expirées depuis la fin de la guerre actuelle, il sera dressé, sous la direction de la
Législature, un cens et dénombrement des
Électeurs et des habitans de cet État; si d'après
ce dénombrement il paroît que le nombre des
Représentans pour lesdits Comtés dans l'Assemblée, ne soit pas dans une juste proportion
avec le nombre des Électeurs desdits Comtés
respectifs, la Législature arrangera et propor-
tionnera la représentation d'après la base précédente. Une fois tous les sept ans, après la
confection du susdit dénombrement, il sera
pris un état exact des Électeurs résidans dans
chaque Comté; et s'il résulte de cette nouvelle opération, que dans un Comté le nombre

des Électeurs ait augmenté ou diminué d'un septième ou plus , du nombre total des Électeurs qui aura été trouvé dans le susdit premier dénombrement de cet État , le nombre des Représentans pour ce Comté sera augmenté ou diminué en conséquence , c'est-à-dire , d'un Représentant pour chaque septième , comme il a été dit plus haut.

VI. Comme depuis long-tems il y a parmi ce bon Peuple beaucoup de gens qui pensent que la voie du scrutin pour les suffrages dans les élections , tendroit plus à conserver la liberté que les suffrages donnés de vive voix ; afin de bien connoître par expérience laquelle des deux méthodes de votation doit être préférée ; il est ordonné que , aussi-tôt que faire se pourra , après la fin de la guerre actuelle entre les États-Unis d'Amérique et la Grande-Bretagne , il sera passé par la Législature de cet État un ou plusieurs actes , pour que toutes les élections à faire par la suite dans cet État , des Sénateurs et des Représentans dans l'Assemblée , se fassent au scrutin. Et pour régler la manière dont on y devra procéder ; et comme il se peut qu'après tous les soins de la Législature dans la confection de cet acte ou de ces actes , il se trouve certains inconvéniens et vices imprévus aujourd'hui dans la méthode d'élire au scrutin :

Il est ordonné de plus, que si, après une expérience bien complette de la méthode susdite du scrutin, elle se trouve moins propre et moins conforme à la sûreté et aux intérêts de l'État, que la méthode de donner les suffrages de vive voix, la Législature pourra légalement et constitutionnellement l'abolir, pourvu que les deux tiers des Membres présens dans chaque Chambre respective soient de cet avis. Mais pendant la durée de la guerre actuelle, et jusqu'à ce que la Législature de cet État pourvoie à l'élection par le scrutin des Sénateurs et des Représentans dans l'Assemblée, lesdites élections se feront de vive voix.

VII. Tout habitant mâle de l'âge requis, ayant personnellement résidé dans un des Comtés de cet État pendant les six mois qui auront immédiatement précédé le jour de l'élection, aura droit de suffrage à cette élection pour les Représentans dudit Comté dans l'Assemblée, si, durant le tems susdit, il a été Franc-Tenancier, possédant une franche-tenue de la valeur de vingt livres sterling dans ledit Comté, ou s'il a tenu à bail dans ledit Comté, un fonds de la valeur de quarante schellings, et s'il a été taxé et a payé actuellement l'impôt pour ces biens. Mais tout homme actuellement habitant libre de la Ville d'Albany, ou qui a été fait habitant libre de la Ville de New-Yorck, à l'époque du quatorze Octobre de l'an de Notre Seigneur mil sept cent soixante-quinze ou auparavant, et qui sera actuellement et à l'ordinaire résidant dans lesdites Villes respectivement, aura droit de voter pour les Représentans dans l'Assemblée, dans sadite Ville de résidence (1).

VIII. Tout Électeur, avant d'être admis à donner son suffrage, devra, s'il en est requis par l'Officier chargé du procès-verbal ou quelqu'un des Inspecteurs, prêter le serment, ou,

_____

(1) Cette dernière clause est une faveur pour les habitans libres d'Albany, et pour ceux qui ont obtenu ce titre à New-Yorck, avant que les Anglais s'en emparassent, puisque l'on n'exige d'eux pour être Electeurs, que la simple preuve de résidence, tandis que les habitans des Comtés doivent, pour avoir qualité, faire les autres preuves indiquées ci-dessus ; cette même clause est aussi une exclusion pour ceux qui auront obtenu du Gouvernement ou des Généraux Anglais le titre d'habitans libres de New-Yorck, depuis le quatorze Octobre mil sept cent soixante-quinze.

s'il est de la secte appellée *Quakers*, faire l'affirmation de fidélité à cet État.

IX. L'Assemblée ainsi constituée, choisira son Orateur, sera juge de ses Membres, jouira des mêmes privilèges, et procédera dans l'expédition des affaires de la même manière que les Assemblées de la Colonie de New-Yorck avoient ci-devant droit de le faire; et une majorité des Membres de ce Corps constituera dans l'occasion une Chambre suffisante pour procéder à l'expédition des affaires.

X. La Convention ordonne, décide et déclare de plus, au nom et par l'autorité du bon Peuple de cet État, que le Sénat de l'État de New-Yorck sera composé de vingt-quatre Membres, choisis dans tout le Corps des Francs-Tenanciers, et qu'ils seront élus par tous ceux des Francs-Tenanciers de cet État qui possèdent des franches-tenues valant cent livres sterling, outre et par-dessus toutes dettes dont elles pourroient être grevées.

XI. Les Membres du Sénat seront élus pour quatre ans: immédiatement après la première élection, ils seront partagés par le sort en quatre classes de six Sénateurs chacune, et numérotées un, deux, trois et quatre. Les places des Membres de la première classe seront

vacantes à l'expiration de la premiére année,
celles de la seconde classe à la fin de la
seconde année, et ainsi de suite, afin qu'il
puisse y avoir toujours, autant que faire se
pourra, un quart du Sénat élu chaque année.

XII. L'élection des Sénateurs se fera de la
manière suivante : Les Comtés nombreux dans
lesquels cet État est actuellement partagé, seront
rangés sous quatre grands Districts, dont le
District Méridional comprendra les Ville ét
Comté de New-Yorck, et les Comtés de Suffolk,
Westchester, King's, *du Roi*, Queen's, *de la
Reine*, et Richemond ; le District du Milieu, les
Comtés de la Duchesse, d'Ulster et d'Orange ;
le district Occidental, les Ville et Comté d'Albany, et le Comté de Tryon ; et le District
Oriental, les Comtés de Charlotte, de Cumberland et de Gloucester. Et les Sénateurs seront
élus par les Francs-Tenanciers desdits Districts,
ayant qualité, comme il a été dit ci-dessus,
dans les proportions suivantes ; savoir :

Dans le District Méridional. . . . . 9.
Dans le District du Milieu. . . . . 6.
Dans le District Occidental. . . . . 6.
Dans le District Oriental. . . . . 3.

Et il est ordonné qu'il sera fait sous la direction de la Législature, un cens ou dénombrement, aussi-tôt qu'il se pourra, après sept
années expirées depuis la fin de la guerre
actuelle; et si, d'après ce dénombrement, le
nombre des Sénateurs ne paroît pas être dans
une juste proportion entre les différens Districts, la Législature établira cette proportion
aussi exactement qu'il sera possible, relativement au nombre des Francs-Tenanciers de
chaque District, ayant qualité, comme il est
dit ci-devant. Lorsque le nombre des Électeurs, dans un des Districts, sera augmenté
d'un vingt-quatrième du nombre total des Électeurs, qui par le susdit premier dénombrement
se seront trouvés dans cet État, il sera choisi
un Sénateur de plus par les Électeurs de ce
District. Il faudra une majorité des Sénateurs,
ainsi choisis, pour constituer un Sénat suffisant
pour agir; et le Sénat, ainsi que l'Assemblée,
sera juge de ses propres Membres. Il est encore
ordonné que les Législatures de cet État auront
à l'avenir, pour la commodité er l'avantage
de ce bon Peuple, le pouvoir de diviser et
subdiviser l'État en un autre et plus grand
nombre de Comtés et de Districts, selon qu'elles
le jugeront convenable.

XIII.

XIII. La Convention ordonne, décide et déclare de plus, au nom et par l'autorité du bon Peuple de cet État, qu'aucun Membre de cet État ne sera dépouillé de sa franchise, ni privé d'aucun des droits ou privilèges assurés aux Sujets de cet État par la présente Constitution, que par un Jugement de ses Pairs en vertu de la Loi du Pays.

XIV. L'Assemblée ni le Sénat ne pourront pas s'ajourner eux-mêmes pour un tems plus long que deux jours, sans le consentement réciproque des deux Corps.

XV. Toutes les fois que l'Assemblée et le Sénat différeront d'avis, il se tiendra une conférence en présence des deux Corps, par deux Comités qu'ils auront respectivement choisis au scrutin. Les portes du Sénat et de l'Assemblée seront toujours ouvertes à tout le monde, excepté lorsque le bien de l'État exigera que leurs débats soient tenus secrets. Il sera tenu des Journaux exacts de tous leurs actes, délibérations, etc. en la manière usitée jusqu'à ce moment par l'Assemblée générale de la Colonie de New-Yorck; et, à l'exception des parties que ces deux Corps jugeront respectivement ne pas devoir rendre publiques, comme on l'a dit ci-devant, ils seront imprimés

L

et publiés jour par jour (si les occupations
de la Législature le permettent).

XVI. La Convention décide provisoirement
que le nombre des Sénateurs ne sera jamais
au-dessus de cent, ni celui des Représentans
dans l'Assemblée au-dessus de trois cents ; mais
que toutes les fois que le nombre des Sénateurs montera à cent, et celui des Membres
de l'Assemblée à trois cents, alors et dans ce
cas la Législature à l'avenir devra partager
et distribuer ces susdits cent Sénateurs et
trois cents Représentans entre les grands Districts et les Comtés de cet État, en proportion du nombre de leurs Électeurs respectifs;
de manière que la représentation du bon Peuple de cet État demeure toujours égale et
proportionnelle, tant dans le Sénat que dans
l'Assemblée.

XVII. La Convention ordonne, décide et
déclare de plus, au nom et de l'autorité du
bon Peuple de cet État, que la suprême Puissance et Autorité exécutrice de cet État sera
confiée à un Gouverneur, et que, une fois
tous les trois ans régulièrement, et aussi
souvent que la place de Gouverneur vaquera,
il sera élu par les Francs-Tenanciers de cet
État, ayant qualité, comme il a été prescrit

ci-dessus, pour élire les Sénateurs, un Franc-Tenancier sage et prudent pour Gouverneur. Ces élections se feront toujours dans les mêmes tems et dans les mêmes lieux que celles des Représentans dans l'Assemblée pour les Comtés respectifs; et le sujet qui aura le plus grand nombre de suffrages sur la totalité dudit État, en sera le Gouverneur.

XVIII. Le Gouverneur restera trois ans en charge; et en vertu de son office, il sera Général et Commandant en chef de toute la Milice, et Amiral de la Marine de cet État: il aura le pouvoir de convoquer l'Assemblée et le Sénat dans les occasions extraordinaires, de les proroger d'un tems à un autre, pourvu que ces prorogations n'excèdent pas soixante jours dans l'espace d'une seule année; et d'accorder à sa discrétion des répits et des graces aux personnes convaincues de crimes, autres pourtant que la trahison ou le meurtre, pour lesquels crimes il pourra seulement suspendre l'exécution de la Sentence, jusqu'à ce qu'il en ait été fait rapport à la Législature, lors de sa plus prochaine séance; et la Législature fera grace, ordonnera l'exécution du criminel, ou accordera un plus long répit.

XIX. Il sera du devoir du Gouverneur

d'informer la Législature à chaque session, de la situation de l'État, dans tout ce qui concernera son Département; de recommander à sa considération toutes les matières qui lui paroîtront intéresser son bon Gouvernement, son avantage et sa prospérité; de correspondre avec le Congrès Continental, et avec les autres États ; d'expédier toutes les affaires nécessaires avec les Officiers du Gouvernement et les Officiers Civils et Militaires; de veiller avec le plus grand soin, à ce que les Loix soient fidèlement exécutées; et enfin de faire exécuter toutes les résolutions de la Législature.

XX. Il sera élu un Lieutenant-Gouverneur à toutes les élections de Gouverneur : il sera élu de la même manière et pour le même tems que le Gouverneur; et dans le cas de mort, de démission ou de destitution du Lieutenant - Gouverneur, il en sera élu un nouveau pour rester en charge jusqu'à la prochaine élection d'un Gouverneur. Le Lieutenant-Gouverneur, en vertu de son Office, sera Président du Sénat, et y aura voix pour départager, en cas de partage égal d'avis, mais n'y aura pas de voix dans les autres occasions.

Dans le cas où il seroit intenté un accusa-

tion en crime d'État contre le Gouverneur ;
dans le cas où il seroit destitué, où il viendroit à mourir, donneroit sa démission, ou
s'absenteroit de l'État, le Lieutenant-Gouverneur exercera tous les pouvoirs et toute
l'autorité attribués à l'Office de Gouverneur,
jusqu'à ce qu'il en ait été choisi un autre,
ou jusqu'à ce que le Gouverneur accusé ou
absent, soit revenu ou déchargé d'accusation.
Mais dans le cas où le Gouverneur seroit
absent de l'État avec le consentement de la
Législature, pour être en tems de guerre à
la tête de ses armées, ledit Gouverneur continuera de garder le commandement en chef
de toutes les forces militaires de cet État, sur
terre et sur mer.

XXI. Toutes les fois que le Lieutenant-
Gouverneur remplira les fonctions de Gouverneur, ou qu'il ne pourra pas remplir celles
de Président du Sénat, les Sénateurs auront
le pouvoir d'élire un d'entr'eux pour remplir
cette place, et ce Président *par interim* cessera
de l'être aussi-tôt que le Lieutenant-Gouverneur reprendra sa séance. Si durant la vacance
de l'Office de Gouverneur, le Lieutenant-
Gouverneur est accusé de crime d'État, ou
destitué ; s'il donne sa démission, s'il vient

L 3

à mourir, ou s'il s'absente de l'État, le Président du Sénat exercera toutes les fonctions du Gouvernement, comme l'auroit fait
le Lieutenant-Gouverneur, jusqu'à ce qu'il ait
été pourvu à la vacance par les suffrages du
Peuple dans la prochaine élection.

XXII. La Convention ordonne, décide et
déclare de plus, au nom et de l'autorité du
bon Peuple de cet État, que le Trésorier de
cet État sera nommé par un acte de la Législature, qui sera proposé d'abord dans l'Assemblée; mais aucun Membre de l'une ou de
l'autre Chambre de la Législature ne sera éligible
pour cette charge.

XXIII. Tous les Officiers, à la nomination
desquels la Constitution n'a pas pourvu d'une
autre manière, seront nommés comme il suit:
une fois chaque année, l'Assemblée nommera,
par des suffrages à haute voix, un des Sénateurs
de chaque grand District; ces Sénateurs formeront un Conseil pour la nomination des
susdits Officiers, et auront pour Président le
Gouverneur en charge, ou le Lieutenant-Gouverneur, ou le Président du Sénat, c'est-à-
dire, celui de ces Officiers qui remplira
actuellement les fonctions de Gouverneur;
cet Officier aura voix pour départager seule-

ment ; ce sera lui qui , avec l'avis et le consentement dudit Conseil , proclamera la nomination desdits Officiers , et la majorité du susdit Conseil sera un *Quorum*. Les mêmes Sénateurs ne pourront pas être élus deux années de suite pour le susdit Conseil.

XXIV. Tous les Officiers Militaires seront nommés pour un tems à volonté ; tous les Officiers Civils et Militaires qui devront être pourvus de commissions, le seront par le Gouverneur ; et le Chancelier, les Juges de la Cour suprême, et premier Juge de la Cour de Comté dans chaque Comté, garderont leurs Offices tant qu'ils s'y conduiront bien, ou jusqu'à ce qu'ils aient respectivement atteint l'âge de soixante ans.

XXV. Le Chancelier et les Juges de la Cour suprême ne pourront pas être en même tems revêtus d'un autre Office, excepté pourtant celui de Délégué au Congrès Général dans des occasions particulières et importantes ; et les premiers Juges des Cours de Comté dans les différens Comtés, ne pourront pas être en même tems revêtus d'un autre Office, excepté celui de Sénateur ou de Délégué au Congrès Général ; mais si le Chancelier ou quelqu'un desdits Juges sont élus ou nommés à quelque

Office, autre que ceux ci-dessus exceptés, ils pourront opter entre les deux.

XXVI. Les Shériffs, et les Coroners seront nommés chaque année; personne ne pourra conserver l'un ou l'autre desdits Offices plus de quatre ans de suite, et l'Office de Shériff sera incompatible avec tout autre.

XXVII. Il est ordonné de plus, que le Garde des registres, et les Greffiers de la Chancellerie seront nommés par le Chancelier; les Greffiers de la Cour suprême, par les Juges de ladite Cour; le Greffier de la Cour des vérifications des testamens, par le Juge de ladite Cour; et le Garde des registres et le Maréchal de la Cour d'Amirauté, par le Juge de l'Amirauté. Lesdits Maréchal, Gardes des registres et Greffiers garderont leurs Offices durant le bon plaisir de ceux par qui ils auront été nommés, comme il a été dit ci-devant.

Tous les Procureurs, Solliciteurs, et Conseillers de Loi, qui seront nommés dans la suite, le seront par la Cour, et seront autorisés à entrer en fonctions par le premier Juge de la Cour dans laquelle ils devront respectivement plaider et pratiquer, et ils seront tenus de se conformer aux Réglemens et Ordonnances desdites Cours.

XXVIII. Il est de plus ordonné que les Offices, dont la Convention n'aura pas déterminé la durée, seront censés devoir être conservés par les pourvus, durant le bon plaisir du Corps qui les y aura nommés ; mais il sera expédié au moins une fois tous les trois ans de nouvelles commissions aux Juges des Cours de Comté, autres que le premier Juge, et aux Juges de Paix.

XXIX. Les Greffiers des Villes, les Inspecteurs, Assesseurs, Connétables et Collecteurs, et tous les autres Officiers qui jusqu'à présent étoient éligibles par le Peuple, continueront de l'être par la suite, en la manière ordonnée par le présent ou par les futurs actes de la Législature.

Les Officiers *du prêt public* (1), les Trésoriers des Comtés, et les Greffiers des Inspecteurs, continueront d'être nommés en la

---

(1) L'*Office du Prêt public* en Amérique, est une banque dont les billets ont cours dans l'Etat; elle prête en hypothéquant sa créance sur des fonds de terre, jusqu'à la moitié de la valeur de la terre hypothéquée; l'emprunteur reste en possession de sa terre, et acquite dans un tems déterminé par voie d'annuité les intérêts et le capital.

manière ordonnée par le présent ou les futurs
actes de la Législature.

XXX. Les Délégués pour représenter cet
État dans le Congrès Général des États-Unis
d'Amérique, seront nommés annuellement de
la manière suivante :

Le Sénat et l'Assemblée nommeront chacun
par des suffrages à haute voix un nombre de
sujets égal à celui des Délégués à choisir ;
cette nomination faite, les deux Corps se
réuniront, et les sujets nommés à-la-fois dans
les deux listes seront déclarés Délégués, sans
autres formalités ; après quoi, parmi ceux dont
les noms ne se trouveront que sur une des
listes, les Sénateurs et les Membres de l'Assemblée réunis, comme on vient de le dire,
en choisiront au scrutin une moitié pour
compléter le nombre total des Délégués.

XXXI. Le style des Loix sera comme il suit :
Il est déclaré par le Peuple de l'État de New-
Yorck, représenté dans le Sénat et l'Assemblée.
Et tous les actes et autres procédures, seront
intitulés, *au nom du Peuple de l'État de New-*
Yorck, et seront certifiés par la signature du
Chancelier, ou du Chef-Juge de la Cour qui
les aura décernés.

XXXII. La Convention ordonne, décide et

déclare de plus, au nom et de l'autorité du bon Peuple de cet État, qu'il sera institué une Cour pour connoître des accusations en crime d'État, et pour la révision des procès, d'après les Réglemens qui seront établis par la Législature ; et qu'elle sera composée du Président du Sénat en exerçice, des Sénateurs, du Chancelier, et des Juges de la Cour suprême, ou de la plus grande partie d'entr'eux ; à l'exception du cas où l'accusation en crime d'État seroit poursuivie contre le Chancelier lui-même, ou contre quelqu'un des Juges de la Cour suprême, l'Officier ainsi accusé devant être suspendu de l'exercice de ses fonctions jusqu'à ce qu'il soit déchargé ; et de même, lorsqu'il y aura appel d'un Jugement rendu en matière d'équité, le Chancelier donnera communication à la Cour des motifs de son Jugement, mais n'aura pas voix pour la Sentence définitive. Et si la cause à juger est en révision pour une question de Loi sur un Jugement de la Cour suprême, les Juges de cette Cour rendront compte des motifs de leur Jugement, mais ils n'auront pas voix pour les Sentences à rendre à l'effet de le confirmer ou de l'infirmer.

XXXIII. Le droit d'intenter une accusation

en crime d'État contre tous les Officiers de l'État, pour mauvaise conduite et corruption dans leurs Offices respectifs, appartiendra aux Représentans du Peuple dans l'Assemblée ; Mais il sera toujours nécessaire que les deux tiers des Membres présens consentent à la poursuite, et donnent leur voix à cet effet : avant de procéder à une accusation en crime d'État, les Membres de cette Cour seront respectivement tenus de prêter serment, *qu'ils procéderont sur la charge en question, et la décideront avec sincérité et impartialité, d'après les preuves* ; aucun Jugement de ladite Cour n'aura de validité, à moins qu'il ne soit rendu de l'avis et du consentement des deux tiers des Membres présens à la cause ; et il ne pourra pas s'étendre à des peines plus fortes que la destitution d'Office, et l'inhabilité à posséder aucune place d'honneur, de confiance ou de profit sous le Gouvernement de cet État. Mais l'Officier ainsi convaincu sera néanmoins sujet à être poursuivi en vertu d'une plainte devant les Tribunaux ordinaires, et soumis à la procédure, au Jugement et aux peines conformes à la Loi du Pays.

XXXIV. Et il est de plus ordonné, que dans toute procédure sur accusation de crime d'État par la Chambre des Représentans, ou sur plainte devant les Tribunaux ordinaires, pour crimes ou malversations, il sera accordé un Conseil à l'accusé, comme dans les causes civiles.

XXXV. La Convention ordonne, décide et déclare de plus, au nom et de l'autorité du bon Peuple de cet État, que les parties de la Loi commune d'Angleterre, *de la Loi des Statuts* (1) d'Angleterre et de la Grande-Bretagne, et des actes de la Législature de la Colonie de New-York qui formoient par leur réunion le Corps de Loi de ladite Colonie, à l'époque du dix-neuf Avril de l'an de notre Seigneur mil sept cent soixante-quinze, continueront à être les Loix de cet État, soumises aux changemens et modifications que la Législature de cet État y pourra faire dans tous les tems ; ceux de ces susdits actes qui auront été faits pour un tems

_____

(1) On appelle *Loi Commune* en Angleterre, le Corps de Loix qui a été rédigé d'après des usages anciennement établis, ce qui répond au *Droit Coutumier* de France.

La *Loi des Statuts*, est le Corps des Loix faites par la puissance législatrice depuis qu'elle a pris une forme régulière.

expireront aux époques déterminées pour leur durée respective. Toutes les parties de ladite Loi commune, ou tous ceux de ces susdits statuts ou actes, ou parties d'iceux, qui peuvent avoir pour objet d'établir ou de maintenir par préférence une communion particulière de Chrétiens ou leurs Ministres, ou qui concernent la fidélité et obéissance gardée jusqu'à présent à la suprématie, la souveraineté, le gouvernement ou les prérogatives prétendues ou exercées par le Roi de la Grande-Bretagne et ses Prédécesseurs, sur la Colonie de New-Yorck, et ses habitans, ou qui répugneront à la présente Constitution, sont par et en vertu de cette présente Constitution, abrogés et rejettés. Et la Convention ordonne de plus: que les résolutions des Congrès de la Colonie de New-Yorck, et de la Convention de l'État de New-Yorck actuellement en vigueur, et qui ne répugneront point au Gouvernement établi par la présente Constitution, seront considérées comme faisant partie des Loix de cet État, et néanmoins seront soumises aux changemens et modifications que la Législature de cet État y pourra faire dans tous les tems.

XXXVI. Et il est de plus ordonné, que toutes les concessions de terres dans cet État, faites par le Roi de la Grande-Bretagne, ou par des personnes agissant sous son autorité, après le quatorze Octobre mil sept cent soixante-quinze, seront nulles et invalides; mais l'on ne pourra rien inférer de la présente Constitution, ni interpréter aucun de ses articles, pour infirmer aucunes des concessions de terres dans cet État, faites par l'autorité dudit Roi ou de ses prédécesseurs; ni pour annuller aucunes Chartes en faveur de Corps politiques, données par lui ou par aucun d'eux avant ledit jour; et l'on ne pourra déclarer nulles ou annullées, aucunes de ces Chartes, sous prétexte de non-usage ou de mauvais usage, entre le dix-neuf Avril mil sept cent soixante quinze, et la publication de la présente Constitution, d'aucuns des droits ou privilèges concédés par elle. Et tous les Officiers désignés dans lesdites Chartes respectivement, comme devant être nommés par le Gouverneur de la Colonie de New-Yorck, avec ou sans l'avis et le consentement du Conseil dudit Roi, dans ladite Colonie, seront désormais nommés par le Conseil établi en vertu de la présente Constitution, pour la nomination des Officiers de cet État, jusqu'à ce qu'il en soit autrement ordonné par la Législature.

XXXVII. Attendu la grande importance
dont il est pour la sûreté de cet État, que la
paix et l'amitié avec les Indiens y soient dans
tous les tems soutenues et maintenues : et
attendu que les fraudes, trop souvent pratiquées envers lesdits Indiens, dans les contrats faits pour leurs terres, ont en plusieurs
occasions produit des mécontentemens et des
animosités dangereuses : il est ordonné, qu'aucuns achats ou contrats pour vente de terres,
faits depuis le quatorze Octobre de l'an de
Notre-Seigneur mil sept cent soixante-quinze,
ou qui pourront l'être par la suite, desdits
Indiens ou avec eux dans les limites de cet
État, ne seront obligatoires pour lesdits
Indiens, ni réputés valables, à moins qu'ils
n'ayent été faits sous l'autorité et avec le consentement de la Législature de cet État.

XXXVIII. Comme les principes bienfaisans
d'une liberté raisonnable, exigent que non-
seulement nous expulsions la tyrannie civile,
mais encore que nous prenions des précautions
contre cette oppression et cette intolérance
spirituelles, par le moyen desquelles la bigo-
terie et l'ambition de Princes et de Prêtres
foibles et méchans ont été les fléaux du genre
humain ; la Convention ordonne, décide et
déclare

déclare de plus, au nom et de l'autorité du bon Peuple de cet État, que le libre exercice et la libre jouissance de la profession religieuse et du culte religieux, sans aucune exception, différence, ni préférence, seront dans la suite et pour toujours accordés dans cet État, à tout le monde; mais la liberté de conscience accordée par la présente Constitution, ne pourra pas être interprétée de manière à excuser des actes de licence, ou à justifier des pratiques incompatibles avec la paix ou la sûreté de cet État.

XXXIX. Et comme les Ministres de l'Évangile, sont par leur profession consacrés au service de Dieu, au soin des ames, et ne doivent pas être détournés des devoirs importans de leur ministère, aucun Ministre de l'Évangile, ni aucun Prêtre, de quelque communion qu'ils soient, ne seront par la suite, ni dans aucun tems, ni sous aucun prétexte ou interprétation quelconques, éligibles pour, ni capables de posséder aucuns Offices ou aucunes places, soit militaires, soit civiles, dans cet État.

XL. Attendu qu'il est de la plus grande importance, pour la sûreté de tout État, d'être toujours préparé à se défendre; qu'il est du devoir de tout homme jouissant de la

M.

protection de la Société, d'être prêt à coopé-
rer à cette défense, et d'en avoir la volonté,
la Convention ordonne, décide et déclare, au
nom et de l'autorité du bon Peuple de cet État,
que la Milice de cet État sera par la suite,
et dans tous les tems, soit paix, soit guerre,
armée, disciplinée, et toute prête à servir ; que
tous ceux des habitans de cet État, qui seront
de la Secte appellée, *Quakers*, et qui, par
scrupule de conscience, répugneront à porter
les armes, en seront, à raison de ce, dispensés par la Législature, et paieront à l'État,
pour tenir lieu de leur service personnel,
les sommes d'argent que la Législature jugera
convenables, d'après leur fortune ; et qu'il
sera dorénavant et à toujours établi, entretenu, et maintenu dans chacun des Comtés
de cet État, par acte de la Législature, et
aux frais de l'État, un magasin convenable
de munitions de guerre et d'effets pour habillement, armement, équippement, etc. propor-
tionné au nombre des habitans du Comté.

XLI. La Convention ordonne, décide et
déclare de plus, au nom et de l'autorité du
bon Peuple de cet État, que la procédure par
Jurés sera établie et maintenue inviolablement
dans tous les tems, et pour tous les cas où

elle a été jusqu'à présent usitée dans la Colonie de New-Yorck; que la Législature de cet État ne passera aucuns actes d'*attainder* pour crimes, autres que ceux commis avant la fin de la guerre actuelle; que ces actes n'opéreront plus *la corruption du sang* (1); et de plus, que la Législature de cet État n'instituera, dans aucun tems par la suite, aucunes

---

(1) *Attainder* est un terme de Jurisprudence Anglaise, qui dérive du mot *taint, tache, infection, souillure*. L'acte d'*attainder* se décerne contre les coupables condamnés à mort pour haute trahison ou félonie. Il tire son origine du Gouvernement féodal, et produit plusieurs effets distincts; premièrement la mort civile dans le cas où le coupable n'a pas pu être exécuté; secondement la confiscation des biens; troisièmement enfin *la corruption du sang*, *corruption of blood*: l'homme contre qui l'on a décerné un *acte d'attainder*, non-seulement est effacé de la liste des vivans, mais son existence passée coupe toute communication entre tous ceux qui lui ont appartenu, ou qui peuvent lui appartenir, et fait obstacle à la transmission de tous droits; ainsi les successions qui lui auroient été dévolues, même depuis sa mort, sont arrêtées par lui, échoient à son Suzérain, et ne passent point à ses héritiers. C'est à titre de Souveraineté que la Couronne d'Angleterre a les confiscations; mais c'est à titre de Suzéraineté qu'elle jouit de l'effet des actes d'*attainder*.

M 2

nouvelles Cour ou Cours, que pour procéder selon les règles de la Loi commune.

XLII. Et la Convention ordonne, décide et déclare de plus, au nom et de l'autorité du bon Peuple de cet État, que la Législature aura le pouvoir de naturaliser à sa volonté toutes et telles personnes qu'elle voudra et de la manière qu'elle le jugera convenable, pourvu que toutes ces personnes ainsi naturalisées par elle, comme étant nées dans des pays au-delà des mers et hors des États-Unis d'Amérique, viennent s'établir dans cet État, et en deviennent Sujets, qu'ils prêtent serment de fidélité à cet État, et qu'ils renoncent et abjurent toute obéissance et sujétion à tous Rois, Princes, Potentats et États, tant en général qu'en particulier, dans toutes matières ecclésiastiques aussi bien que civiles.

Par ordre,

LÉONARD GANSEVOORT.

Président *pro tempore.*

V I

NEW - JERSEY.

NEW-JERSEY.

PRÉAMBULE.

COMME toute l'autorité Constitutionnelle que les Rois de la Grande-Bretagne ont jamais possédée sur les Colonies, ou sur leurs autres Domaines, étoit émanée du Peuple, et tenue de lui, en vertu d'un contrat, pour l'avantage commun de la Société entière ; il s'en suit que l'obéissance d'un côté, et la protection de l'autre, sont deux obligations réciproques également dépendantes l'une de l'autre, en sorte que le lien de l'une est rompu, par cela seul que l'autre est refusée ou retirée.

Et puisque Georges III, Roi de la Grande-Bretagne, a retiré sa protection aux bons Peuples de ces Colonies, et que, par son consentement à plusieurs actes du Parlement Britannique, il a entrepris de les assujettir à la domination absolue de ce Corps ; qu'il leur a même fait la guerre la plus cruelle et la plus dénaturée, sans autre cause que leur

fermeté à soutenir leurs justes droits ; toute
obligation d'obéissance et de fidélité a donc
nécessairement cessé , et la dissolution du
Gouvernement s'en est suivie dans chacune
des Colonies.

Et comme dans la situation déplorable où sont
actuellement ces Colonies , exposées à la fureur
d'un ennemi cruel et inexorable , il est absolument nécessaire qu'il y ait une forme de Gouvernement, non-seulement pour le maintien du
bon ordre, mais encore pour unir plus efficacement le Peuple, et le mettre en état d'employer
toutes ses forces à sa propre défense indispensable ; l'*Honorable Congrès Continental*, Conseil
suprême des Colonies Américaines ayant averti
celles de ces Colonies qui ne s'étoient pas encore mises en mesure, qu'il étoit tems que
chacune respectivement se choisît et adoptât
la forme de Gouvernement qui lui paroîtroit
la plus propre à faire son bonheur et sa sûreté
particulière , et à assurer le bien-être de l'Amérique en général ;

Nous , les Représentans de la Colonie de
New-Jersey , élus de la manière la plus libre
par les Comtés assemblés en Congrès, nous
avons , après une mûre délibération, arrêté
une *Déclaration de droits*, *en forme de Charte*,

et la *forme de Gouvernement* telle qu'elle est exposée dans tous les articles suivans :

Forme de Gouvernement.

ART. I. LE Gouvernement de cette Province résidera dans un Gouverneur, un Conseil législatif et une Assemblée générale.

II. Lesdits Conseil législatif et Assemblée générale seront choisis, pour la première fois, le second mardi du mois d'Août prochain : leurs Membres seront au nombre, et auront les qualités mentionnées ci-après; et ces deux Corps seront et demeureront revêtus de tous les pouvoirs et de toute l'autorité qui doivent désormais appartenir au Conseil législatif et à l'Assemblée générale de cette Colonie, jusqu'au second mardi d'Octobre de l'année de Notre-Seigneur mil sept cent soixante et dix-sept.

III. Le second mardi d'Octobre annuellement, et ainsi chaque année à perpétuité, (avec faculté de s'ajourner d'un jour à l'autre s'il en est besoin) les différens Comtés choisiront, chacun pour soi, une personne pour être Membre du Conseil législatif de cette Colonie : il faudra que le sujet élu soit et ait été habitant et Franc-Tenancier dans le Comté pour lequel il sera choisi, pendant l'année entière qui précédera immédiatement l'élection, et qu'il soit riche au moins de mille livres, *argent de proclamation* (1), en biens réels et personnels dans le même Comté. Chaque Comté élira aussi en même tems trois Membres pour l'Assemblée ; et personne ne pourra obtenir le droit de siéger dans ladite Assemblée, à moins d'être et d'avoir été pendant l'année entière qui précédera immédiatement l'élection, habitant dans le Comté qu'il doit représenter, et à moins de posséder dans ce même Comté des biens-fonds ou mobiliers de la valeur au moins de cinq cents livres, argent de proclamation.

Le second mardi après le jour de l'élection, le Conseil et l'Assemblée générale s'assembleront séparément, et le consentement des deux Chambres sera nécessaire pour toutes les Loix. La présence de sept Membres suffira pour mettre le Conseil en activité, et aucune Loi ne passera dans les deux Corps qu'à la pluralité des suffrages des Membres actuellement et présens et consentans.

Si dans la suite une majorité des Représen-

(1) *Voyez* la note (1) page 94, Constitution de Massachussetts.

tans de cette Province, dans le Conseil et
dans l'Assemblée générale réunis, jugent équitable et convenable d'augmenter ou de diminuer
le nombre, ou de changer pour un ou plusieurs Comtés de cette Colonie la proportion
des Membres de l'Assemblée générale; ces changemens tendans à établir plus d'égalité dans la
représentation, pourront être faits légitimement, nonobstant ce qu'il peut y avoir de
contraire dans la présente Charte, pourvu cependant que le nombre total des Représentans
dans l'Assemblée générale ne soit jamais moindre de trente-neuf.

IV. Tous les habitans de cette Colonie d'un
âge compétent, qui y posséderont cinquante
livres, argent de proclamation, de bien clair,
et qui auront résidé dans le Comté où ils
prétendront droit de suffrage, pendant les
douze mois qui auront immédiatement précédé
l'élection, auront ce droit pour l'élection des
Représentans dans le Conseil et dans l'Assemblée générale, ainsi que de tous les autres
Officiers publics qui seront élus par la totalité du Peuple du Comté.

V. L'assemblée générale, en commençant ses
séances, aura le pouvoir de choisir son Orateur et ses autres Officiers, de juger des qualités

et de la validité des élections de ses Membres; de régler ses séances par ses propres ajournemens, de préparer les Bills qui doivent passer en Loix, et d'autoriser son Orateur à la convoquer toutes les fois que quelque circonstance extraordinaire l'exigera.

VI. Le Conseil aura aussi le pouvoir de préparer les Bills qui devront passer en Loix; il aura tous les mêmes droits et pouvoirs que l'Assemblée générale, et sera à tous égards une partie libre et indépendante de la Législature de cette Colonie, excepté cependant qu'il ne pourra ni préparer les Bills d'imposition, ni même y rien changer, ce droit devant appartenir privativement et par privilège à l'Assemblée générale.

Le Conseil sera convoqué de tems en tems par le Gouverneur ou par le Vice-Président; mais il devra l'être toutes les fois que l'Assemblée générale siégera; et en conséquence l'Orateur de la Chambre de l'Assemblée, aussi-tôt après ses ajournemens, donnera avis au Gouverneur ou au Vice-Président du tems et du lieu auxquels sa Chambre se sera ajournée.

VII. Le Conseil et l'Assemblée, à leur première séance après chaque élection annuelle, éliront à la pluralité des voix une personne sur toute la Colonie, pour être Gouverneur pendant un an; le Gouverneur sera toujours Président du Conseil, et aura la voix prépondérante dans ses délibérations. Le Conseil **tout** seul choisira ensuite parmi ses Membres un Vice-Président, qui agira comme tel dans l'absence du Gouverneur.

VIII. Le Gouverneur (et en son absence le Vice-Président du Conseil) le suppléera **dans** toutes ses fonctions, aura la Puissance **exécu-**trice, sera *le Chancelier* (1) et *le Général ordinaire et subrogé* (2) de la Colonie; il **sera** aussi Capitaine général et Commandant **en** chef de toute la Milice et de toutes les **autres** Troupes de l'État; trois ou un plus **grand** nombre des Membres du Conseil formeront **un** Conseil privé, que le Gouverneur Consul a dans tous les tems.

IX. Le Gouverneur et le Conseil, dont sept Membres seront un nombre suffisant pour lui

---

(1) *Voyez* la note (1) page 147, Constitution de Connecticut.

(2) Ce titre dont la traduction ne peut pas présenter une idée nette, signifie que le Président aura le pouvoir de donner des lettres d'administration. *Voyez* la note (1) page 80, Constitution de Massachusetts.

donner l'activité, seront, comme ils l'ont été
jusques-à-présent, la Cour d'appel en dernier
ressort dans tous les procès ; et ils auront le
droit de faire grace aux criminels, après la condamnation, pour tous les cas de trahison, de
félonie et autres crimes.

X. Les Capitaines et tous les autres Officiers subalternes dans la Milice, seront choisis
par les Compagnies dans leurs Comtés respectifs ; mais les Officiers généraux et supérieurs
seront nommés par le Conseil et l'Assemblée.

XI. Le Conseil et l'Assemblée auront le
pouvoir d'ordonner le grand sceau de cette Colonie, lequel sera sous la garde du Gouverneur,
et en son absence du Vice-Président du Conseil,
pour en être usé par eux quand il en sera
besoin ; et ce sceau s'appellera le *grand Sceau
de la Colonie de New-Jersey*.

XII. Les Juges de la Cour suprême de Justice garderont leurs Offices pendant sept ans :
les Juges de la Cour des Plaids-Communs,
dans les différens Comtés, les Juges de paix,
les Greffiers de la Cour suprême, les Greffiers
des Cours inférieures (*des Plaids-Communs et
Sessions de Trimestre*) le Procureur général et
le Secrétaire provincial, ne garderont les
leurs que cinq ans, et le Trésorier provincial ne sera qu'un an en place. Tous ces Offi-

ciers seront nommés, chacun en particulier, par le Conseil et par l'Assemblée, dans la manière exposée ci-dessus, et recevront leurs commissions du Gouverneur, ou, en son absence, du Vice-Président du Conseil. Bien entendu que chacun desdits Officiers en particulier pourra être nommé de nouveau à l'expiration de chaque terme respectivement fixé, et que chacun desdits Officiers pourra être destitué lorsqu'il sera jugé coupable de mauvaise conduite par le Conseil, sur une accusation en crime d'État intentée par l'Assemblée.

XIII. Les habitans de chaque Comté ayant droit de suffrage en vertu des conditions exposées ci-dessus, éliront chaque année dans les lieux et dans les tems marqués pour l'élection des Représentans, un Shériff, et un ou plusieurs Coroners; et ils pourront reélire la même personne pour chacun de ces Offices, jusqu'à ce qu'elle les ait remplis pendant trois ans, mais jamais plus long-tems; après quoi, il faudra qu'il se passe un intervalle de trois années avant que la même personne puisse être reélue. Lorsque l'élection aura été notifiée au Gouverneur et au Vice-Président par le ministère de six Francs-Tenanciers du Comté pour lequel elle aura été faite, les Officiers élus recevront immédiatement leurs commissions pour entrer en exercice de leurs offices respectifs.

XIV. Les Districts des Villes se choisiront respectivement des Connétables dans leurs Assemblées de Ville annuelles pour l'élection des autres Officiers; ils choisiront en outre trois Francs-Tenanciers, ou même un plus grand nombre, gens capables et de bonne réputation, pour recevoir et juger définitivement les appels relatifs aux assiettes injustes d'impositions; ces Commissaires aux appels tiendront leurs séances dans le tems ou dans les tems qu'ils jugeront convenables, et le Peuple en sera instruit à l'avance par des avertissemens publics.

XV. Les Loix de cette Colonie commenceront par la formule suivante : *Qu'il soit statué par le Conseil et l'Assemblée générale de cette Colonie; et il est ici statué par leur autorité.* Toutes les commissions données par le Gouverneur ou le Vice-Président, commenceront aussi par cette autre formule : *La Colonie de New-Jersey, à* N. N. *Salut :* tous les actes publics se feront au nom de la Colonie, et toutes les plaintes se termineront par ces mots: *Contre la paix de la Colouie, contre son Gouvernement et sa dignité.*

XVI.

XVI. Tous les criminels seront admis, pour les témoins et pour les conseils, aux mêmes privilèges dont leurs poursuivans jouiront et auront droit de jouir.

XVII. Les biens de ceux qui se détruiront eux-mêmes ne seront pas confisqués en conséquence de ce crime, mais ils passeront aux personnes qui les auroient dû recueillir si la mort eût été naturelle; et les choses qui pourront occasionner accidentellement la mort de quelqu'un ne seront plus désormais réputées *acquises à Dieu* (1), et ne seront plus sous aucun prétexte confisquées à raison de ce malheur.

XVIII. Aucune personne dans cette Colonie ne pourra jamais être privée de l'inestimable privilège d'adorer le Dieu Tout-Puissant de la manière qui lui est dictée par sa propre conscience, ni forcée sous aucun prétexte de se rendre dans les lieux où l'on pratique un

---

(1) Autrefois en Angleterre l'épée dont on s'étoit servi pour tuer un homme, le charriot qui l'avoit écrasé, toute chose en général qui avoit contribué à la mort de quelqu'un, étoit confisquée au profit de l'Eglise : à la réformation ,. les Seigneurs se sont emparés de ce droit qui s'exerce encore dans la Grande-Bretagne.

N

culte contraire à sa foi et à son jugement; et personne dans cette Colonie ne pourra être obligé de payer des dîmes, des taxes ou d'autres contributions quelconques, pour l'édification ou la réparation des Églises, ou pour soudoyer les Ministres d'une Religion qu'il ne croit pas véritable, et qu'il ne s'est pas engagé à pratiquer volontairement et de propos délibéré.

XIX. Il n'y aura point dans cette Province d'établissement d'aucune Secte particulière de Religion par préférence à une autre; et aucun Protestant, habitant de cette Colonie, ne pourra être privé de la jouissance d'aucun droit civil par le seul motif de ses principes religieux; mais toutes personnes professant la croyance de quelque Secte Protestante que ce soit, qui se conduiront bien et ne troubleront point le Gouvernement tel qu'il est ici établi, pourront être élues pour tous les emplois, soit lucratifs, soit de pure confiance, être choisies Membres de l'une ou de l'autre Chambre de la Législature, et jouiront pleinement et librement de tous les privilèges et de toutes les immunités dont jouissent tous les autres Sujets de ce Gouvernement.

XX. Afin que les Corps législatifs de cette Colonie puissent être, autant qu'il est possible, à l'abri de tout soupçon de corruption, aucuns des Juges des Cours suprêmes, des Shériffs, ni aucunes autres personnes revêtues de quelque emploi lucratif sous l'autorité du Gouvernement, excepté les Juges de Paix, ne pourront être élus Membres de l'Assemblée générale ; et même pour ces derniers, leurs offices seront déclarés vacans aussi-tôt qu'ils auront été élus et qu'ils prendront leur séance dans l'Assemblée.

XXI. Toutes les Loix de cette Province contenues dans l'édition qui en a été publiée dernièrement par M. Allinson, excepté celles qui seront incompatibles avec la présente Charte, seront et demeureront en pleine vigueur, jusqu'à ce qu'elles aient été changées par l'autorité législatrice, et elles seront exécutées dans tous les points par tous les Officiers civils ou autres, et par tout le bon Peuple de cette Colonie.

XXII. *La Loi commune* d'Angletterre, aussi bien que *la Loi des Statuts*, demeureront aussi en vigueur, telles qu'elles ont été pratiquées jusqu'à présent dans cette Colonie, jusqu'à ce qu'elles aient été changées par une Loi future de l'autorité législatrice, à l'exception aussi des parties qui contrarieroient les droits et

N 2

privilèges contenus dans la présente Charte; et le droit inestimable de la procédure par Jurés sera et demeurera confirmé comme une partie de la Loi de cette Colonie qu'on ne pourra changer.

XXIII. Toute personne qui aura été élue de la manière ci-dessus prescrite, pour être Membre du Conseil législatif ou de l'Assemblée générale, devra faire, avant de prendre sa séance dans l'une ou l'autre de ces Chambres, le serment ou l'affirmation dont la teneur suit:

Je N. déclare solemnellement que comme Membre du Conseil législatif (ou de l'Assemblée générale, suivant le cas) de la Colonie de New-Jersey, je ne consentirai à aucune loi, à aucune résolution, à aucun acte qui me paroisse nuisible au bien public de cette Colonie, ou dont l'effet puisse être l'abrogation ou l'altération de la partie du troisième article de la Charte de cette Colonie; qui établit que les élections des Membres du Conseil législatif et de l'Asemblée seront annuelles; non plus que de la partie du vingt-deuxième article de ladite Charte, qui regarde la procédure par Juré; et que je ne consentirai non plus à rien qui ait pour but d'abroger ou d'altérer aucunes parties des dix-huitième et dix-neuvième articles de la même Charte. Toutes personnes élues, comme il a été dit ci-devant, sont par la présente Constitution autorisées à demander ledit serment ou ladite affirmation auxdits Membres, et à les recevoir d'eux.

Mais il est déclaré, et c'est la véritable intention du Congrès, que, s'il y avoit une réconciliation entre la Grande-Bretagne et ces Colonies, et que les dernières rentrassent de nouveau sous la protection et le Gouvernement Britanniques, la présente Charte sera nulle et comme non avenue; mais dans le cas contraire, elle sera fermement et inviolablement établie.

En Congrès Provincial de New-Jersey, à Burlington, 2 Juillet 1776. Par ordre du Congrès.

Signé SAMUEL TUCKER, Président.

Extrait des minutes. Signé WILLIAM PATERSON, Secrétaire.

VIE
PENSYLVANIE,

PENSYLVANIE.

Constitution de la République de Pensylvanie, telle qu'elle a été établie par la Convention générale, élue à cet effet, et assemblée à Philadelphie, dans ses Séances, commencées le 15 Juillet 1776, et continuées par des ajournemens successifs jusqu'au 28 Septembre suivant.

LES objets de l'institution et du maintien de tout Gouvernement doivent être d'assurer l'existence du Corps politique de l'État, de le protéger, et de donner aux individus qui le composent, la faculté de jouir de leurs droits naturels, et des autres biens que l'Auteur de toute existence a répandus sur les hommes; et toutes les fois que ces grands objets du Gouvernement ne sont pas remplis, le Peuple a le droit de le changer par un acte de la volonté commune, et de prendre les mesures qui lui paroissent nécessaires pour procurer sa sûreté et son bonheur.

Les Habitans de cette République s'étant

jusqu'à présent reconnus Sujets du Roi de la
Grande-Bretagne, uniquement en considération de la protection qu'ils attendoient de lui;
et ledit Roi ayant non-seulement retiré cette
protection, mais ayant commencé et continuant encore, par un esprit de vengeance
inéxorable, à leur faire la guerre la plus cruelle
et la plus injuste, dans laquelle il emploie
non-seulement les troupes de la Grande-Bretagne, mais encore des étrangers mercenaires,
des sauvages et des esclaves, pour parvenir
au but qu'il s'est proposé et qu'il avoue, de
les réduire à une entière et honteuse soumission à la domination despotique du Parlement
Britannique ; ayant en outre exercé contre
lesdits Habitans plusieurs autres actes de tyrannie (qui ont été pleinement développés dans la
déclaration du Congrès général), ce qui a
rompu et anéanti tous les liens de sujétion et
de fidélité envers ledit Roi et ses successeurs,
et fait cesser dans ces Colonies tous les pouvoirs et toutes les autorités émanés de lui.

Comme il est absolument nécessaire pour le
bien-être et la sûreté des Habitans desdites
Colonies, qu'elles soient désormais des États
libres et indépendans, et qu'il existe dans chacune de leurs parties une forme de Gouverne-

ment juste, permanente et convenable, dont l'autorité du Peuple soit la source unique et l'unique fondement, conformément aux vues de l'honorable Congrès Américain :

Nous, les Représentans des hommes libres de Pensylvanie, assemblés extraordinairement et expressément, à l'effet de tracer un Gouvernement d'après les principes exposés ci-dessus; reconnoissant la bonté du Modérateur suprême de l'Univers (lui qui seul sait à quel degré de bonheur, sur la terre, le genre humain peut parvenir, en perfectionnant l'art du Gouvernement); reconnoissant la suprême bonté qu'il a de permettre que le Peuple de cet État se fasse, de son propre et commun consentement, sans violence, et après en avoir mûrement délibéré, les Loix qu'il jugera les plus justes et les meilleures pour gouverner sa future société; pleinement convaincus que c'est pour nous un devoir indispensable d'établir les principes fondamentaux de Gouvernement les plus propres à procurer le bonheur général du Peuple de cet État et de sa postérité, et à pourvoir aux améliorations futures, sans partialité et sans préjugé pour ou contre aucune classe, secte ou dénomination d'hommes particulières, quelles qu'elles soient; en vertu de l'autorité

dont nos Constituans nous ont revêtus, nous
ordonnons, déclarons et établissons *la Déclara-*
tion des droits et le plan de Gouvernement suivans,
pour être la *Constitution* de cette République,
et pour y demeurer en vigueur à jamais sans
altération, excepté dans les articles que l'expérience démontrera par la suite exiger des
améliorations, et qui seront corrigés ou per-
fectionnés en vertu de la susdite autorité du
Peuple, par un Corps de Délégués composé
comme l'ordonne ce plan de Gouvernement,
pour obtenir et assurer d'une manière plus
efficace, *le grand objet et le véritable but de tout*
GOUVERNEMENT, *tels que nous les avons*
posés ci-dessus.

CHAPITRE PREMIER.

Déclaration des droits des Habitans de l'État de Pensylvanie.

ART. I. Tous les hommes sont nés également libres et indépendans, et ils ont des droits certains, naturels, essentiels et inaliénables, parmi lesquels on doit compter le droit de jouir de la vie et de la liberté, et de les défendre : celui d'acquérir une propriété, de la posséder et de la protéger ; enfin, celui de chercher et d'obtenir leur bonheur et leur sûreté.

II. Tous les hommes ont le droit naturel et inaliénable d'adorer le Dieu Tout-Puissant, de la manière qui leur est dictée par leur conscience et leurs lumières. Aucun homme ne doit, ni ne peut être légitimement contraint à embrasser une forme particulière de culte religieux, à établir ou entretenir un lieu particulier de culte, ni à soudoyer des Ministres de religion contre son gré, ou sans son propre et libre consentement : aucun homme qui reconnoît l'existence d'un Dieu, ne peut être justement privé d'aucun droit civil, comme citoyen, ni attaqué en aucune manière, à raison de ses sentimens, en matière de religion, ou de la forme particulière de son culte : aucune Puissance dans l'État ne peut ni ne doit être revêtue, ni s'arroger l'exercice d'une autorité qui puisse, dans aucun cas, lui permettre de troubler ou de gêner le droit de la conscience dans le libre exercice du culte religieux.

III. Le Peuple de cet État a seul le droit essentiel et exclusif de se gouverner et de régler son administration intérieure.

IV. Toute autorité résidant originairement dans le Peuple, et étant par conséquent émanée de lui, il s'en suit que tous les Officiers du Gouvernement revêtus de l'autorité, soit législatrice, soit exécutrice, sont ses mandataires, ses serviteurs, et lui sont comptables dans tous les tems.

V. Le Gouvernement est, ou doit être institué pour l'avantage commun, pour la protection et la sûreté du Peuple, de la Nation ou de la Communauté, et non pour le profit ou l'intérêt particulier d'un seul homme, d'une famille, ou d'un assemblage d'hommes qui ne font qu'une partie de cette Communauté. La Communauté a le droit incontestable, inaliénable et imprescriptible de réformer, changer ou abolir le Gouvernement, de la manière qu'elle juge la plus convenable, et la plus propre à procurer le bonheur public.

VI. Afin d'empêcher ceux qui sont revêtus de l'autorité législatrice ou exécutrice de devenir oppresseurs, le Peuple a le droit, aux époques qu'il juge convenables, de faire rentrer les Officiers dans l'état privé, et de pourvoir aux places vacantes par des élections certaines et régulières.

VII. Toutes les élections doivent être libres : et tous les hommes libres ayant un intérêt suffisant, évident et commun, et étant attachés à la Communauté par les mêmes liens, tous doivent avoir un droit égal à élire les Officiers, et à être élus pour les différens emplois.

VIII. Chaque Membre de la société a le droit d'être protégé par elle dans la jouissance de sa vie, de sa liberté et de sa propriété : il est par conséquent obligé de contribuer pour sa part aux frais de cette protection, de donner, lorsqu'il est nécessaire, son service personnel ou un équivalent ; mais aucune partie de la propriété d'un homme ne peut lui être enlevée avec justice, ni appliquée aux usages publics, sans son propre consentement, ou celui de ses Représentans légitimes : aucun

homme qui se fait un scrupule de conscience
de porter les armes, ne peut y être forcé
justement, lorsqu'il paye un équivalent; et
enfin, les hommes libres de cet État ne peuvent
être obligés d'obéir à d'autres Loix qu'à celles
qu'ils ont consenties pour le bien commun,
par eux-mêmes ou par leurs Représentans
légitimes.

IX. Dans toutes les poursuites pour crime,
un homme a le droit d'être entendu par lui
et par son conseil ; de demander la cause et
la nature de l'accusation qui lui est intentée;
d'être confronté aux témoins ; d'administrer
toutes les preuves qui peuvent lui être favorables ; de requérir une instruction prompte
et publique par un Juré impartial du pays,
sans l'avis unanime duquel il ne sauroit être
déclaré coupable. Il ne peut pas être forcé
d'administrer des preuves contre lui-même ;
et aucun homme ne peut être privé justement
de sa liberté que par un Jugement de ses
Pairs, en vertu *des Loix du Pays*.

X. Tout homme a le droit d'être, pour sa
personne, ses maisons, ses papiers, et pour
toutes ses possessions, à l'abri de toutes recherches et de toutes saisies ; en conséquence,
tout *Warrant* est contraire à ce droit, si des
sermens

sermens ou affirmations préliminaires n'en ont pas suffisamment établi le fondement, et si l'ordre ou la réquisition portés par le *Warrant* à un Officier ou Messager d'État, de faire des recherches dans des lieux suspects, d'arrêter une ou plusieurs personnes, ou de saisir leur propriété, ne sont pas accompagnés d'une désignation et description spéciales de la personne ou des objets à rechercher ou à saisir. Enfin, il ne doit être décerné aucun *Warrant* que dans les cas et avec les formalités prescrites.

XI. Dans les discussions relatives à la propriété et dans les procès entre deux ou plusieurs particuliers, les parties ont droit à l'Instruction par juré, et cette forme de procéder doit être regardée comme sacrée.

XII. Le Peuple a le droit et la liberté de parler, d'écrire et de publier ses sentimens; en conséquence, la liberté de la presse ne doit jamais être gênée.

XIII. Le Peuple a droit de porter les armes pour sa défense et pour celle de l'État; et comme, en tems de paix, des armées sur pied sont dangereuses pour la liberté, il ne doit point en être entretenu, et le Militaire doit toujours être tenu dans une exacte subordi-

nation à l'autorité civile, et toujours gouverné par elle.

XIV. Un recours fréquent aux principes
fondamentaux de la Constitution, et une
adhésion constante à ceux de la justice, de
la modération, de la tempérance, de l'industrie et de la frugalité, sont absolument
nécessaires pour conserver les avantages de
la liberté, et maintenir un Gouvernement
libre. Le Peuple doit en conséquence avoir
une attention particulière à tous ces différens
points dans le choix de ses Officiers et Représentans ; et il a droit d'exiger de ses Législateurs et de ses Magistrats une observation
exacte et constante de ces mêmes principes,
dans la confection et l'exécution des Loix nécessaires pour la bonne administration de l'État.

XV. Tous les hommes ont un droit naturel
et essentiel à quitter l'Etat dans lequel ils
vivent, pour s'établir dans un autre qui veut
les recevoir, ou à former un Etat nouveau
dans des pays vacans ou dans des pays qu'ils
achètent, toutes les fois qu'ils croient pouvoir par-là, se procurer le bonheur.

XVI. Le Peuple a droit de s'assembler, de
consulter pour le bien commun, de donner
des instructions à ses Représentans, et de

demander à la Législature , par la voie d'adresses, de pétitions ou de remontrances, le redressement des torts qu'il croit lui être faits.

CHAPITRE II.

Forme de Gouvernement.

ART. I. La République ou État de Pensylvanie, sera désormais gouvernée par une Assemblée des Représentans des hommes libres de l'État, et par un Président et un Conseil, de la manière et dans la forme suivantes.

II. La suprême puissance législatrice sera confiée à une Chambre composée des Représentans des hommes libres de l'État ou République de Pensylvanie.

III. La suprême puissance exécutrice sera confiée à un Président et à un Conseil.

IV. Il sera établi des Cours de Justice dans la Ville de Philadelphie, et dans chacun des Comtés qui composent cet État.

V. Les hommes libres de l'État , et leurs enfans mâles seront armés et disciplinés pour sa défense, sous tels réglemens, restrictions et exceptions que l'assemblée générale aura établis avec force de Loi, conservant toujours au

Peuple le droit de choisir les Colonels et autres
Officiers de grade inférieur, ayant commission, de la manière et par des élections aussi
fréquentes que les susdites Loix le prescriront.

VI. Tout homme libre, de l'âge de vingt
un ans accomplis, qui aura résidé dans l'État
une année entière immédiatement avant le jour
où se fera l'election des Représentans, et qui
aura payé les taxes pendant ce tems, jouira du
droit de suffrage ; mais les enfans des *Francs-
Tenanciers* auront ce droit à l'âge de vingt-un
ans accomplis, quoiqu'ils n'aient point payé
de taxes.

VII. La Chambre des Représentans des hommes libres de cette République, sera composée
des personnes les plus recommandables par leur
sagesse et leur vertu, qui seront choisies respectivement par les hommes libres de chaque
Ville et Comté de l'État. Personne ne pourra
être élu à moins d'avoir résidé dans la Ville ou
dans le Comté pour lesquels il seroit choisi,
deux années entières immédiatement avant ladite élection ; et aucun Membre de cette Chambre, tant qu'il le sera, ne pourra posséder
aucun autre emploi que dans la Milice.

VIII. Personne ne pourra être élu Membre de
la Chambre des Représentans des hommes li-

bres de cette République, plus de quatre années sur sept.

IX. Les Membres de la Chambre des Représentans seront choisis annuellement au scrutin par les hommes libres de la République, le second mardi d'Octobre, dans la suite, (hors la présente année), et s'assembleront le quatrième lundi du même mois ; ils s'intituleront, *l'Assemblée générale des Représentans des hommes libres de Pensylvanie*, et ils auront le droit de choisir leur Orateur, le Trésorier de l'État et leurs autres Officiers : leurs séances seront indiquées et réglées par leurs propres ajournemens ; ils prépareront les Bills et leur donneront force *de loix* : ils jugeront de la validité des élections et des qualités de leurs membres : ils pourront expulser un de leurs Membres, mais jamais deux fois pour la même cause : ils pourront ordonner le serment ou l'affirmation d'après l'examen des témoins, faire droit sur les griefs qui leur seront présentés, intenter les accusations en crime d'État, accorder des Chartes de corporations, constituer des Villes, Bourgs, Cités et Comtés ; et ils auront tous les autres pouvoirs nécessaires au Corps législatif d'un État libre ou République; mais ils n'auront pas l'autorité de rien ajouter ni changer à aucune partie de la présente Constitution, ni de l'abolir, ou de l'enfreindre dans aucune de ses parties.

X. Les deux tiers du nombre entier des Membres élus seront un *Quorum* dans la Chambre des Représentans. Aussi-tôt qu'ils seront assemblés, et qu'ils auront choisi leur Orateur, avant de s'occuper d'aucune affaire, chacun des Membres fera et signera, outre le serment ou affirmation de fidélité et d'obéissance, qui sera ordonné par un des articles suivans, un serment ou une affirmation conçus en ces termes :

« Je jure (ou affirme) que, comme Membre de cette Assemblée, je ne proposerai aucun bill, vœu ou résolution, et que je ne donnerai mon consentement à aucuns qui me paroissent nuisibles au Peuple; que je ne ferai rien, ni ne consentirai à aucun acte, ni à aucune chose, quelle qu'elle soit, qui tende à affoiblir ou diminuer les droits et privilèges du Peuple, tels qu'ils sont énoncés dans la Constitution de cet État; mais que je me conduirai en toutes choses comme un honnête et fidèle Représentant et Gardien du Peuple, en suivant ce que mon jugement et mes lumières m'indiqueront de meilleur.

Et chaque Membre, avant de prendre sa séance, fera et signera la déclaration suivante :

« Je crois en un seul Dieu, Créateur et Gouverneur de cet univers, qui récompense les bons et punit les méchans ; et je reconnois que les Écritures de l'ancien et nouveau Testament ont été données par inspiration divine ».

Et jamais il ne sera exigé de profession de foi autre ni plus étendue d'aucun Officier civil ou Magistrat dans cet État.

XI. Les Délégués, pour représenter cet État au Congrès, seront élus au scrutin par la future Assemblée générale à sa première séance, et ainsi par la suite chaque année, tant que cette représentation sera nécessaire. Tout Délégué pourra être déplacé, en quelque tems que ce soit, sans autre formalité que la nomination à sa place par l'Assemblée générale. Personne ne pourra siéger en Congrès plus de deux ans de suite, et ne pourra être reélu qu'après trois années d'interruption ; et aucune personne pourvue d'un emploi à la nomination du Congrès, ne pourra être d'orénavant choisie pour y représenter cette République.

XII. S'il arrivoit qu'une ou plusieurs Villes, qu'un ou plusieurs Comtés négligeâssent ou refusâssent d'élire ou d'envoyer des Representans à l'Assemblée générale, les deux tiers des Membres des Villes ou Comtés, qui auront élu, et envoyé les leurs, auront tous les pouvoirs de l'Assemblée générale, aussi pleinement et aussi amplement que si la totalité étoit présente, pourvu toutefois que lorsqu'ils s'assembleront, il se trouve des Députés de la majorité des Villes et Comtés.

XIII. Les portes de la Chambre dans laquelle les Représentans des hommes libres de cet État, tiendront l'Assemblée générale, seront et demeureront ouvertes, et l'entrée en sera libre à toutes personnes qui se comporteront décemment, à l'exception du seul cas où le bien de l'État exigera qu'elles soient fermées.

XIV. Le Journal des séances de l'Assemblée générale sera imprimé chaque semaine durant la session ; et lorsque deux Membres seulement le demanderont, on imprimera les *oui* et les *non* sur chaque question, vœu ou résolution, excepté quand les voix auront été prises au scrutin : et lors même qu'elles auront été prises de cette manière, chaque Membre aura droit d'insérer dans le Journal, s'il le juge à propos, les motifs de son avis.

XV. Afin que les Loix puissent être plus mûrement examinées avant de recevoir leur

dernier caractère, et afin de prévenir, autant
qu'il est possible, l'inconvénient des déter-
minations précipitées, tous les Bills qui auront
un objet public seront imprimés, pour être
soumis à l'examen du Peuple, avant la dernière lecture que doit en faire l'Assemblée
générale, pour les discuter et les corriger
en dernière instance; et, excepté dans les
occasions où la célérité sera indispensablement nécessaire, ils ne seront passés en Loi,
que dans la session suivante de l'Assemblée
générale; et afin de satisfaire le public aussi
parfaitement qu'il est possible, les raisons et
les motifs qui auront déterminé à porter la
Loi, seront complettement et clairement développés dans le préambule.

XVI. Le style des Loix de cette République
sera : « Qu'il soit statué; et il est ici statué par
» les Représentans des hommes libres de la Répu-
» blique de Pensylvanie, siégeans en Assemblée
» générale, et par leur autorité ». Et l'Assemblée
générale apposera son sceau à chaque Bill,
lorsqu'elle le passera en Loi. Ce sceau sera
gardé par l'Assemblée : il sera appellé le sceau
des Loix de Pensylvanie, et ne servira à aucun
autre usage.

XVII. La Ville de Philadelphie et chaque

Comté de cette République respectivement, choisiront le premier Mardi de Novembre de la présente année, et le second Mardi d'Octobre, chacune des deux années suivantes, mil sept cent soixante et dix-sept et mil sept cent soixante et dix-huit, six personnes pour les représenter dans l'Assemblée générale. Mais comme la représentation, en proportion du nombre des habitans payant taxe, est le seul principe qui puisse, dans tous les tems, assurer la liberté, et faire que la Loi du Pays soit l'expression véritable de la voix de la majorité du Peuple, l'Assemblée générale fera prendre des listes complettes des habitans payant taxe dans la Ville et dans chaque Comté de cette République, et ordonnera qu'elles lui soient envoyées au plus tard à l'époque de la dernière séance de l'Assemblée élue dans l'année mil sept cent soixante et dix-huit, qui fixera le nombre des Représentans pour la Ville et pour chaque Comté, en proportion de celui des habitans payant taxes, portés dans chacune de ces listes. La représentation ainsi fixée subsistera sur le même pied pendant les sept années ensuivantes, au bout desquelles il sera fait un nouveau récensement des habitans payant taxes, et il sera établi par l'Assemblée générale une nouvelle proportion de représentation en conséquence : il en sera usé de même, à l'avenir, tous les sept ans. Les appointemens des Représentans dans l'Assemblée générale, et toutes les autres charges de l'État, seront payées par le Trésor d'État.

XVIII. Afin que les hommes libres de cette République puissent jouir, aussi également qu'il est possible, du bénéfice de l'élection, jusqu'à ce que la représentation, telle qu'elle est ordonnée dans l'article précédent, puisse commencer, chaque Comté pourra se diviser, à son gré, en autant de Districts qu'il le voudra, tenir les élections dans ces Districts, et y élire les Représentans dans le Comté, et les autres Officiers électifs, ainsi qu'il sera réglé dans la suite par l'Assemblée de cet État : et aucun habitant de cet État n'aura voix plus d'une fois chaque année à l'élection pour les Représentans dans l'Assemblée générale.

XIX. Le suprême Conseil chargé dans cet État de la puissance exécutrice, sera composé pour le présent de douze personnes choisies de la manière suivante. Les hommes libres de la Ville de Philadelphie et des Comtés de Philadelphie, de Chester et de Bucks, dans

le même tems et au même lieu où se fera
l'élection des Représentans pour l'Assemblée
générale, choisiront au scrutin respectivement
une personne pour la Ville, et une pour chacun
des Comtés susdits ; et ces personnes, ainsi
élues, devront servir dans le Conseil trois
ans, et pas d'avantage. Les hommes libres
des Comtés de Lancastre, d'Yorck, de Cumberland et de Berks, éliront de la même
manière une personne pour chacun de leurs
Comtés respectifs; et celles-ci serviront comme
Conseillers, deux ans, et pas d'avantage. Et
les Comtés de Northampton, de Bedford,
de Northumberland et de Westmoreland
éliront aussi, de la même manière, une personne pour chacun de leurs Comtés ; mais
ces dernières ne serviront au Conseil qu'un
an, et pas davantage.

A l'expiration du tems pour lequel chaque
Conseiller aura été élu, les hommes libres de
la Ville de Philadelphie et de chacun des
Comtés de cet État, choisiront respectivement
une personne pour être Membre du Conseil
pendant l'espace de trois années, et non au-
delà ; et il en sera usé de même par la suite
tous les trois ans.

Au moyen d'élections ainsi combinées, et

de cette rotation continuelle, il y aura plus d'hommes accoutumés à traiter les affaires publiques; il se trouvera dans le Conseil, chacune des années suivantes, un certain nombre de personnes instruites de ce qui s'y sera fait l'année d'auparavant; et par-là les affaires seront conduites d'une manière plus suivie et plus uniforme : cette forme aura le plus grand avantage encore de prévenir efficacement tout danger d'établir dans l'État une Aristocratie qui ne sauroit être que nuisible.

Toutes les places vacantes dans le Conseil, par mort, résignation ou autrement, seront remplies à la première élection pour les Représentans dans l'Assemblée générale, à moins que le Président et le Conseil ne jugent à propos d'indiquer pour cet objet une élection particulière plus prochaine. Aucun Membre de l'Assemblée générale, ni aucun Délégué au Congrès ne pourront être élus Membres du Conseil.

Le Président et le Vice-Président seront choisis annuellement au scrutin par l'Assemblée générale et le Conseil réunis; mais ils seront toujours choisis parmi les Membres du Conseil. Toute personne qui aura servi pendant trois années successives comme Conseiller, ne pourra être revêtue du même office qu'après une interruption de quatre ans. Tout Membre du Conseil, en vertu de son office, sera *Juge de Paix* (1) pour toute la République.

Dans le cas où il seroit érigé dans cet État un ou plusieurs nouveaux Comtés, ce Comté ou ces Comtés ajoutés éliront un Conseiller, et seront annexés aux Comtés les plus voisins, pour prendre leur tour avec eux.

Le Conseil s'assemblera chaque année dans le même tems et au même lieu que l'Assemblée générale.

Le Trésorier de l'État, les Commissaires de l'office du Prêt public, les Contrôleurs des Ports, les Collecteurs des Douanes et de l'Accise, le Juge de l'Amirauté, les Procureurs généraux, les Shériffs et les Protonotaires ne pourront être élus pour siéger, ni dans l'Assemblée générale, ni dans le Conseil, ni dans le Congrès Continental.

XX. Le Président, et en son absence le Vice-Président avec le Conseil, dont cinq

_____

(1) Les Membres du Conseil d'Etat de Pensylvanie ont par leur Office l'autorité de *Juges de Paix* dans tout l'Etat; mais celle des *Juges de Paix* proprement dits, est circonscrite dans les limites de leur Comté.

Membres formeront un *Quorum*, auront le pouvoir de nommer et de breveter les Juges, les Contrôleurs des Ports, le Juge de l'Amirauté, le Procureur général et tous les autres Officiers Civils et Militaires, à l'exception de ceux dont la nomination aura été réservée à l'Assemblée générale et au Peuple, par la présente forme de Gouvernement et par les Loix qui seront faites dans la suite. Ils pourront commettre à l'exercice de tout office, quel qu'il soit, qui vaquera par mort, résignation, interdiction ou destitution, jusqu'à ce qu'il puisse y être pourvu dans le tems et de la manière ordonnés par la Loi, ou par la présente Constitution.

Ils correspondront avec les autres États, feront toutes les affaires avec les Officiers du Gouvernement, Civils et Militaires, et prépareront celles qu'il leur paroîtra nécessaire de présenter à l'Assemblée générale. Ils siégeront comme Juges pour entendre et juger les accusations de crimes d'État, et se feront assister dans ces occasions par les Juges de la Cour suprême, mais seulement pour avoir leur avis. Ils auront le droit d'accorder grace et de remettre les amendes dans tous les cas, de quelque nature qu'ils soient, excepté pour les crimes d'État ; et dans les cas de trahison et de meurtre, ils auront droit d'accorder, non pas la grace, mais un répit jusqu'à la fin de la prochaine session de l'Assemblée générale. Quant aux crimes d'État, le Corps législatif aura seul et exclusivement le droit de remettre ou de mitiger la peine.

Les Président et Conseil veilleront aussi à ce que les Loix soient fidèlement exécutées ; ils seront chargés de l'exécution des mesures qui auront été prises par l'Assemblée générale, et ils pourront tirer sur le Trésor pour les sommes dont cette Assemblée aura fait la destination. Ils pourront aussi mettre embargo sur toutes denrées ou marchandises, et en défendre l'exportation pour un tems qui n'excède pas trente jours ; mais cela seulement dans les tems de vacances de l'Assemblée générale. Ils pourront accorder des permissions dans les cas où la Loi aura jugé à propos d'astreindre l'usage de certaines choses à cette formalité ; et ils auront le pouvoir de convoquer, lorsqu'ils le jugeront nécessaire, l'Assemblée générale pour un terme plus prochain que celui auquel elle se seroit ajournée. Le Président sera Commandant en chef des troupes de l'État, mais il ne pourra commander

mander en personne que lorsqu'il y sera autorisé par le Conseil, et seulement aussi longtems que le Conseil l'approuvera.

Les Président et Conseil auront un Secrétaire, et tiendront un Journal en règle de tout ce qui se fera en Conseil, dans lequel Journal chaque Membre pourra insérer son avis contraire à l'avis qui l'aura emporté, avec ses raisons à l'appui.

XXI. Toutes les commissions seront données, *au nom et de l'autorité des hommes libres de la République de Pensylvanie*; elles seront scellées avec le sceau de l'État, signées par le Président ou le Vice-Président, et certifiées par le Secrétaire. Ce sceau sera gardé par le Conseil.

XXII. Tout Officier de l'État, soit de Justice, soit d'Administration, pourra être poursuivi par l'Assemblée générale, pour malversation, soit pendant qu'il sera revêtu de son office, soit après qu'il l'aura quitté par démission, destitution ou à l'expiration de son terme. Toutes ces causes seront portées devant les Président ou Vice-Président et Conseil, qui les entendront et les jugeront.

XXIII. Les Juges de la Cour suprême de Justice auront des appointemens fixes; leurs commissions seront pour sept ans seulement: au bout de ce terme, ils pourront cependant être institués de nouveau, mais ils seront amovibles dans tous les tems pour mauvaise conduite, par l'Assemblée générale. Ils ne pourront être élus Membres du Congrès Continental, du Conseil chargé de la Puissance exécutrice, ni de l'Assemblée générale. Ils ne pourront posséder aucun autre office civil et militaire; et il leur est expressément défendu de prendre ou recevoir aucuns honoraires ou droits d'aucune espèce.

XXIV. La Cour suprême et les différentes Cours de Plaids-communs de cette République, auront, outre les pouvoirs qui leur sont ordinairement attribués, les pouvoirs de Cours de Chancellerie pour tout ce qui aura rapport à la conservation des témoignages, à l'acquisition des preuves dans des lieux situés hors de l'État, et au soin des personnes et des biens de ceux que la Loi déclare *incapables de se gouverner eux-mêmes*; et elles auront tous les autres pouvoirs que les futures Assemblées générales jugeront à propos de leur donner, et qui ne seront point incompatibles avec la présente Constitution.

XXV. Les instructions se feront comme il

a toujours été pratiqué jusques-à-présent, par
Jurés; et il est recommandé au Corps législatif
de cet État de pourvoir par des Loix contre
toute corruption ou partialité dans la confection de la liste, dans le choix ou dans la
nomination des Jurés.

XXVI. Les Cours de Sessions, de Plaids-
communs, et les Cours des Orphelins seront
tenues tous les trois mois dans chaque Ville
et Comté; et le Corps législatif aura le pouvoir d'établir toutes et telles autres Cours
qu'il jugera à propos pour le bien des Habitans de l'État. Toutes les Cours seront ouvertes, et la Justice sera administrée impartialement, sans corruption, et sans autre délai
que ceux indispensablement nécessaires. Tous
leurs Officiers recevront les salaires propor-
tionnés à leurs services, mais modiques; et
si quelque Officier prenoit directement ou
indirectement d'autres ou plus grands droits
que ceux qui lui sont fixés par la Loi, il
deviendroit incapable de posséder à jamais
aucun office dans cet État.

XXVII. Toutes les poursuites seront commencées, *au nom et de l'autorité des hommes*
libres de la République de Pensylvanie; et toutes
les plaintes seront terminées par ces mots :

contre la paix et la dignité des hommes libres de la République de Pensylvanie. L'intitulé de toutes les procédures dans cet État, sera, *la République de Pensylvanie.*

XXVIII. Toutes les fois qu'il n'y aura pas une forte présomption de fraude, un débiteur ne sera pas retenu en prison, lorsqu'il aura fait de bonne-foi cession à ses créanciers de tous ses biens fonds et mobiliers, de la manière qui sera dans la suite réglée par les Loix. Tous prisonniers seront élargis en donnant des cautions suffisantes, excepté pour les crimes capitaux, quand il y aura des preuves évidentes ou de très-fortes présomptions.

XXIX. On n'exigera point de cautionnemens excessifs dans les cas où la caution sera admise, et toutes les amendes seront modiques.

XXX. Il sera élu des Juges de Paix par les Francs-Tenanciers de chaque Ville et Comté respectivement ; c'est-à dire, il sera choisi deux ou plusieurs personnes pour chaque quartier, banlieue ou district, de la manière que la Loi l'ordonnera dans la suite ; et les noms de ces personnes seront présentés, en Conseil, au Président qui donnera des Commissions à une ou plusieurs, pour le quartier, la banlieue ou le district qui les aura présentées. Ces

Commissions seront pour sept ans , et les pourvus seront amovibles, pour mauvaise con- duite, par l'Assemblée générale. Mais si quelque Ville ou Comté, quartier, banlieue ou dis- trict dans cette République, vouloit dans la suite changer quelque chose à la manière établie dans cet article, de nommer ses Juges de Paix, l'Assemblée générale pourra faire des Loix pour la régler, d'après le desir et la demande d'une majorité des Francs-Tenanciers de la Ville, Comté, quartier, banlieue ou district. Aucun Juge de Paix ne pourra devenir Membre de l'Assemblée générale , à moins de se démettre de cet office ; et il ne lui sera permis de prendre aucuns droits , salaires ou honoraires quelconques, que ceux qui seront fixés par le futur Corps législatif.

XXXI. Les *Shériffs* et les *Coroners* seront élus annuellement dans chaque Ville et Comté par les hommes libres ; savoir , deux personnes pour chacun de ces offices ; à l'une desquelles le Président en Conseil donnera la Commis- sion de l'office pour lequel elle aura été pré- sentée. Aucune personne ne pourra être con- tinuée plus de trois années consécutives dans l'office de Shériff, et ne pourra être reélue qu'après une interruption de quatre ans. L'é-

lection des Shériffs et Coroners se fera dans le
tems et au lieu fixés pour l'élection des Représentans. Et les Commissaires, Assesseurs et
autres Officiers choisis par le Peuple, seront
aussi élus de la manière et dans les lieux
usités jusques-à-présent, à moins que le futur
Corps législatif de cet État ne juge à propos
d'y apporter des changemens et d'en ordonner
autrement.

XXXII. Toutes les élections, soit par le
Peuple, soit par l'Assemblée générale, se
feront au scrutin, et seront libres et volontaires. Tout Électeur qui recevroit quelques
présens ou récompenses pour son suffrage, soit
en argent, soit en commestibles, en liqueurs
ou de quelqu'autre manière que ce soit, perdra
son droit de voter pour cette fois, et subira
telle autre peine que les Loix futures ordonneront. Et toute personne qui, pour être élue,
promettroit ou donneroit quelque récompense
directement ou indirectement, sera, par cela
même, rendue incapable d'être employée l'année suivante.

XXXIII. Tous honoraires, permissions à prix
d'argent, amendes et confiscations qui jusqu'à
présent étoient accordés ou payés au Gouverneur ou à ses Députés, pour les frais du Gou-

vernement, seront dorénavant payés au Trésor public, à moins que le futur Corps législatif ne les abolisse, ou n'y fasse quelque changement.

XXXIV. Il sera établi dans chaque Ville et Comté un office pour la vérification des testamens et pour accorder des Lettres d'administration, et un autre pour le dépôt des actes. Les Officiers seront nommés par l'Assemblée générale, amovibles à sa volonté, et recevront leurs Commissions du Président en Conseil.

XXXV. La presse sera libre pour toutes les personnes qui voudront examiner les actes du Corps législatif, ou telle autre branche du Gouvernement que ce soit.

XXXVI. Comme, pour conserver son indépendance, tout homme libre (s'il n'a pas un bien suffisant) doit avoir quelque profession ou quelque métier, ou faire quelque commerce, ou tenir quelque ferme qui puissent le faire subsister honnêtement; il ne peut y avoir ni nécessité, ni utilité d'établir des emplois lucratifs, dont les effets ordinaires sont, dans ceux qui les possèdent ou qui y aspirent, une dépendance et une servitude indignes d'hommes libres, et dans le Peuple, des querelles, des factions, la corruption et le désordre. Mais si un homme est appellé au service du public, au préjudice de ses propres affaires, il a droit à un dédommagement raisonnable. Toutes les fois que, par l'augmentation de ses émolumens ou par quelqu'autre cause, un emploi deviendra assez lucratif pour émouvoir le desir et attirer la demande de plusieurs personnes, le Corps législatif aura soin d'en diminuer les profits.

XXXVII. Le futur Corps législatif de cet État réglera les substitutions, de manière à en empêcher la perpétuité.

XXXVIII. Les Loix pénales suivies jusqu'à présent, seront réformées le plutôt possible, par le futur Corps législatif de cet État; les punitions seront dans quelques cas rendues moins sanguinaires, et en général plus proportionnées aux crimes.

XXXIX. Pour détourner plus efficacement de commettre des crimes, par la vue des châtimens continus, de longue durée, et soumis à tous les yeux, et pour rendre moins nécessaires les châtimens sanguinaires, il sera établi des Maisons de force, où tous les coupables convaincus de crimes non capitaux seront punis par des travaux rudes; ils seront employés à travailler aux ouvrages publics, ou pour réparer le tort qu'ils auront fait à des particuliers. Toutes personnes auront à de certaines heures convenables la permission d'y entrer pour voir les prisonniers au travail.

XL. Tout Officier, soit de justice, soit d'administration, soit de guerre, exerçant quelque portion d'autorité sous cette République fera le serment ou affirmation de fidélité dont la teneur suit, et aussi le serment général des Officiers, avant d'entrer en fonction.

Serment ou affirmation de fidélité.

« Je N. jure (ou affirme) que je serai sin» cèrement attaché et fidèle à la République
» de Pensylvanie : et que ni directement, ni
« indirectement, je ne ferai aucun acte, ni
» aucune chose préjudiciables ou nuisibles à
» la Constitution ni au Gouvernement, tels
» qu'ils ont été établis par la Convention ».

Serment ou affirmation des Officiers.

» Je N. jure (ou affirme) que je remplirai
» fidèlement l'Office de... pour le tems... de...
» que je ferai droit impartialement, et que je
» rendrai justice exacte à tout le monde, aussi
» bien que mon jugement et mes lumières me
» le suggérront, suivant la Loi ».

XLI. Il ne sera imposé sur le Peuple de cet État, et il ne sera payé par lui aucunes taxes, douane ou contribution quelconques, qu'en vertu d'une Loi à cet effet. Et avant qu'il soit fait de Loi pour ordonner quelque levée, il faut qu'il apparoisse clairement au Corps Législatif, que l'objet pour lequel on imposera la taxe, sera plus utile à l'État que ne le seroit l'argent de la taxe à chaque particulier, si elle n'étoit pas levée. Cette règle toujours bien observée, jamais les taxes ne deviendront un fardeau.

XLII. Tout Étranger, de bonnes mœurs, qui viendra s'établir dans cet État, aussi-tôt qu'il aura fait le serment ou l'affirmation de fidélité à l'État, pourra acheter ou acquérir par toutes autres voies justes, posséder et transmettre tous biens en terre ou autres biens immeubles; et après une année de résidence, il en sera réputé véritable et libre Citoyen, et participera à tous les droits des Sujets naturels et natifs de cet État: excepté qu'il ne pourra être élu Représentant qu'après une résidence de deux ans.

XLIII. Les Habitans de cet État auront la liberté de chasser à toutes espèces d'animaux, dans les saisons convenables, sur les terres qu'ils posséderont, et sur toutes autres terres qui ne seront point encloses; il leur sera permis aussi de pêcher dans toutes les rivières navigables, ou autres eaux qui ne seront pas la propriété particulière de quelqu'un.

XLIV. Il sera établi par le Corps législatif une ou plusieurs Écoles dans chaque Comté, pour que les jeunes gens puissent y être convenablement et commodément instruits; il sera fixé aux Maîtres, sur les fonds publics, des salaires qui les mettent en état de donner l'éducation à bas prix; et toutes les connoissances utiles seront duement encouragées et perfectionnées dans une ou plusieurs Universités.

XLV. Il sera fait des Loix pour l'encouragement de la vertu, et pour prévenir les vices et la dépravation des mœurs : ces Loix seront constamment maintenues en vigueur, et l'on prendra toutes les précautions nécessaires pour qu'elles soient ponctuellement exécutées. Toutes les Sociétés Religieuses, ou Corps qui se sont jusqu'à présent formés et réunis pour l'avancement de la Religion et des connoissances, ou pour d'autres objets pieux et charitables, seront encouragés et conservés dans la jouissance des privilèges, immunités et biens dont ils jouissoient, ou dont ils avoient droit de jouir sous les Loix et l'ancienne Constitution de cet État.

XLVI. Il est déclaré par le présent article, que *la Déclaration des droits* ci-dessus, fait partie de la *Constitution* de cette République, et ne doit jamais être violée sous aucun prétexte que ce soit.

XLVII. Afin que la liberté de cette République puisse être à jamais inviolablement conservée, le second mardi d'Octobre dans l'année mil sept cent quatre-vingt-trois, et le second mardi d'Octobre dans chaque septième année après celle-là, il sera choisi par les hommes libres dans chaque Ville et Comté de cet État respectivement, deux personnes pour chaque Ville et Comté. Ces différens Membres formeront un Corps appellé, *le Conseil des Censeurs,* qui s'assemblera le second lundi du mois de Novembre qui suivra leur élection. La majorité des Membres de ce Conseil formera dans tous les cas un nombre suffisant pour décider, excepté s'il étoit question de convoquer une Convention; pour ce cas seulement, il faudra que les deux tiers de la totalité des Membres élus y consentent. Le devoir de ce Conseil sera d'examiner si la Constitution a été conservée dans toutes ses parties, sans la moindre

atteinte ; et si les Corps chargés de la Puissance législatrice et exécutrice ont rempli leurs
fonctions comme gardiens du Peuple, ou s'ils
se sont arrogés et s'ils ont exercé d'autres ou
plus grands droits que ceux qui leur sont donnés
par la Constitution. Ils devront aussi examiner
si les taxes publiques ont été imposées et levées
justement dans toutes les parties de la République ; quel a été l'emploi des fonds publics ;
et si les Loix ont été bien et duement exécutées.

Pour remplir ce but, ils auront le pouvoir
de faire comparoître toutes les personnes, et
de se faire représenter tous les papiers et registres qui seront nécessaires ; ils auront l'autorité de faire des censures publiques, d'ordonner la poursuite des crimes d'État, et de
recommander au Corps législatif l'abrogation
des Loix qui leur paroîtront avoir été faites
dans des principes opposés à la Constitution.
Ils auront ces pouvoirs pendant une année entière, à compter du jour de leur élection, mais
pas au-delà.

Le Conseil des Censeurs aura aussi le pouvoir de convoquer une Convention qui devra
s'assembler dans les deux années qui suivront
la session dudit Conseil, s'il leur a paru qu'il
y ait une nécessité absolue de corriger quel-

que article défectueux de la Constitution, d'en expliquer quelqu'un qui ne seroit pas clairement exprimé, ou d'en ajouter qui fussent nécessaires à la conservation des droits et du bonheur du Peuple ; mais les articles qu'on proposera de corriger, et les corrections proposées, ainsi que les articles à ajouter ou ceux à abroger, seront authentiquement publiés au moins six mois avant le jour fixé pour l'élection de la Convention, afin que le Peuple ait le loisir de les examiner, et de donner sur ces objets des instructions à ses Délégués.

A Philadelphie, le 28 Septembre 1776.

Il a été ordonné par la Convention, que la présente Constitution seroit signée par le Docteur Benjamin Franklyn qu'elle s'étoit choisi pour Président ; par le sieur Jean Morris, Secrétaire ; et par tous les Membres actuels de la Convention, présens à cette dernière Séance, à la fin de laquelle elle s'est dissoute.

VIII

DELAWARE.

DELAWARE.

Déclaration des droits et des principes fondamen-
taux de l'Etat de Delaware, ci-devant appellé
le Gouvernement des Comtés de New-castle, de
Kent et de Sussex, sur la rivière Delaware.

ART. I. TOUT Gouvernement tire son droit
du Peuple, est uniquement fondé sur un contrat
réciproque, et est institué pour l'avantage
commun.

II. Tous les hommes ont le droit naturel et
inaliénable d'adorer le Dieu Tout-Puissant de
la manière qui leur est dictée par leur conscience et par leur raison : aucun homme ne
doit, ni ne peut être légitimement contraint à
pratiquer un culte religieux, ou à soudoyer
des Ministres de Religion contre son gré, ou
sans son propre et libre consentement ; et aucune Puissance, quelle qu'elle soit, ne peut,
ni ne doit être, ni se prétendre autorisée à
gêner ou à contrarier, de quelque manière que

Q

ce soit, les droits de la conscience dans le libre exercice du culte religieux.

III. Toutes personnes professant la Religion Chrétienne, jouiront à jamais et également des mêmes droits et des mêmes privilèges dans cet État ; à moins que, sous prétexte de Religion, quelqu'un ne troublât la paix, le bonheur ou la sûreté de la Société.

IV. Le Peuple de cet État a seul le droit essentiel et exclusif de se gouverner, et de régler son administration intérieure.

V. Les personnes revêtues de la Puissance législatrice ou exécutrice, sont les mandataires et les serviteurs du public, et en cette qualité comptables de leur conduite; en conséquence, toutes les fois que le but du Gouvernement n'est pas, ou est mal rempli, et que la liberté publique est manifestement en danger, soit par le fait de la Puissance législatrice seulement, soit par une perfide connivence entre les deux autorités, le Peuple a le droit et le pouvoir légitime d'établir un nouveau Gouvernement, ou de réformer l'ancien.

VI. La jouissance, par le Peuple, du droit de participer à la législation, est le fondement de la liberté et de tout Gouvernement libre. Pour assurer ce but, toutes les élections doivent être libres et fréquentes , et tout homme libre, donnant preuve suffisante d'un intérêt permanent et de l'attachement qui en est la suite, pour l'avantage général de la communauté , a droit de suffrage.

VII. Le pouvoir de suspendre les Loix ou d'en arrêter l'exécution , ne peut être exercé que par la Législature.

VIII. La Législature doit être assemblée fréquemment , tant pour le redressement des griefs que pour corriger et fortifier les Loix.

IX. Tout homme a droit de demander à la Législature le redressement des griefs , pourvu que cette demande soit faite avec décence et tranquillité.

X. Tout membre de la Société a le droit d'être protégé par elle dans la jouissance de sa vie , de sa liberté et de sa propriété ; et chacun, en conséquence, est obligé de contribuer pour sa part aux frais de cette protection, et de donner, lorsqu'il le faut , son service personnel ou un équivalent ; mais aucune partie de la propriété d'un homme ne peut lui être enlevée avec justice , ni appliquée à aucun usage public sans son consentement propre , ou sans celui de ses représentans légitimes ; et aucun homme , qui se fait un scrupule de conscience de porter les

armes, ne peut, dans aucun cas, y être légitimement contraint, s'il paye un équivalent.

XI. Des Loix avec effet rétroactif pour punir
des fautes commises avant l'existence de ces
Loix, sont oppressives et injustes, et il ne
doit point en être fait de pareilles.

XII. Tout homme libre, pour toute injure
ou tort qu'il peut avoir reçu de quelque autre
personne que ce soit, dans ses biens et terres
ou dans sa personne, doit trouver un remède
dans le recours aux Loix du Pays: il doit obtenir
droit et justice, facilement et sans obstacle,
complettement et sans réserve, promptement
et sans délai, le tout conformément aux Loix
du Pays.

La vérification des faits par Jurés dans les
lieux où les faits se sont passés, est une des
meilleures sauve-gardes pour la vie, la liberté
et les propriétés des Citoyens.

XIV. Dans tout Procès criminel, tout homme
a le droit d'être instruit de l'accusation qui lui
est intentée, d'obtenir un conseil, d'être confronté à ses accusateurs et aux témoins, de
faire examiner les témoignages sous serment à
sa décharge ; et il a droit à une procédure
prompte par un Juré impartial, sans le consen-

tement unanime duquel il ne peut pas être déclaré coupable.

XV. Aucun homme ne doit, dans les Cours de *Loi commune*, être forcé d'administrer des preuves contre lui-même.

XVI. Il ne doit point être exigé de cautionnemens excessifs, ni imposé de trop fortes amendes, ni infligé de peines cruelles ou inusitées.

XVII. Tout *Warrant*, pour faire des recherches dans les lieux suspects, pour arrêter quelqu'un ou saisir ses biens, est injuste et vexatoire, s'il n'est décerné sur une accusation affirmée par serment; et tout *Général Warrant*, pour faire des recherches dans des lieux suspects, et pour arrêter toutes personnes suspectes, dans lequel le lieu ou la personne en particulier ne seroient pas nommés ou exactement décrits, est illégal, et ne doit point être accordé.

XVIII. Une Milice bien réglée est la défense convenable, naturelle et sûre d'un Gouvernement libre.

XIX. Des armées toujours sur pied sont dangereuses pour la liberté, et il ne doit en être ni levé, ni entretenu sans le consentement de la Législature.

XX. Dans tous les cas et dans tous les tems, le Militaire doit être parfaitement subordonné à l'autorité civile, et gouverné par elle.

XXI. Aucun soldat, en tems de paix, ne doit être logé dans une maison sans le consentement du Propriétaire; et en tems de guerre il n'en sera usé pour les logemens que de la manière prescrite par la Législature.

XXII. L'indépendance et l'intégrité des Juges sont essentielles pour l'administration impartiale de la justice, et sont les meilleurs garans des droits et de la liberté des Citoyens.

XXIII. La liberté de la presse doit être inviolablement maintenue.

CONSTITUTION,

Ou systême de Gouvernement consenti et arrêté par les Représentans de l'Etat de Delaware, ci-devant appellé le Gouvernement des Comtés de New-Castle, de Kent et de Sussex sur la rivière Delaware, assemblés en Convention, ayant été lesdits Représentans choisis expressément à cet cet effet par les Hommes libres de cet Etat.

Art. I. LE Gouvernement des Comtés de New-Castle, de Kent et de Sussex sur la rivière Delaware, sera désormais appellé dans tous les actes publics ou autres, l'*Etat de Delaware.*

II. La Législature sera composée de deux Corps distincts, qui s'assembleront une fois chaque année, ou plus souvent, s'il le faut, et qui, réunis, s'appelleront l'*Assemblée générale de Delaware.*

III. L'un des Corps de la Législature s'appellera *la chambre d'Assemblée*; et il sera composé de sept Représentans pour chaque Comté, choisis par chacun des Comtés respectivement parmi ses Francs-Tenanciers.

Q 4.

IV. L'autre Corps s'appellera *le Conseil*, et sera composé de neuf Membres, trois pour chaque Comté : ils seront élus par chacun des Comtés respectivement parmi ses Francs-Tenanciers, en même tems que se fera l'élection pour l'Assemblée ; et ils seront au-dessus de l'âge de vingt-cinq ans. Après une année révolue depuis l'élection générale, le Conseiller qui aura eu le moins de voix dans chaque Comté, sortira de place ; et les vacances qu'occasionnera cette sortie, seront remplies par une nouvelle élection que les hommes libres de chaque Comté feront, en la manière ci-dessus dite, de la même personne ou d'une autre. Au bout de deux ans, après la première élection générale, celui des Conseillers qui n'aura été que le second pour le nombre des voix dans chaque Comté, sortira aussi de place ; et les vacances occasionnées par cette seconde sortie, seront pareillement remplies par une nouvelle élection. Au bout de la troisième année, le Conseiller qui, à la première élection générale, aura eu, dans chaque Comté, le plus grand nombre de voix, sortira de place à son tour ; et ces vacances seront remplies par une élection nouvelle, dans la forme ci-dessus mentionnée.

Cette rotation, par laquelle un des Conseillers de chaque Comté sortira de place au bout de trois ans et sera remplacé par un nouveau choix, aura toujours lieu et sera toujours exactement observée par la suite, chaque année, dans l'ordre prescrit; ensorte qu'après la première élection seule exceptée, chaque Conseiller demeurera en place trois ans à compter de son élection, et qu'à chaque élection, il y aura dans chaque Comté un Conseiller dont la place deviendra vacante, et sera remplie par un nouveau choix, soit de la même personne, soit d'une autre : par ce moyen, après que les pourvus à la première élection générale auront coulé à fond, chaque Conseiller restera trois ans en place, à toutes les élections, il y aura dans chaque Comté un Conseiller déplacé; et le même sujet ou un autre seront élus pour remplir la place.

V. Le droit de suffrage pour les élections des Membres des deux Chambres, continuera d'être exercé, comme il l'est à présent, en vertu de la Loi : chacune des Chambres choisira son Orateur, nommera ses Officiers, jugera des qualités et de la validité des élections de ses Membres, fera des réglemens pour ses formes de procéder, et enverra les *Lettres*

d'élection pour les cas de vacances arrivant dans
l'intervalle d'une élection générale à l'autre.
Elles pourront aussi, chacune en son particulier, expulser leurs Membres pour mauvaise
conduite, mais jamais deux fois pour la même
faute dans la même Session, si l'expulsé est
réélu après la première ; et les deux Chambres
auront tous les autres pouvoirs nécessaires à
l'exercice du pouvoir législatif d'un État libre
et indépendant.

Tous les Bills de levée d'argent pour le soutien du Gouvernement, seront proposés dans
la Chambre de l'Assemblée, et pourront être
changés, corrigés ou rejettés par le Conseil législatif ; tous les autres Bills pourront être
proposés indifféremment dans la Chambre de
l'Assemblée, ou dans celle du Conseil législatif, et pourront être respectivement changés,
corrigés, ou rejettés par l'autre Chambre.

VII. Il sera élu au scrutin par les deux Chambres réunies un Président ou premier Magistrat :
le scrutin se prendra dans la Chambre d'Assemblée ; la boîte sera examinée par les Orateurs des deux Chambres en présence des autres
Membres ; et dans le cas où les deux personnes
qui réuniroient le plus grand nombre de voix,
en auroient un nombre égal, alors l'Orateur du

Conseil aura une nouvelle voix pour départager. La nomination de la personne qui aura eu la pluralité des suffrages sera enregistrée tout au long sur les Minutes et Journaux des deux Chambres ; il en sera délivré au Président élu une copie en parchemin, certifiée et signée respectivement par les deux Orateurs, et scellée du grand sceau de l'État, qu'ils auront, par la présente Constitution, le droit d'apposer. Le Président restera trois ans en place, c'est-à-dire, jusqu'à la Session suivante de l'Assemblée générale, et pas au-delà ; et il ne sera éligible de nouveau qu'après un intervalle de trois ans.

Il lui sera assigné, pendant son exercice des appointemens suffisans, mais modiques. Il pourra tirer sur les Trésoriers pour les sommes dont l'Assemblée Générale aura arrêté la destination, et en disposer ; et il en sera comptable envers elle. Dans l'absence de l'Assemblée générale, il pourra, par et avec l'avis du Conseil privé, mettre embargo sur les marchandises, ou en défendre l'exportation, pour un tems qui n'excède pas trente jours. Il aura le droit de faire grace, ou d'accorder répit, excepté lorsque l'affaire sera poursuivie au nom de la Chambre d'Assemblée, ou lorsque la

Loi en aura ordonné autrement : dans ces deux cas, il ne pourra être accordé ni grace ni répit , que par une résolution de la Chambre d'Assemblée.

Enfin , le Président aura toute la puissance exécutrice du Gouvernement , dans les bornes et avec les restrictions établie par la présente Constitution , et conformément aux Loix de l'État.

En cas de mort, d'inhabilité du Président, ou en cas qu'il soit absent de l'État , l'Orateur actuel du Conseil législatif sera Vice - Président par *interim* ; et dans le cas où ce dernier viendroit à mourir, seroit inhabile , ou seroit absent de l'État , l'Orateur de la Chambre d'Assemblée aura tous les pouvoirs et exercera toutes les fonctions du Président jusqu'à ce que l'Assemblée générale ait fait une nouvelle nomination.

VIII. Il sera élu, au scrutin, un Conseil privé, composé de quatre Membres , dont deux seront choisis par le Conseil législatif, et deux par la Chambre d'Assemblée ; sous l'expresse réserve qu'aucun Officier *Régulier* de terre où de mer, au service et à la paie du Continent , ou de cet État , ou de tout autre, ne pourra être élu , et que tout Membre , soit du Conseil législatif ; soit de la Chambre d'Assemblée, qui sera élu pour le Conseil privé et qui acceptera, perdra sa place dans l'une ou l'autre de ces deux Chambres.

La présence de trois Membres du Conseil privé suffira pour le mettre en activité : leur avis et tous les actes du Conseil seront couchés sur un registre, et signés par les Membres présens, (avec faculté à ceux qui seroient d'un avis différent, de l'y inscrire,) pour être présentés à l'Assemblée générale, lorsqu'elle les demandera.

Deux des Membres du Conseil privé en seront retranchés au scrutin au bout de deux ans, l'un par le Conseil législatif, l'autre par la Chambre d'Assemblée : ceux qui resteront, sortiront de place l'année suivante, et les uns et les autres ne redeviendront éligibles qu'après un intervalle de trois ans.

Ces vacances, ainsi que celles occasionnées par mort ou par incapacité seront remplies par de nouvelles élections dans la même forme. Et cette rotation des Conseillers privés sera continuée chaque année à perpétuité dans l'ordre prescrit. Le Président pourra convoquer le Conseil privé dans tous les tems où les affaires publiques le requerront, et dans le lieu qu'il jugera le plus convenable; et les Conseillers seront tenus de s'y rendre.

IX. Le Président pourra, de l'avis et avec le consentement du Conseil privé, enrégimenter la Milice, et faire les fonctions de Capitaine Général et de Commandant en chef de cette Milice, et des autres forces militaires de cet État, conformément aux Loix dudit État.

X. L'une et l'autre Chambre de l'Assemblée générale, pourront s'ajourner elles-mêmes respectivement. Le Président n'aura pas le pouvoir de proroger, d'ajourner ou de dissoudre l'Assemblée générale; mais il pourra, de l'avis du Conseil privé, ou sur la demande du plus grand nombre des Membres de l'une et l'autre Chambre, la convoquer pour un tems plus prochain que celui auquel elle se seroit ajournée. Les deux Chambres tiendront toujours leurs séances dans le même tems et dans le même lieu; à l'effet de quoi l'Orateur de la Chambre d'Assemblée, après chaque ajournement, informera l'Orateur de l'autre Chambre du jour pour lequel la première se sera ajournée.

XI. Les Délégués pour l'État de Delaware au Congrès des États-Unis d'Amérique, seront choisis tous les ans, ou révoqués et remplacés dans l'intervalle, au scrutin, par les deux Chambres réunies en Assemblée générale.

XII. Le Président et l'Assemblée générale réunis, nommeront, au scrutin, trois Juges de la Cour suprême pour tout l'État, l'un desquels sera *Chef-Juge* (Président du Tribunal) et un Juge de l'Amirauté : ils nommeront aussi de la même manière, pour chaque Comté, quatre Juges des Cours de Plaids-communs, des Cours des Orphelins dont un dans chaque Cour, aura le titre de *Chef-Juge*. En cas d'égalité de suffrages dans le scrutin, pour ces différentes élections, le Président aura une nouvelle voix pour départager. Tous ces Juges recevront du Président une Commission scellée du grand sceau; ils conserveront leurs Offices tant qu'ils se conduiront bien : et les Juges de la Cour suprême et des Cours de Plaids-communs ne pourront, tant qu'ils seront en place, posséder aucun autre emploi, excepté dans la Milice.

Tous les Juges de toutes lesdites Cours auront l'autorité d'ouvrir et d'ajourner leur Cour, dans le cas où leurs Collègues ne viendroient point. Il leur sera assigné pendant la durée de leur exercice, des appointemens fixes suffisans, mais modiques.

Le Président et le Conseil privé nommeront le Secrétaire, le Procureur général, les Officiers pour enregistrer et vérifier les testamens, et accorder des Lettres d'administration, les Gardes-Rôles en Chancelleries les Greffiers pour les Cours de Plaids-communs et pour les Cours des Orphelins, et les Greffiers de Paix, qui recevront des Commissions, comme il est dit ci-dessus, et conserveront leurs offices pendant cinq ans, s'ils se conduisent bien. Durant ce tems, lesdits Officiers en Chancellerie et lesdits Greffiers ne pourront être Juges dans aucune des deux dites Cours dans lesquelles ils serviront; mais ils auront l'autorité de signer tous les actes émanés d'elles; et de prendre des reconnoissances des cautionnemens.

Les Juges de Paix seront nommés par la Chambre d'Assemblée; c'est-à-dire, qu'elle choisira pour chaque Comté vingt-quatre sujets, parmi lesquels le Président, avec l'approbation du Conseil privé, en choisira douze qui recevront des Commissions dans la forme susdite, et conserveront leurs offices pendant

sept

sept ans, s'ils se conduisent bien; et dans le cas de vacances, ou si la Législature juge à propos d'en augmenter le nombre, ils seront choisis et nommés de la même manière.

Les Membres du Conseil législatif et du Conseil privé seront Juges de Paix pour tout l'Etat, tant qu'ils seront en place; et les Juges des Cours de Plaids-communs seront Conservateurs de la paix dans leurs Comtés.

XIII. Les Juges des Cours de Plaids-communs et des Cours des Orphelins auront le pouvoir de tenir les Cours inférieures de Chancellerie, comme ils ont fait jusques à présent, à moins que la Législature n'en ordonne autrement.

XIV. Les Greffiers de la Cour suprême seront nommés par le Juge en chef de cette Cour, et les Gardes des registres des Actes le seront par les Juges des Cours de Plaids-communs pour chaque Comté respectivement. Ces Officiers recevront du Président des Commissions scellées du grand sceau, et conserveront leurs places pendant cinq ans, s'ils se conduisent bien.

XV. Les Shériffs et Coroners des Comtés respectifs seront choisis annuellement comme

R

ci, devant; et toute personne ayant servi trois ans comme Shériff ne sera éligible de nouveau qu'après une intervale de trois années. Le Président et le Conseil privé auront ainsi, et de la même manière que le Gouverneur en jouissoit ci-devant, le pouvoir de nommer, sur deux Sujets présentés pour chacun desdits offices de Shériff et de Coroner, celui qui leur paroîtra les mériter le mieux.

XVI. L'Assemblée générale réunie nommera, par la voie du scrutin, les Officiers Généraux supérieurs, et tous les autres Officiers de terre et de mer de cet Etat. Et le Président pourra nommer, pour le tems qu'il jugera à propos, jusqu'à ce que la Puissance législatrice en ait autrement ordonné, tous les Officiers civils nécessaires qui ne sont pas mentionnés dans la présente Constitution.

XVII. Il y aura, dans les matières de Loi et d'Equité, appel de la Cour suprême de Delaware à une Cour de sept personnes, composée du Président en exercice, qui la présidera, et de six autres Membres nommés, trois par le Conseil législatif et trois par la Chambre d'assemblée, qui recevront du Président des Commissions scellées du grand sceau, et conserveront leurs offices tant qu'ils s'y conduiront bien. Cette Cour s'intitulera *la Cour des Appels*; et aura la même autorité et tous les pouvoirs que la Loi attribuoit ci-devant en dernier ressort au Roi en Conseil, sous l'ancien Gouvernement. Le Secrétaire sera le Greffier de cette Cour; et vacance arrivant de quelques-uns de ces offices par mort ou par incapacité, il y sera pourvu par une nouvelle élection en la manière ci-dessus prescrite.

XVIII. Les Juges de la Cour suprême et des Cours de Plaids-communs, les Membres du Conseil privé, le Secrétaire, les Commissaires de l'office du Prêt public, et les Greffiers des Cours de Plaids-communs, tant qu'ils seront en place, ainsi que tous les Entrepreneurs de fournitures pour le service de terre ou de mer, ne seront pas éligibles pour l'une ni l'autre des Chambres de l'Assemblée; et tous Membres de l'une ou l'autre de ces Chambres qui accepteront quelqu'un des susdits offices, excepté ceux de Juge Paix, perdront leurs places, qui seront déclarées vacantes, et auxquelles on pourvoira par une nouvelle élection.

XIX. Le Conseil législatif et l'Assemblée auront le pouvoir d'ordonner le grand sceau de l'Etat, qui sera gardé par le Président, ou, en son absence, par le Vice-Président, pour en être usé par eux , lorsqu'il en sera besoin. Ce sceau s'appellera *le grand sceau d'Etat de Delaware* , et sera apposé à toutes les Loix et Commissions.

XX. Les Commissions se donneront *au nom de l'Etat de Delaware* , et seront signées en certification par le Président. Les actes s'intituleront de la même manière : ils seront signés en certification par le *Chef-Juge* ou par le premier Juge nommé par les Commissions dans chacune des Cours ; et ils seront scellés avec les sceaux publics des Cours respectives. Les plaintes se termineront par ces mots : *contre la paix et la dignité de l'Etat.*

XXI. Vacance arrivant de quelqu'un des offices qui doivent , en vertu des articles précédens , être nommés par le Président et l'Assemblée générale , il sera pourvu à leur exercice par le Président et le Conseil privé , jusqu'à ce que la nouvelle élection ait pu avoir lieu.

XXII. Toute personne qui sera choisie Membre de l'une ou l'autre Chambre, ou nommée à quelque office ou emploi de confiance, avant de prendre séance ou d'entrer en exercice de son office , devra prêter le serment ou faire l'affirmation suivante, si elle se fait un scrupule de conscience de prêter serment.

« Je N. garderai une sincère fidélité à l'Etat » de Delaware ; je me soumettrai à sa Consti- » tution et à ses Loix , et je ne ferai *sciemment* » aucune chose qui puisse préjudicier à sa li- » berté ».

La même personne sera aussi tenue de faire la déclaration suivante :

« Je N. fais profession de croire en Dieu le » Père , en Jesus-Christ son Fils unique , et au » Saint-Esprit , un seul Dieu béni à jamais ; et » je reconnois les saintes Ecritures de l'ancien » et du nouveau Testament pour avoir été » données par une inspiration divine ».

Tous les Officiers feront en outre le serment de leur office.

XXIII. Le Président et tous autres Officier qui seront suspects de délits envers l'Etat, soit pour malversation, corruption, ou pour toutes autres causes par lesquelles la sûreté de la République seroit compromise, pourront être accusés par la Chambre d'assemblée devant le Conseil législatif : savoir, le Président, lorsqu'il sera sorti de place, et dans les dix-huit mois après le délit commis. L'accusation sera poursuivie par le Procureur général, ou par telle ou telles autres personnes que la Chambre d'assemblée pourra commettre à cet effet, et conformément aux Loix du pays. Celui ou ceux qui sur l'accusation seront trouvés coupables, seront déclarés incapables d'exercer aucun office sous l'autorité du Gouvernement, ou destitués de leurs emplois pour un tems limité, ou punis, suivant l'exigeance des cas, par les peines pécuniaires ou autres portées par les Loix. Et tout Officier sera destitué sur les trois motifs suivans, sur un Jugement des Cours de Loi commune qui le déclare convaincu de malversation, sur une accusation en crime d'Etat, au nom de la Chambre d'assemblée, jugée par le Conseil législatif, ou sur une adresse de l'Assemblée générale (1).

XXIV. Tous les actes des anciennes Assemblées, qui avoient force de Loi dans cet Etat, à l'époque du 15 Mai dernier (et qui ne sont

_____

(1) Comme dans ce dernier cas, c'est la Législature elle-même qui parlera, sa seule volonté, sans exposition de motif, ssra une raison snffisante: l'adresse sera portée au Président, qui expédiera la destitution en conséquence.

point changés par la présente Constitution , ni contraires aux résolutions , soit du Congrès , soit de la dernière session de la Chambre d'assemblée de l'Etat) , demeureront en vigueur jusqu'à ce qu'elles soient abrogées ou changées par la Législature de cet Etat. Si cependant ces actes n'avoient été faits que pour un certain tems , ils cesseront d'être exécutés , aux termes respectivement limités pour leur durée.

XXV. La Loi commune d'Angleterre , aussi bien que la Loi des statuts , demeureront en vigueur , telles qu'elles ont été exécutées jusques à présent , à moins qu'elles ne soient changées par une Loi future de la Législature , à l'exception seulement des points qui se trouveroient en contradiction avec les droits et les privilèges contenus dans la présente Constitution , et dans la Déclaration des droits , etc. arrêtées par la présente Convention.

XXVI. Aucune personne importée d'Afrique dans cet Etat , ne sera désormais tenue en esclavage , sous aucun prétexte ; et aucun Esclave Nègre , Indien ou Mulâtre , ne sera amené dans cet Etat , de quelque partie du monde que ce soit , pour y être vendu.

XXVII. La première élection pour l'Assem-

blée générale de cet Etat se tiendra le 21 d'Octobre prochain dans les Maisons d'assemblée
des différens Comtés , et de la manière usitée
jusques à présent pour l'élection de l'Assemblée,
si ce n'est quant au choix des Inspecteurs et des
Assesseurs, dans les endroits où les Assesseurs
n'ont pas été choisis le 16 du présent mois de
Septembre : dans ce cas, ils seront choisis le
matin même du jour de l'élection , par les
Electeurs habitans les districts respectifs dans
chaque Comté.

Les Shériffs et Coroners pour lesdits Comtés
seront aussi respectivement élus le même jour ;
les Shériffs actuels des Comtés de Newcastle
et de Kent , pourront être réélus dans leur
office jusqu'au premier Octobre de l'an de grace
1779 ; et le Shériff actuel du Comté de Sussex
pourra être réélu dans le sien jusqu'au premier
Octobre de l'an de grace 1778 , pourvu que
les hommes libres jugent à propos de les réélire à chaque élection générale. Les Shériffs
et Coroners actuels continueront d'exercer
leurs offices jusques à ce que les nouveaux Shériffs et Coroners qui doivent être élus le 21
Octobre , aient reçu leurs Commissions et prêté
le serment de l'office.

Les Membres du Conseil législatif et de l'Assemblée s'assembleront pour traiter les affaires de l'Etat, le 28 d'Octobre prochain, et conserveront leur emploi jusqu'au premier Octobre 1777., auquel jour et au premier Octobre de chaque année à perpétuité, le Conseil législatif, l'Assemblée ., les Shériffs et Coroners seront choisis au scrutin, et de la manière prescrite par les différentes Loix de cet Etat, pour régler les élections des Membres de l'Assemblée, des Shériffs et des Coroners. L'assemblée générale ouvrira ses séances régulièrement le 20 Octobre de chaque année, pour travailler aux affaires de l'Etat. Lorsqu'un desdits jours premier et vingt Octobre se trouvera être un Dimanche, les élections ou l'ouverture de l'Assemblée générale, selon le cas, se feront le lendemain.

XXVIII. Pour prévenir toute violence ou voie de fait dans lesdites élections, aucune personne ne pourra y venir avec des armes; aucune revue de Milice ne pourra être faite ce jour-là; les individus d'aucun Bataillon ni Compagnie ne pourront donner leurs suffrages en se suivant immédiatement les uns les autres, si quelqu'autre Votant veut les interrompre en se présentant pour donner le sien; et aucun

Bataillon', ni aucune Compagnie à la solde du Continent, de cet Etat, ou de quelqu'autre Etat que ce soit, ne pourra rester dans le lieu, et au moment où se tiennent les élections, ni à la distance d'un mille desdits lieux respectivement, pendant vingt-quatre heures avant l'ouverture, ni vingt-quatre heures après la clôture desdites élections, afin que rien ne puisse s'opposer à ce qu'elles se fassent librement et commodément; mais ceux des Electeurs qui pourront se trouver dans ces Corps de troupes, auront la faculté de venir, le jour de l'élection, donner leur suffrage avec décence et tranquillité.

XXIX. Il n'y aura point dans cet Etat d'établissement d'aucune secte de Religion par préférence à une autre; et aucun Ecclésiastique ou Prédicateur de l'Evangile, de quelque Communion que ce soit, ne pourra remplir aucun office civil dans cet Etat, ni être Membre de l'une ou de l'autre des Chambres de la Législature, tant qu'il continuera d'exercer les fonctions ecclésiastiques.

XXX. Aucun article de la Déclaration des droits et des *règles fondamentales* de cet Etat, arrêtés par la présente Convention, ni le premier, second, cinquième (à l'exception de la partie qui concerne le droit de suffrage), ni les vingt-sixième et vingt-neuvième articles de la présente Constitution ne doivent jamais être violés, sous quelque prétexte que ce soit. Aucune autre de ses parties ne pourra être altérée, changée ou diminuée, sans le consentement des cinq septièmes de la Chambre d'Assemblée, et de sept des Membres du Conseil législatif.

Signé GEORGE READ , Président.

Extrait des Journaux.

Certifié , *signé* JAMES BOOTS , Greffier.

IX.

MARYLAND.

MARYLAND.

DÉCLARATION des droits , arrêtée par les Délégués du Maryland , assemblés en pleine et libre Convention.

LE Parlement de la Grande-Bretagne s'étant , par un Acte déclaratoire , arrogé le droit de faire des Loix obligatoires pour les Colonies dans tous les cas quelconques ; ayant , pour assurer cette prétention, entrepris de subjuguer par la force des armes les Colonies unies , et de les réduire à une soumission entière , et sans aucune restriction à son pouvoir et à sa volonté ; et les ayant mises enfin dans la nécessité de se déclarer elles-mêmes, *États indépendans* , et de se gouverner sous l'autorité du Peuple de chaque Colonie ; en conséquence , Nous, Délégués du Maryland , assemblés en pleine et libre convention, prenant dans la plus sérieuse et la plus mûre considération les moyens d'établir dans cet État une bonne Constitution , qui en soit le solide fondement ,

et lui procure la sécurité la plus permanente;
Nous déclarons que :

I. Tout Gouvernement tire son droit du
Peuple, est uniquement fondé sur un contrat,
et institué pour l'avantage commun.

II. Le Peuple de cet État doit avoir seul le
droit exclusif de régler son Gouvernement et
sa Police intérieure.

III. Les Habitans du Maryland ont droit au
maintien de la Loi commune d'Angleterre, et
à la procédure par Jurés, telle qu'elle est
établie par cette Loi; ils ont droit au bénéfice
de ceux des Statuts Anglais qui existoient au
tems de leur première émigration, et qui, par
expérience, se sont trouvés applicables à leurs
circonstances locales ou autres, et au bénéfice
de ceux des autres Statuts qui ont été faits
depuis en Angleterre ou dans la Grande-Bretagne, et qui ont été introduits, usités et
pratiqués par les Cours de Loi ou d'Equité;
ils ont droit aussi au maintien de tous les actes
de l'Assemblée qui étoient en vigueur le premier Juin mil sept cent soixante-quatorze, à
l'exception de ceux dont la durée a pu être
limitée à des termes qui sont expirés depuis
cette époque, et de ceux qui ont été ou qui
pourront être dans la suite changés par des
actes

actes de la Convention, ou par la présente
déclaration des droits; et en réservant toujours
à la Législature de cet État le droit de revoir
ces Loix, Statuts et Actes, de les changer
et de les abroger : enfin, les Habitans du
Maryland ont droit à toutes les propriétés
à eux dévolues en conséquence, et sous
l'autorité de la Charte accordée par S. M.
Charles Premier à Cecil Calvert, Baron de
Baltimore.

IV. Toutes les personnes revêtues de la
Puissance législatrice ou de la Puissance exécutrice du Gouvernement, sont les mandataires
du Public, et, comme tels, responsables de
leur conduite ; en conséquence, toutes les
fois que le but du Gouvernement n'est point,
ou est mal rempli, que la liberté publique
est manifestement en danger, et que tous les
autres moyens de redressement sont inefficaces,
le Peuple a le pouvoir et le droit de réformer
l'ancien Gouvernement ou d'en établir un
nouveau: la doctrine de non résistance contre
le pouvoir arbitraire et l'oppression est absurde, servile et destructive du bien et du
bonheur du genre-humain.

V. La jouissance par le Peuple du droit de
participer activement à la Législation, est le

S

gáge le plus assuré de la liberté, et le fondement de tout Gouvernement libre : pour remplir ce but, les élections doivent être libres et fréquentes, et tout homme ayant une propriété dans la Communauté, ayant un intérêt commun avec elle, et des motifs pour lui être attaché, y a droit de suffrage.

VI. La Puissance législatrice, la Puissance exécutrice, et l'Autorité judiciaire, doivent être toujours séparées et distinctes l'une de l'autre.

VII. Le pouvoir de suspendre les Loix, ou leur exécution, ne doit être exercé que par la Législature, ou par une autorité émanée d'elle.

VIII. La liberté de parler, les débats ou délibérations dans la Législature, ne doivent être le fondement d'aucune accusation ou poursuite dans aucune autre Cour ou Tribunal quelconque.

IX. Il doit être fixé pour l'Assemblée de la Législature un lieu le plus commode à ses Membres, et le plus convenable pour le dépôt des registres publics ; et la Législature ne doit être convoquée et tenue dans aucun autre lieu, que dans le cas d'une nécessité évidente.

X. La Législature doit être fréquemment assemblée pour pourvoir au redressement des griefs, et pour corriger, fortifier et maintenir les Loix.

XI. Tout homme a droit de s'adresser à la Législature pour le redressement des griefs, pourvu que ce soit d'une manière paisible et conforme au bon ordre.

XII. Aucuns subside, charge, taxe, impôt, droit, ou droits, ne doivent être établis, fixés ou levés, sous aucun prétexte, sans le consentement de la Législature.

XIII. La levée de taxes par nombre de têtes, est injuste et oppressive, elle doit être abolie; les pauvres ne doivent point être imposés pour le maintien du Gouvernement; mais toutes autres personnes dans l'État doivent contribuer aux taxes publiques pour le maintien du Gouvernement, chacune proportionnellement à sa richesse actuelle en propriétés réelles ou personnelles dans l'État : il peut être aussi convenablement et justement établi ou imposé des amendes, des douanes ou des taxes par des vues politiques pour le bon gouvernement et l'avantage de la Communauté.

XIV. Il faut éviter les Loix qui ordonnent

l'effusion du sang, autant que la sûreté de l'État peut le permettre ; et il ne doit être fait à l'avenir pour aucun cas, ni dans aucun tems, de Loi pour infliger des peines ou amendes cruelles et inusitées.

XV. Des Loix avec effet rétroactif, pour punir des crimes commis avant l'existence de ces Loix, et qui n'ont été déclarés *crimes* que par elles, sont oppressives, injustes et incompatibles avec la liberté, ainsi il ne doit jamais être fait de Loi *ex post facto*, après le cas arrivé.

XVI. Dans aucun cas, ni dans aucun tems, il ne sera fait désormais aucun acte législatif pour déclarer qui que ce soit, coupable de trahison ou de félonie (1).

XVII. Tout homme libre doit, pour toute injure ou tort qu'il peut recevoir dans sa personne ou dans ses biens, trouver un remède dans le recours aux Loix du Pays : il doit

_____

(1) Le but de cet article est d'empêcher la Puissance législatrice de devenir dans aucun cas autorité judiciaire : abus sujet à beaucoup d'inconvéniens, et qui existe dans la Constitution d'Angleterre.

obtenir droit et justice, librement et sans
être obligé de les acheter, complettement et
sans aucun refus, promptement et sans délai,
le tout conformément aux Loix du Pays.

XVIII. La vérification des faits dans les
lieux où ils se sont passés, est une des plus
grandes sûretés de la vie, de la liberté et de
la propriété des Citoyens.

XIX. Dans tous les procès criminels, tout
homme a le droit d'être informé de l'accusation qui lui est intentée, d'avoir une copie
de la plainte ou des charges dans un tems
suffisant, lorsqu'il le requiert, pour préparer
sa défense, d'obtenir un conseil, d'être confronté aux témoins qui déposent à sa charge,
de faire entendre ceux qui sont à sa décharge,
de faire examiner les uns et les autres sous
le serment; et il a droit à une procédure
prompte par un Juré impartial, sans le consentement unanime duquel il ne peut pas être
déclaré coupable.

XX. Aucun homme ne doit être forcé
d'administrer des preuves contre lui-même
dans les Cours de Loi, commune, ni dans
aucunes autres Cours, excepté pour les cas
où la chose a été pratiquée ordinairement dans

cet État, et pour ceux où elle sera ordonnée à l'avenir par la Législature (1).

XXI. Aucun homme libre ne doit être arrêté, emprisonné, dépouillé de ses propriétés, immunités ou privilèges, mis hors de la protection de la Loi, exilé, maltraité en aucune manière, privé de sa vie, de sa liberté ou de ses biens que par un jugement de ses Pairs, en vertu de la Loi du Pays.

XXII. Il ne doit être exigé par aucune Cour de Loi de cautionnemens excessifs, ni imposé de trop fortes amendes, ni infligé de peines cruelles ou inusitées.

XXIII. Tout *Warrant*, pour faire des recherches dans des lieux suspects, pour arrêter

(1) Dans les Cours de Chancellerie, selon la Loi d'Angleterre, l'accusé est examiné sous le serment de dire la vérité: il est obligé de la dire, lors même que les réponses véridiques aux questions qui lui sont faites, formeroient preuve contre lui; et il peut être puni *comme parjure*, s'il fait des réponses fausses, ou comme *contempteur de la justice*, s'il refuse d'y répondre.

Il y a des Cours de Chancellerie dans le Maryland, mais il n'y en a point dans les quatre Etats de la Nouvelle Angleterre, ni en Pensylvanie.

quelqu'un ou saisir ses biens, est injuste et vexatoire, s'il n'est décerné sur une accusation revêtue d'un serment ou d'une affirmation solemnelle; et tout *Général Warrant* pour faire des recherches dans des lieux suspects, ou pour arrêter des personnes suspectes, sans que la personne ou le lieu y soient nommés, et spécialement décrits, est illégal et ne doit point être accordé.

XXIV. Il ne doit y avoir confiscation d'aucune partie des biens d'un homme pour aucun crime, excepté pour meurtre ou pour trahison contre l'État; et alors seulement d'après conviction et jugement.

XXV. Une Milice bien réglée est la défense convenable et naturelle d'un Gouvernement libre.

XXVI. Des armées toujours sur pied sont dangereuses pour la liberté; et il ne doit en être ni levé ni entretenu sans le consentement de la Législature.

XXVII. Dans tous les cas et dans tous les tems, le Militaire doit être exactement subordonné à l'autorité civile, et gouverné par elle.

XXVIII. En tems de paix, il ne doit point

être logé de Soldat dans une maison sans le consentement du Propriétaire; et en tems de guerre le logement ne doit être fait que de la manière ordonnée par la Législature.

XXIX. Aucune personne, à l'exception de celles qui font partie des Troupes de terre ou de mer, ou qui sont dans la Milice actuellement en service, ne peut dans aucun cas être assujettie à la Loi martiale, ni soumise à des peines en vertu de cette Loi.

XXX. L'indépendance et l'intégrité des Juges sont une chose essentielle pour l'administration impartiale de la Justice, et forment un des grands fondemens de la sécurité des droits et de la liberté des Citoyens: c'est pourquoi le Chancelier et tous les Juges doivent conserver leurs Charges tant qu'ils se conduiront bien; et lesdits Chancelier et Juges doivent être destitués pour mauvaise conduite, après avoir été convaincus dans une Cour de Loi; ils pourront être aussi destitués par le Gouverneur sur la demande de l'Assemblée générale, pourvu que les deux tiers de la totalité des Membres de chaque Chambre, aient concouru à cette demande. Il doit être assigné au Chancelier et aux Juges des appoin-

temens honnêtes, mais non pas trop considérables, pendant qu'ils exerceront leurs Charges;
le tout de la manière et dans le tems ordonnés
à l'avenir par la Législature d'après la considération des circonstances dans lesquelles cet
État se trouvera. Aucuns Chancelier ou Juges
ne doivent posséder aucun autre Office Civil
ou Militaire, ni recevoir de droits ou d'émolumens d'aucune espèce.

XXXI. Une longue stabilité dans les premiers départemens de la Puissance exécutrice,
ou dans les emplois de maniement, est dan-
gereuse pour la liberté; c'est pourquoi le
changement périodique des Membres de ces
départemens, est un des meilleurs moyens
d'assurer une liberté solide et durable.

XXXII. Aucune personne ne doit posséder
à la fois plus d'un emploi lucratif, et aucune
personne revêtue d'un emploi public ne doit
recevoir de présens d'aucuns Prince ou État
Étranger, ni des États-Unis, ni d'aucun d'eux,
sans l'approbation de cet État.

XXXIII. Comme il est du devoir de tout
homme d'adorer Dieu de la manière qu'il croit
lui être la plus agréable, toutes personnes professant la Religion Chrétienne ont un droit

égal à être protégées dans leur liberté religieuse ; ainsi aucun homme ne doit être inquiété par aucune Loi dans sa personne ou
dans ses biens, au sujet de sa croyance, de sa
profession ou de sa pratique en fait de Religion, à moins que, sous prétexte de Religion
il ne troublât le bon ordre, la paix ou la sûreté de l'État, ou qu'il ne transgressât les
Loix de la morale, ou qu'il ne fît tort aux
autres dans leurs droits naturels, civils ou religieux ; et aucun homme ne doit être forcé
de fréquenter, d'entretenir, ou de contribuer,
à moins qu'il ne s'y soit obligé par un contrat, à entretenir aucun lieu particulier de
culte, ni aucun Ministre de Religion en particulier. Cependant la Législature pourra établir à sa volonté une taxe égale et générale
pour le maintien de la Religion Chrétienne,
en laissant à chaque individu le pouvoir de
destiner l'argent qu'on aura perçu de lui, à
l'entretien d'un lieu de culte, ou d'un Ministre
de Religion en particulier, ou au bénéfice des
pauvres de sa secte, ou en général à celui des
pauvres d'un Comté particulier ; mais les
Églises, Chapelles, terres et tous autres biens
actuellement appartenans à l'Église Anglicane,
doivent lui demeurer pour toujours. Tous les

actes de l'Assemblée ci-devant faits pour bâtir ou réparer les Églises particulières, et des Chapelles succursales, demeureront en vigueur, et seront exécutés, à moins que la Législature ne les suspende ou ne les révoque par de nouveaux actes; mais aucune Cour de Comté ne devra imposer à l'avenir ni une quantité de tabac, ni une somme d'argent sur la demande d'aucun Sacristain ou Marguillier, et tout Bénéficier de l'Église Anglicane qui a demeuré et exercé ses fonctions dans sa Paroisse, aura droit à toucher la provision et l'entretien établis par l'acte intitulé, *Acte pour l'entretien du Clergé de l'Eglise Anglicane dans cette Province*, jusqu'à la session de la Cour qui doit se tenir au mois de Novembre de la présente année dans le Comté où sa Paroisse est située, en tout ou en partie, ou pour le tems qu'il aura demeuré et exercé les fonctions dans sa Paroisse.

XXXIV. Tous dons, ventes ou legs de terres à un Ministre enseignant publiquement, ou prêchant l'Evangile en sa qualité de Ministre, ou à quelque secte, ordre ou communion religieuse que ce soit; tous dons, ventes ou legs de terres à ou pour l'entretien, usage ou profit d'un Ministre, pour lui être remis en tant que Ministre, enseignant publiquement ou prêchant l'Évangile, ou en faveur de quelque secte, ordre ou communion religieuse; tous dons ou ventes de meubles et effets pour être receuillis éventuellement, ou pour avoir lieu après la mort du vendeur ou du donateur, à la destination de l'entretien, usage ou profit d'un Ministre, en cette qualité de Ministre enseignant publiquement ou prêchant l'Évangile, ou de quelque secte, ordre ou communion, seront nuls, s'ils sont faits sans la permission de la Législature, à l'exception toutesfois des dons, ventes, baux et legs de terreins non excédant deux acres pour une Église, lieu d'Assemblée ou autre maison de culte, et aussi pour cimetière, lesquels terreins pourront être améliorés, possédés et employés uniquement à ces usages; faute de quoi, les dons, ventes, baux ou legs seront nuls.

XXXV. Il ne doit être exigé, pour être admis à quelque emploi que ce soit de profit, ou de maniement, d'autre épreuve, ou qualité, qu'un serment de maintenir cet État et de lui garder fidélité, et un serment d'Office, tels que la présente Convention ou la Législalature de cet État les auront ordonnés, et aussi une déclaration de croyance à la Religion Chrétienne.

XXXVI. La manière de faire prêter serment à une personne doit être telle que ceux de la croyance, profession ou communion religieuse dont est cette personne, la regardent en général comme la confirmation la plus forte de ce qu'on avance par le témoignage invoqué de l'Être Divin. Les hommes appellés *Quakers*, ceux appellés *Dunkers*, et ceux appellés *Memnonistes*, qui ne se croient pas permis de faire de serment dans aucune occasion, doivent être reçus à faire leur affirmation solemnelle de la même manière que les Quakers ont été reçus jusqu'à présent à affirmer; et leur affirmation doit être de même valeur que le serment dans tous ces cas, ainsi que celle des Quakers a été reçue et acceptée dans cet État pour tenir lieu du serment. On pourra même, sur cette affirmation, décerner des *Warrants* pour la recherche des effets volés, ou pour la capture et l'emprisonnement des délinquans, comme aussi obliger à donner caution de ne point causer de dommage, et les Quakers, Dunkers ou Memnonistes, devront aussi, sur leur affirmation solemnelle, comme il a été dit ci-devant, être admis en témoignage dans toutes les procédures criminelles non capitales.

XXXVII. La Cité d'Annapolis conservera tous ses droits, privilèges et avantages conformément à sa Charte et aux actes d'Assemblée qui les ont confirmés et réglés, sous la réserve néanmoins des changemens que la présente Convention ou la Législature pourront y faire à l'avenir.

XXXVIII. la liberté de la presse doit être inviolablement conservée.

XXXIX. Les privilèges exclusifs sont odieux, contraires à l'esprit d'un Gouvernement libre, et aux principes du commerce, et ne doivent point être soufferts.

XL. Il ne doit être accordé dans cet État, ni titres de Noblesse, ni honneurs héréditaires.

XLI. Les résolutions acctuellement subsistantes de la présente et de toutes les autres Conventions tenues pour cette Colonie, doivent avoir force de Loix, à moins qu'elles ne soient changées par la présente Convention, ou par la Législature de cet État.

XXLII. La présente déclaration des droits, ni la forme de Gouvernement qui sera établie par la présente Convention, ni aucune partie de l'une des deux ne devront être corrigées, changées ou abrogées par la Législature de cet État, que de la manière que la présente Convention le prescrira et l'ordonnera.

La présente Déclaration des droits a été consentie et arrêtée dans la Convention des Délégués des hommes libres du Maryland, commencée et tenue à Annapolis le quatorze d'Août de l'an de grace mil sept cent soixante-seize.

Par ordre de la Convention.

Signé MATTHIEU TILGHMAN, Président.

CONSTITUTION et forme de Gouvernement, arrêtée par les Délégués du Maryland, assemblés en pleine et libre Convention.

ART. Ier. LA Législature sera composée de deux Corps distincts, *un Sénat et une Chambre des Délégués*, qui, réunis, s'appelleront l'*Assemblée générale du Maryland.*

II. La Chambre des Délégués sera choisie de la manière suivante : tous les hommes libres au-dessus de l'âge de vingt-un ans, ayant une franche-tenue de cinquante acres de terre dans le Comté pour lequel ils prétendront voter, et y résidant, et tous les hommes libres, ayant du bien dans cet État pour une valeur au-dessus de trente livres argent courant, et ayant résidé dans le Comté, pour lequel ils prétendront voter, une année entière immédiatement avant l'élection, auront droit de suffrage dans l'élection des Délégués pour ce Comté ; et tous les hommes libres, ayant ces qualités s'assembleront le premier lundi d'Octobre mil sept cent soixante-dix-sept, et à pareil jour à l'avenir chaque année, dans la maison commune desdits Comtés, ou dans tel autre lieu que la Législature ordonnera ; et

lorsqu'ils

lorsqu'ils seront assemblés, ils procéderont de vive voix à l'élection de quatre Délégués pour leurs Comtés respectifs, parmi les plus sages, les plus sensés et les plus prudens du Peuple, ayant résidé dans le Comté pour lequel ils seront choisis, une année entière immédiatement avant l'élection, ayant plus de vingt-un ans, et possédant dans l'État en biens immeubles ou mobiliers, une valeur au-dessus de cinq cens livres argent courant; et après que le compte définitif des voix sera terminé, les quatre personnes qui se trouveront avoir le plus grand nombre de suffrages légitimes, seront déclarées et dénommées dans le procès-verbal en forme, comme duement élues pour leurs Comtés respectifs (3).

III. Le Shériff de chaque Comté, ou, en cas de maladie du Shériff, son Député (appellant deux Juges dudit Comté, nécessaires pour veiller au maintien de la tranquillité) sera Juge de

(1) En Maryland, les élections, hors celles au scrutin, ne se font point par le moyen des boules ou billets écrits; chaque Electeur donne son suffrage de vive voix. Le Greffier tient un état du nom des Votans et du nombre des voix pour chaque Candidat; et la votation finie, on en fait le compte définitif.

T

l'élection, et pourra l'ajourner d'un jour à l'autre, s'il est nécessaire, jusqu'à ce qu'elle soit finie, de manière que toute l'élection soit terminée en quatre jours; et il en remettra le procès-verbal, signé de sa main, au Chancelier de cet État alors en charge.

IV. Toutes les personnes ayant qualité par la Charte de la Cité d'Annapolis pour élire des Bourgeois Représentans, s'assembleront de même le premier lundi d'Octobre mil sept cent soixante-dix-sept, et à pareil jour à l'avenir chaque année, et éliront à la pluralité des suffrages donnés de vive voix, deux Délégués ayant qualité, conformément à ladite Charte. Le Maire, l'Assesseur et les *Aldermen* (Echevins) de ladite Ville, tous ensemble, ou au moins trois d'entr'eux seront Juges de l'élection, et désigneront le lieu de la Ville où elle devra se faire; ils pourront l'ajourner d'un jour à un autre; ainsi qu'il a été dit à l'article précédent, et en feront leur procès-verbal pareillement comme ci-dessus; mais les Habitans de ladite Cité n'auront pas droit de suffrage à l'élection des Délégués pour le Comté d'Anne Arundel, à moins qu'ils n'aient une franche-tenue de cinquante acres de terre dans le Comté et hors de la Ville.

V. Toutes les personnes habitant la Ville de Baltimore, et ayant toutes les qualités exigées pour les Electeurs dans les Comtés, s'assembleront aussi le premier lundi d'Octobre de l'année mil sept cent soixante-dix-sept, et à pareil jour à l'avenir chaque annéee, dans le lieu de ladite Ville que les Juges désigneront, et éliront à la pluralité des suffrages donnés de vive voix, deux Délégués ayant qualité, comme il est dit ci-dessus. Mais si le nombre des Habitans de ladite Ville diminuoit, au point que le nombre de personnes y ayant droit de suffrage fût pendant l'espace de sept années consécutives moindre que la moitié du nombre des Votans dans quelqu'un des Comtés de cet Etat, à compter de cette époque cette Ville cesseroit d'envoyer deux Délégués ou Représentans dans la Chambre des Délégués, jusqu'à ce que ladite Ville se trouvât avoir un nombre de Votans égal à la moitié de celui des Votans de quelqu'un des Comtés dudit Etat.

VI. Les Commissaires de ladite Ville, ou un plus grand nombre d'entr'eux actuellement en charge, seront Juges de ladite élection, pourront l'ajourner, et en feront leur procès-verbal, comme il a été dit ci-dessus; mais les Habitans de ladite Ville n'auront point titre pour élire ni pour être élus Délégués pour le Comté de Baltimore , et réciproquement les Habitans du Comté de Baltimore , hors des limites de ladite Ville , n'auront point titre pour élire ni pour être élus Délégués pour la Ville de Baltimore.

VII. En cas de refus , mort , inaptitude , démission ou absence hors de l'Etat de quelque Délégué , ainsi que dans le cas où il seroit fait Gouverneur ou Membre du Conseil , l'Orateur expédiera un ordre d'élire un autre Délégué pour remplir la place vacante ; et il sera donné connoissance de cette nouvelle élection à faire dix jours à l'avance , non compris le jour de l'avertissement , ni celui de l'élection.

VIII. Il faudra toujours la présence de la pluralité du nombre total des Délégués avec leur Orateur (qu'ils choisiront au scrutin) pour établir l'activité de la Chambre , et la mettre en état de traiter quelque affaire que ce soit , excepté de s'ajourner.

IX. La Chambre des Délégués jugera de la validité des élections et des qualités des Délégués.

X. La Chambre des Délégués pourra faire en première instance tous les Bills de levée d'argent , proposer des Bills au Sénat , ou recevoir ceux qui lui seront envoyés par ce Corps, y donner son consentement, les rejetter ou y proposer des corrections : elle pourra informer, d'après le serment des témoins, sur toutes les plaintes, griefs ou délits, et fera toutes les fonctions de grand Enquêteur de cet Etat ; elle pourra faire conduire toutes personnes pour toute espèce de crimes dans les prisons publiques, où elles demeureront jusqu'à ce qu'elles aient été déchargées d'après une procédure régulière ; elle pourra expulser qui que ce soit de ses Membres pour malversation grave, mais jamais une seconde fois pour la même cause ; elle pourra examiner et arrêter tous les comptes de l'Etat, relatifs soit à la perception, soit à la défense des revenus, ou nommer des Auditeurs pour les régler et les appurer ; elle pourra se faire représenter tous les papiers ou registres publics, ou des différens offices, et mander les personnes qu'elle jugera nécessaires dans le cours des recherches concernant les affaires relatives à l'intérêt public ; elle pourra, à l'égard de tous les engagemens contractés de remplir un service public sous le dédit de sommes payables au profit de l'Etat, faire poursuivre en Justice pour le

T 3

paiement, ceux qui n'auront point rempli le
devoir auquel ils se seront engagés.

XI. Afin que le Sénat puisse être pleinement
et parfaitement en liberté de suivre son propre
jugement en passant les Loix, et afin qu'il ne
puisse pas être forcé par la Chambre des Délégués, soit à rejetter un Bill de levée d'argent,
que les circonstances rendroient nécessaire,
soit à consentir quelqu'autre acte de législation, qu'il regarderoit dans sa conscience et
suivant son jugement comme nuisible à l'intérêt public, la Chambre des Délégués ne devra
dans aucune occasion ni sous aucun prétexte
annexer à aucun Bill de levée d'argent, ni
mêler dans sa teneur aucune matière, clause
ou autre chose quelconque qui ne soit pas immédiatement relative et nécessaire à l'imposition, assiette, levée ou destination des taxes
ou subsides qui doivent être levés pour le
maintien du Gouvernement, ou pour les dépenses courantes de l'Etat. Et pour prévenir
toutes altercations sur ces Bills, il est déclaré
qu'aucuns Bills qui imposeront des droits ou
des douanes purement pour réglement de commerce, ou qui infligeront des amendes pour la
réforme des mœurs, ou pour fortifier l'exécu-

tion des Loix, quoiqu'il doive provenir de leurs dispositions un revenu accidentel, ne seront cependant pas censés *Bills de levée d'argent;* mais tous Bills pour asseoir, lever ou destiner des taxes pour le maintien du Gouvernement, ou pour les dépenses courantes de l'Etat, ou pour verser des sommes dans le Trésor public, seront véritablement regardés comme *Bills de levée d'argent.*

XII. La Chambre des Délégués pourra punir de la prison toute personne qui se sera rendue coupable de manque de respect en sa présence, par quelque action de désordre ou querelle, ou par des menaces, ou par de mauvais traitemens envers quelqu'un de ses Membres, ou enfin en apportant obstacle à ses délibérations : elle pourra aussi punir de la même peine toute personne coupable d'infraction à ses privilèges, en faisant arrêter pour dettes (1), ou en attaquant quelqu'un de ses Membres durant la session, ou dans la route, soit pour s'y rendre, soit pour retourner chez lui ; en attaquant

_____

(1) Les Membres de la Législature ne peuvent pas être poursuivis personnellement pour dettes, mais ils ne sont point exempts de poursuite pour matiere criminelle.

T 4

quelqu'un de ses Officiers, ou en les troublant dans l'exécution de quelque ordre, ou dans la poursuite de quelque procédure; en attaquant ou troublant tout témoin ou toute autre personne mandée par la Chambre, dans sa route, soit pour s'y rendre, soit pour s'en retourner; ou enfin en délivrant quelque personne arrêtée par ordre de la Chambre : et le Sénat aura les mêmes pouvoirs dans les cas semblables.

XIII. Les Trésoriers (un pour la côte de l'Ouest, et un autre pour celle de l'Est) et les Commissaires de l'office du Prêt public seront choisis par la Chambre des Délégués pour remplir ces emplois tant qu'elle le jugera à propos; et en cas de refus, mort, démission, défaut ou perte des qualités requises, ou absence hors de l'Etat de quelqu'un desdits Commissaires ou Trésoriers, pendant la vacance de l'Assemblée générale, le Gouverneur, de l'avis du Conseil, pourra nommer et breveter une personne convenable et propre à l'emploi vacant, pour l'exercer jusqu'à la prochaine session de l'Assemblée générale.

XIV. Le Sénat [sera choisi de la manière suivante : toutes personnes ayant qualité, comme il a été dit ci-dessus, pour voter à l'élection des Délégués dans les Comtés, éli-

ront, le premier lundi de Septembre mil sept
cent quatre-vingt-un, et à pareil jour à l'avenir tous les cinq ans, de vive voix et à la
pluralité des suffrages, deux personnes pour
leurs Comtés respectifs, ayant qualité, comme
il a été dit ci-dessus, pour être élues Délégués dans les Comtés; et ces personnes ainsi
choisies seront *Electeurs du Sénat.* Le Shériff de
chaque Comté, ou en cas de maladie du Shériff, son Député (appellant deux Juges du
Comté nécessaires pour veiller au maintien de
la tranquillité) présidera ladite élection, en
sera Juge, en fera son procès-verbal, comme
il a été dit ci-dessus. Et toutes les personnes
ayant qualité, pour voter à l'élection des Délégués dans la Cité d'Annapolis et dans la Vile
de Baltimore, le même premier lundi de Septembre mil sept cent quatre-vingt-un, et à
pareil jour à l'avenir tous les cinq ans, éliront
de vive voix, à la pluralité des suffrages, un
Sujet pour chacune desdites Cité et Ville respectivement, ayant qualité, comme il a été
dit ci-dessus, pour être élu Délégué desdites
Cité et Ville respectivement; ladite élection
se tiendra de la même manière que celle pour
les Délégués desdites Cité et Ville, et le droit
de choisir ledit Electeur demeurera à la Ville

de Baltimore aussi long-tems que le droit d'élire des Délégués pour elle-même.

XV. Lesdits Électeurs du Sénat s'assembleront dans la Cité d'Annapolis ou dans tel autre lieu qui sera désigné pour l'assemblée de la Législature, le troisième lundi de Septembre mil sept cent quatre-vingt-un, et à pareil jour à l'avenir tous les cinq ans; et eux tous, ou vingt-quatre d'entr'eux ainsi assemblés procéderont à élire au scrutin, soit parmi eux, soit dans l'universalité du Peuple, quinze Sénateurs (dont neuf résidans à la côte de l'Ouest et six à celle de l'Est), hommes les plus distingués par leur sagesse, expérience et vertu, au-dessus de vingt-cinq ans, ayant résidé dans l'Etat plus de trois années entières immédiatement avant l'élection, et y possédant en biens meubles ou immeubles une valeur de plus de mille livres argent courant.

XVI. Les Sénateurs seront ballotés dans un seul et même tour, et des Sujets résidans à la côte de l'Ouest qui seront proposés pour Sénateurs, les neuf qui, à l'ouverture des scrutins, se trouveront avoir le plus de suffrages en leur faveur, seront en conséquence déclarés duement élus, et il en sera dressé procès-verbal; et des Sujets résidans à la côte de l'Est, qui seront proposés pour Sénateurs, les six qui, à l'ouverture des scrutins, se trouveront avoir le plus grand nombre de suffrages en leur faveur, seront en conséquence déclarés, duement élus, et il en sera dressé procès verbal : si deux Sujets, ou plus de la même côte, ont un égal nombre de suffrages, ce qui empêcheroit que le choix ne fût déterminé dans le premier ballotage, alors les Electeurs feront, avant de se séparer, un nouveau tour dans lequel ils seront bornés aux personnes qui ont eu un nombre de suffrages égal ; et ceux qui en auront la plus grande quantité dans ce second ballotage, seront en conséquence déclarés duement élus, et il en sera dressé procès-verbal ; mais si le nombre total des Sénateurs n'étoit pas fait de cette manière, parce ce que deux ou plus de deux Sujets auroient encore en leur faveur une égale quantité de suffrages dans le second tour, alors l'élection se décideroit par le sort entre ceux qui auroient eu cette égalité : il sera dressé un procès-verbal certifié et signé par les Electeurs, de la manière dont ils auront procédé, et dont toute l'éleetion se sera passée, pour être ce procès-verbal remis au Chancelier en charge.

XVII. Les Electeurs des Sénateurs jugeront des qualités et de la validité des élections des Membres de leur Corps ; et s'il y a contestation pour une élection, ils admettront à siéger comme Electeur, le Sujet, ayant les qualités requises, qui leur paroîtra avoir en sa faveur le plus grand nombre de suffrages légitimes.

XVIII. Les Electeurs, au moment même où ils s'assembleront, et avant de procéder à l'élection des Sénateurs, feront le serment de maintenir cet Etat, et de lui garder fidélité, tel qu'il sera ordonné par la présente Convention ou par la Législature ; et en outre un serment d'élire sans faveur, partialité ni prévention, pour Sénateurs, les personnes qu'ils croiront d'après leur jugement et leur conscience, les plus capables de cet Office.

XIX. En cas de refus, mort, démission, défaut des qualités requises, ou absence hors de cet Etat de quelque Sénateur, ou s'il devient Gouverneur ou Membre du Conseil, le Sénat élira sur-le-champ ou à sa prochaine séance, par la voie du scrutin et de la même manière qu'il est ordonné aux Electeurs pour le choix des Sénateurs, une autre personne à la place vacante, pour le reste dudit terme de cinq ans.

XX. Il faudra toujours la présence de la pluralité du nombre total des Sénateurs, avec leur Président (qui doit être élu par eux au scrutin) pour établir l'activité de la Chambre, et la mettre en état de traiter quelque affaire que ce soit, excepté de s'ajourner.

XXI. Le Sénat jugera des qualités et de la validité des élections des Sénateurs.

XXII. Le Sénat pourra faire en première instance toutes espèces de Bills, excepté ceux de levée d'argent, qu'il devra consentir ou rejetter purement et simplement ; et il pourra recevoir tous autres Bills de la Chambre des Délégués, et les consentir ou rejetter, ou y proposer des corrections.

XXIII. L'Assemblée générale s'assemblera chaque année le premier lundi de Novembre, et plus souvent s'il est nécessaire.

XXIV. Chacune des deux Chambres nommera ses propres Officiers, et établira ses réglemens et ses manières de procéder.

XXV. Le second lundi de Novembre mil sept cent soixante-dix-sept, et à pareil jour à l'avenir chaque année, il sera choisi par le scrutin réuni de deux Chambres une personne de sagesse, expérience. et vertu reconnues; pour être Gouverneur : le scrutin se prendra dans chaque Chambre respectivement; il sera déposé dans la salle de conférence, où les boîtes seront examinées par un Comité réuni de chacune des deux Chambres; et il sera fait à chacune un rapport séparé du nombre des voix, afin que la nomination puisse y être enregistrée : cette manière de prendre le scrutin réuni des deux Chambres sera adoptée pour tous les cas. Mais si deux ou plusieurs Sujets ont un égal nombre de suffrages en leur faveur, et qu'ainsi l'élection ne puisse être décidée par le premier ballotage, on procédera à un second qui sera restreint aux Sujets, qui dans le premier auront eu un nombre égal de suffrages; et si ce second ballotage produisoit encore une égalité entre deux ou plusieurs Sujets, alors l'élection du Gouverneur se décideroit par le sort entre ceux qui auroient eu cette égalité : si le Gouverneur vient à mourir, s'il se démet, s'il s'absente de l'Etat, ou s'il refuse d'agir (durant la Session de l'Assemblée générale) le Sénat et la Chambre des Délégués procéderont sur-le-champ à une nouvelle élection en la manière ci-devant prescrite.

XXVI. Le second lundi de Novembre mil sept cent soixante-dix-sept, et à pareil jour à l'avenir chaque année, les Sénateurs et Délégués éliront par leurs scrutins réunis, et en la manière prescrite pour l'élection des Sénateurs, cinq Sujets les plus sages, les plus prudens et les plus expérimentés, ayant plus de vingt-cinq ans, résidans dans l'Etat depuis plus de trois ans immédiatement avant l'élection, et ayant une franche-tenue en terres et biens fonds d'une valeur de plus de mille livres argent courant; ces cinq personnages seront le Conseil du Gouverneur. Tous les actes et délibérations de ce Conseil seront couchés sur un registre, sur toutes parties duquel tout Membres aura toujours le droit d'écrire son vœu contraire à celui qui aura passé; et si le Gouverneur ou quelqu'un des Membres le requiert, les avis seront donnés par écrit; et signés respectivement par les Membres qui les auront donnés. Le registre des délibérations du Conseil sera représenté au Sénat ou à la Chambre des Délégués, quand il sera demandé, soit par les deux Chambres, soit par l'une des deux. Le Conseil pourra nommer son Greffier, qui devra prêter le serment *de maintenir cet Etat et de lui garder fidélité*, tel qu'il sera ordonné par la présente

Convention ou par la Législature, et en outre le serment du secret dans les matières qu'il lui sera ordonné par le Conseil de tenir cachées.

XXVII. Les Délégués de cet Etat au Congrès seront choisis annuellement, ou révoqués et remplacés dans l'intervalle, par le scrutin réuni des deux Chambres de l'Assemblée, et il sera établi une rotation, de manière que tous les ans il y en ait au moins deux de changés sur la totalité; personne ne pourra être Délégué au Congrès plus de trois années sur six, et aucune personne revêtue de quelque emploi de profit à la nomination du Congrès, ne sera éligible pour y être Délégué : si même un Délégué est nommé à quelqu'un de ces emplois, sa place au Congrès vaquera par ce seul fait. Aucune personne ne sera éligible pour Délégué au Congrès, à moins d'avoir plus de vingt-un ans, d'avoir résidé dans l'Etat plus de cinq années immédiatement avant l'élection, et de posséder dans cet Etat en biens réels ou personnels une valeur de plus de mille livres argent courant.

XXVIII. Les Sénateurs et les Délégués, en ouvrant leur session annuelle, et avant de procéder à aucune affaire, et toute personne élue dans la suite Sénateur ou Délégué, avant d'exercer

cer aucune fonction, prêteront le serment de maintenir cet Etat et de lui garder fidélité, comme il a été dit ci-dessus ; et avant l'élection du Gouverneur ou des Membres du Conseil, ils en prêteront un autre d'élire sans faveur, affection, ni motif de parti, pour Gouverneur ou Membre du Conseil, la personne qu'ils croiront en conscience et dans leur jugement la plus capable de remplir ces emplois.

XXIX. Le Sénat et la Chambre des Délégués pourront s'ajourner respectivement eux-mêmes; mais si les deux Chambres ne s'accordent pas pour le même tems, et s'ajournent à des jours différens, alors le Gouverneur indiquera et notifiera l'un de ces jours ou un jour intermédiaire, et l'Assemblée se tiendra en conséquence de sa décision : le Gouverneur, dans les cas de nécessité, pourra, de l'avis du Conseil, convoquer l'Assemblée pour un terme plus prochain que celui auquel elle se seroit ajournée de quelque manière que ce fût, en donnant avis de sa convocation au moins dix jours à l'avance; mais le Gouverneur n'ajournera pas l'Assemblée autrement qu'il ne vient d'être dit, et il ne pourra dans aucun tems la proroger ni la dissoudre.

XXX. Personne ne sera éligible pour la

V

charge de Gouverneur, à moins d'avoir plus de vingt-cinq ans, d'avoir résidé dans cet Etat plus de cinq années immédiatement avant l'élection, et de posséder dans l'Etat en biens meubles ou immeubles une valeur de plus de cinq mille livres argent courant, dont mille livres au moins en franche-tenue.

XXX. Le Gouverneur ne pourra pas être continué dans sa charge plus de trois années consécutives, et il ne pourra être élu de nouveau comme Gouverneur, qu'après quatre années révolues depuis sa sortie de cette charge.

XXVII. En cas de mort, de démission du Gouverneur, ou en cas qu'il s'absente hors de l'Etat, celui des Membres composant actuellement le Conseil qui aura été nommé le premier, remplira les fonctions du Gouverneur, après avoir prêté les sermens requis; mais il convoquera sur le champ l'Assemblée générale, en donnant avis de sa convocation quatorze jours au moins à l'avance; et à cette session il sera nommé, en la manière ci-devant prescrite, un Gouverneur pour le reste de l'année.

XXXIII. Le Gouverneur, avec et de l'avis et consentement du Conseil, pourra assembler la Milice, et quand elle sera assemblée, il en aura seul la direction, et il aura aussi la direction de toutes les Troupes réglées de terre et de mer, en se conformant aux Loix de l'Etat ; mais il ne commandera pas en personne, à moins d'y être autorisé par l'avis du Conseil, et pas plus long-tems que le Conseil ne l'approuvera ; il pourra faire seul tous les autres actes de la puissance exécutrice du Gouvernement, pour lesquels le concours du Conseil n'est pas requis, en se conformant aux Loix de l'Etat, et accorder répit ou grace pour quelque crime que ce soit, excepté dans les cas pour lesquels la Loi en ordonnera autrement ; il pourra dans la vacance de l'assemblée générale mettre des embargos pour empêcher le départ de quelque navire, ou l'exportation de quelques denrées, pour un terme qui n'excédera pas trente jours dans une année, et à la charge de convoquer l'Assemblée générale dans le tems de la durée de l'embargo ; il pourra aussi ordonner à un vaisseau de faire quarantaine, et l'y contraindre, si ce vaisseau, ou le port d'où il viendra sont suspects avec fondement d'être infectés de la peste ; mais le Gouverneur n'exercera, sous aucun prétexte, aucune autorité, et ne s'arrogera aucune prérogative, en vertu d'aucune loi, statut où coutume de l'Angleterre ou de la Grande-Bretagne.

V 2

XXXIV. Les Membres du Conseil assemblés au nombre de trois ou davantage, formeront un Bureau compétent pour traiter les affaires : le Gouverneur en charge présidera le Conseil, il aura droit de donner sa voix sur toutes les questions où il y aura partage d'opinions dans le Conseil ; et en l'absence du Gouverneur, le Membre du Conseil, premier nommé, présidera, et en cette qualité votera dans tous les cas où les opinions des autres Membres seront partagées.

XXXV. En cas de refus, mort, démission, défaut de qualités requises, ou absence hors de l'Etat de quelqu'une des personnes élues Membres du Conseil, les autres Membres éliront sur le champ, ou à leur prochaine séance, par la voie du scrutin, une autre personne ayant qualité comme il a été prescrit ci-dessus, pour remplir la place vacante pendant le reste de l'année.

XXXVI. Le Conseil aura le pouvoir d'ordonner le grand sceau de cet Etat, qui sera sous la garde du Chancelier en charge, et apposé à toutes les loix, commissions, concessions et autres expéditions publiques, comme il a été pratiqué jusqu'à présent dans cet Etat.

XXXVII. Aucun Sénateur , Délégué de l'Assemblée ou Membre du Conseil , s'il accepte et prête serment en cette qualité , ne possédera , ni n'exercera aucun emploi lucratif, et ne recevra les profits d'aucun emploi exercé par toute autre personne , pendant le tems pour lequel il sera élu : aucun Gouverneur, tant qu'il sera en charge , ne pourra posséder aucun emploi lucratif dans cet Etat; et aucune personne revêtue d'un emploi lucratif , ou en recevant une portion des profits , ou recevant en tout ou en partie les profits résultans de quelque commission , marché ou entreprise quelconque , pour l'habillement ou autres fournitures de l'Armée de terre ou de la Marine , ou revêtue de quelque emploi sous l'autorité , soit des États-Unis , soit de quelqu'un d'entre eux , ni aucun Ministre ou Prédicateur de l'Évangile , de quelque secte que ce soit , ni aucune personne employée , soit dans les Troupes réglées de terre , soit dans la Marine de cet État ou des États-Unis , ne pourront siéger dans l'Assemblée générale ni dans le Conseil de cet État.

XXXVIII. Tout Gouverneur , Sénateur , Délégué au Congrès ou à l'Assemblée , et tout Membre du Conseil , avant de commencer

l'exercice de leurs fonctions, prêteront serment de ne recevoir directement ni indirectement, ni dans aucun tems, aucune partie
des profits d'aucun emploi possédé par quelqu'autre personne que ce soit, tant qu'ils
exerceront les fonctions de leur office de
Gouverneur, Sénateur, Délégué au Congrès
ou à l'Assemblée, ou de Membre du Conseil;
et de ne recevoir, ni en tout ni en partie,
les profits résultans d'aucune commission,
marché ou entreprise quelconque, pour l'habillement ou autres fournitures de l'Armée de
terre ou de la Marine.

XXXIX. Si quelque Sénateur, Délégué au
Congrès ou à l'Assemblée, ou Membre du
Conseil possède ou exerce quelque emploi
lucratif, ou touche, soit directement, soit
indirectement, en tout ou en partie, les
profits d'un emploi exercé par une autre
personne, pendant le tems qu'il exercera les
fonctions de Sénateur, Délégué au Congrès
ou à l'Assemblée, ou de Membre du Conseil,
il sera, d'après la conviction dans une Cour
de Loi sur le serment de deux témoins dignes
de foi, privé de sa place, puni comme coupable de corruption et de parjure volontaire,
ou banni à perpétuité de cet État, ou déclaré

à jamais incapable de posséder aucun emploi de profit ou de confiance, suivant que la Cour en décidera.

XL. Le Chancelier, tous les Juges, le Procureur-général, les Greffiers de la Cour générale, ceux des Cours de Comtés, les Gardes des registres des testamens, conserveront leurs charges tant qu'ils se conduiront bien, et ne seront révocables que pour mauvaise conduite, et après conviction dans une Cour de Loi.

XLI. Il sera nommé pour chaque Comté un Garde des registres des testamens, lequel recevra sa commission du Gouverneur, sur la présentation réunie du Sénat et de la Chambre des Délégués ; et en cas de mort, démission, destitution ou absence hors du Comté d'un Garde des registres des testamens, pendant la vacance de l'Assemblée générale, le Gouverneur, de l'avis du Conseil, pourra nommer et breveter une personne convenable et propre à l'emploi vacant, pour l'exercer jusqu'à la session de l'Assemblée générale.

VLII. Les Shériffs seront élus tous les trois ans au scrutin dans chaque Comté, c'est-à-dire, qu'on élira pour l'office de Shériff, deux Sujets pour chaque Comté; et celui des deux qui aura eu la pluralité des voix, ou si tous deux en ont eu un nombre égal , l'un des deux , à la volonté du Gouverneur , recevra de lui la commission dudit office : après l'avoir rempli pendant trois ans , il ne pourra pas être élu de nouveau pendant les quatre années ensuivantes. Le Sujet-élu fournira , suivant l'usage , son obligation cautionnée de payer une somme fixée, s'il manque à remplir fidèle-ment son office , et nul ne pourra exercer les fonctions de Shériff avant d'avoir fourni cette obligation. En cas de mort, refus, démis-sion , défaut des qualités requises , ou absence hors du Comté , avant l'expiration des trois années , le Sujet second élu recevra une com-mission pour exercer ledit office pendant le reste desdites trois années , en fournissant son obligation cautionnée , ainsi qu'il a été prescrit plus haut ; et en cas de mort, refus , démission de ce dernier , défaut des qualités requises , ou absence hors du Comté avant l'expiration desdites trois années , le Gouver-neur , de l'avis du Conseil, pourra nommer et bréveter une personne convenable et propre à cet office, pour l'exercer pendant le reste des trois ans, à la charge par elle de fournir,, comme il a été dit ci-dessus , son obligation cautionnée. L'Électtion des Shériffs se fera dans le même lieu et au même tems indiqués pour celle des Délégués, et les Juges mandés pour veiller au maintien de la tranquillité, seront Juges de cette élection et des qualités des Candidats ; ceux-ci nommeront un Greffier pour recueillir les bulletins. Tout homme libre ayant plus de vingt-un ans, possédant une franche-tenue de cinquante acres de terre dans le Comté pour lequel il prétendra voter, et y résidant, et tout homme libre au-dessus de vingt-un ans, ayant dans l'État une propriété valant plus de trente livres argent courant, et ayant résidé dans le Comté pour lequel il prétendra voter, une année entière immédiatement avant l'élection, y auront droit de suffrage. Personne ne pourra être élu Shériff pour un Comté, à moins d'être Habitant dudit Comté, d'avoir plus de vingt-un ans, et de posséder dans l'État des biens meubles ou immeubles valant plus de mille livres argent courant. Les Juges, dont il a déjà été parlé, examineront les bulletins, et les deux Candidats ayant les qualités requises, qui auront dans chaque Comté la pluralité de voix légales, seront déclarés duement élus pour l'office de Shériff de ce Comté, et il en sera fait rapport au Gouvernement et au Conseil, à qui il sera envoyé en même tems un certificat du nombre des suffrages qu'aura eu chacun d'eux.

XLIII. Toute personne qui se présentera pour voter à l'élection, soit des Délégués, soit des Électeurs du Sénat, soit des Shériffs, devra (si trois personnes ayant droit de suffrage l'exigent) faire, avant d'être admise à voter, le serment ou l'affirmation de maintenir cet État et de lui garder fidélité, tels que la présente Convention ou la Législature l'auront ordonné.

XLIV. Un Juge de Paix pourra être élu Sénateur, Délégué ou Membre du Conseil, et continuer d'exercer son office de Juge de Paix.

XLV. Aucun Officier supérieur dans la Milice ne pourra être élu Sénateur, Délégué ni Membre du Conseil.

XLVI. Tous les Officiers civils qui seront nommés à l'avenir pour les différens Comtés de cet État, devront avoir résidé dans le Comté respectif pour lequel ils seront nommés, pendant les six mois qui auront immédiatement précédé leur nomination, et devront continuer d'y résider tant qu'ils seront en place.

XLVII. Les Juges de la Cour générale et

ceux des Cours de Comtés pourront nommer les Greffiers de leurs Cours respectives ; et en cas de refus, mort , démission, défaut des qualités requises , ou absence , soit hors de l'État, soit hors de leurs Cours respectives, des Greffiers de la Cour générale ou de quelqu'un d'entr'eux , ladite Cour étant en vacance ; et en cas de refus, mort, démission, défaut des qualités requises, ou absence hors du Comté de quelqu'un desdits Greffiers de Comté, la Cour à laquelle il est attaché étant en vacance , le Gouverneur , de l'avis du Conseil, pourra nommer et bréveter une personne convenable et propre à l'emploi vacant respectivement, pour l'exercer jusqu'à la session de la prochaine Cour générale ou Cour de Comté, selon le cas.

XLVIII. Le Gouverneur en charge , de l'avis et consentement du Conseil , pourra nommer le Chancelier et tous les Juges de Paix , le Procureur général , les Contrôleurs de Port, les Officiers des troupes réglées de terre et de mer, les Commissaires-Arpenteurs, et tous les autres Officiers civils du Gouvernement (à l'exception seulement des Assesseurs , des Connétables et des Inspecteurs des chemins) : il pourra aussi interdire ou destituer tout Officier civil, dont la commission ne portera pas qu'il conservera son emploi tant qu'il se conduira bien : il pourra interdire pour un mois tout Officier de Milice, et interdire ou destituer tout Officier des troupes réglées de terre ou de mer ; enfin, le Gouverneur pourra interdire ou destituer tout Officier de Milice, en exécution du Jugement d'une Cour martiale.

XLIX. Tous les Officiers civils à la nomination du Gouverneur et du Conseil, dont la commission ne devra pas porter qu'ils conserveront leur emploi tant qu'ils se conduiront bien, seront nommés annuellement dans la troisième semaine de Novembre ; mais si quelqu'un d'eux est nommé une seconde fois, il pourra continuer ses fonctions sans avoir besoin ni de recevoir une nouvelle commission, ni de prêter de nouveau le serment de règle ; et tout Officier, quoiqu'il n'ait pas été nommé de nouveau, continuera d'exercer, jusqu'à ce que la personne nommée à sa place, et pourvue d'une commission, se soit mise en règle.

L. Le Gouverneur, tout Membre du Conseil, et tout Juge, et Juge de Paix, avant d'exercer leurs fonctions, prêteront respectivement serment, que jamais ils ne voteront, pour la nomination, à aucun emploi, par faveur, affection, ni motif de parti ; mais qu'ils donneront toujours leur suffrage à la personne que dans leur conscience, et d'après leur jugement, ils croiront la plus propre à l'emploi et la plus capable de le remplir ; qu'ils n'ont point fait et ne feront aucune promesse; qu'ils n'ont point pris et ne prendront aucun engagement de donner leur voix, ou d'employer leur crédit en faveur de qui que ce soit.

LI. Il y aura deux Gardes des registres des concessions de terres, l'un sur la côte de l'Ouest, et l'autre sur celle de l'Est ; il sera fait, aux dépens du public, de brefs extraits des concessions; certificats de reconnoissance, et bornement des terreins sur les côtes de l'Ouest et de l'Est, respectivement dans des livres séparés; et ils seront déposés au Greffe desdits Gardes régistres, en la manière qui sera prescrite à l'avenir par l'Assemblée générale.

LII. Tout Chancelier, Juge, Garde des registres des testamens, Commissaire de l'office du Prêt public, Procureur général, Shériff, Trésorier, Contrôleur de Port, Garde des

registres des concessions de terres, Garde des
registres de la Cour de Chancellerie, et tout
Greffier des Cours de la Loi commune, Commissaire - Arpenteur , Auditeur des comptes
publics, avant de   ommencer l'exercice de
ses fonctions, prêtera serment qu'il ne recevra
directement ni indirectement aucuns autres
droits ni récompenses pour remplir son emploi de..... que ce qui lui est ou sera alloué
par la Loi ; qu'il ne touchera directement ni
indirectement les profits , ni aucune partie
des profits d'aucun emploi possédé par quelqu'autre personne ; et qu'il ne tient pas son
propre emploi pour le compte ni comme
mandataire de personne.

LIII. Si quelque Gouverneur, Chancelier,
Juge, Garde des registres des testamens, Procureur général , Garde des registres des concessions de terres, Commissaire de l'office du
Prêt public, Garde des registres de la Cour
de Chancellerie , ou si quelque Greffier des
Cours de Loi commune, Trésorier, Contrôleur
de Port, Shériff, Commissaire-Arpenteur ou
Auditeur des comptes publics, touche directement ou indirectement, dans quelque tems
que ce soit, les profits ou partie des profits
de quelque emploi possédé par une autre per-

sonne, pendant le tems qu'il exercera l'emploi auquel il a été nommé, son élection, sa nomination et commission seront annullées d'après conviction dans une Cour de Loi, sur le serment de deux témoins dignes de foi, et il sera puni comme coupable de corruption et de parjure volontaire, ou banni à perpétuité de cet État, ou déclaré à jamais incapable de posséder aucun emploi de profit ou de confiance, selon ce que la Cour en décidera.

LIV. Si quelque personne donne quelque présent, salaire ou récompense, ou quelque promesse ou sûreté de payer ou délivrer de l'argent, ou quelqu'autre chose que ce soit, à l'effet d'obtenir ou de procurer à un autre un suffrage pour être élu Gouverneur, Sénateur, Délégué au Congrès ou à l'Assemblée, Membre du Conseil ou Juge, ou d'être nommé à quelqu'un desdits offices, ou à quelque emploi de profit ou de confiance, actuellement créé ou qui sera créé pat la suite dans cet État, la personne qui aura donné et celle qui aura reçu, seront, d'après conviction dans une Cour de Loi, déclarées à jamais incapables de posséder aucun emploi, soit de profit, soit de confiance dans cet État.

LV. Toute personne nommée à quelque emploi de profit ou de confiance, avant d'entrer en fonction, fera le serment suivant :

« Je N. jure que je ne me tiens point obligé
» à l'obéissance envers le Roi de la Grande-
» Bretagne; que je serai fidèle et garderai une
» véritable obéissance à l'État du Maryland;
» et en outre signera une déclaration qu'il
» croit à la Religion Chretienne ».

LVI. Il y aura une *Cour des Appels* composée de personnes intègres et versées dans la connoissance des Loix, dont les Jugemens seront définitifs et en dernier ressort dans tous les cas d'appels, soit de la Cour générale, soit de la Cour de Chancellerie, soit de celle de l'Amirauté. Il sera nommé pour Chancelier une personne intègre et versée dans la connoissance des Loix. Enfin, trois personnes intègres et versées dans la connoissance des Loix, seront nommées Juges de la Cour, maintenant appellée *Cour Provinciale*, et qui sera nommée à l'avenir et connue sous le nom de *Cour générale*: cette Cour tiendra ses sessions sur les côtes de l'Ouest et de l'Est, pour traiter et décider
les

les affaires de chaque côte respectivement, dans les tems et dans les lieux qui seront fixés et désignés par la future Législature de cet État.

LVII. L'intitulé de toutes les Loix sera la formule suivante : *Qu'il soit statué*, etc. *par l'Assemblée générale du Maryland*; Toutes les commissions publiques et concessions commenceront ainsi, *l'Etat du Maryland*, et seront signées par le Gouverneur, certifiées par le Chancelier, et munies du sceau de l'État, excepté les commissions militaires qui ne seront ni certifiées par le Chancelier, ni munies du sceau de l'État. On fera le même changement dans le style de tous les actes publics qui seront certifiés, scellés et signés suivant l'usage. Toutes les plaintes seront terminées par la formule suivante : *Contre la paix, le Gouvernement et la dignité de l'Etat.*

LVIII. Toutes les amendes et confiscations qui ont appartenu jusqu'à présent au Roi ou au Propriétaire, appartiendront dorénavant à l'État, à l'exception de celles que l'Assemblée générale pourra abolir, ou bien auxquelles elle assignera une autre destination (1).

_____

(1) Le Propriétaire étoit le Lord Baltimore. La

X

LIX. La présente forme de Gouvernement ni la déclaration des droits, ni aucune partie de l'une et de l'autre ne pourront être altérées, changées ou abrogées, à moins que l'Assemblée générale n'ait passé un Bill pour ces altérations, changemens ou abrogations, que ce Bill n'ait été publié, au moins trois mois avant une nouvelle élection, et qu'il ne soit confirmé par l'Assemblée générale après une nouvelle élection de Délégués, dans sa première session après ladite nouvelle élection; à la réserve que rien de ce qui, dans la présente forme de Gouvernement, est relatif à la côte de l'Est en particulier, ne pourra être changé, ni altéré en aucune manière, que lorsque les deux tiers au moins de chacune

---

Province avoit été concédée à l'un de ses ancêtres par Charles Ier. Certaines amendes et confiscations pour désobéissance à certaines Loix, devoient en vertu de ces mêmes Loix, être payées au Propriétaire qui étoit Gouverneur héréditaire de la Province. Par le changement de la Constitution, le Lord Baltimore n'est plus Gouverneur, et ces amendes et confiscations appartiendront dorénavant à l'État; mais on lui a conservé la jouissance de ses propriétés et fonds de terres, cens, rentes, &c.

des Chambres de l'Assemblée générale auront consenti au changement et à sa confirmation (1).

LX. Tout Bill passé par l'Assemblée générale sera, après avoir été mis au net, présenté dans le Sénat par l'Orateur de la Chambre des Délégués, au Gouverneur en charge, qui le signera et y apposera le grand sceau en présence des Membres des deux Chambres. Toutes les Loix seront enregistrées au Greffe de la Cour générale de la côte de l'Ouest, et dans un espace de tems convenable elles seront imprimées, publiées, certifiées sous le grand sceau, et envoyées aux différentes Cours de Comté, comme il en a été usé jusqu'à présent dans cet État.

(1) Cette clause en faveur de la côte de l'Est, paroît extraordinaire. Elle provient vraisemblablement de ce que les habitans de cette côte, resserrée entre la grande mer et la baye de Chesapeak, et ne pouvant par conséquent étendre ses établissemens, ni accroître sa population, ont craint que la côte de l'Ouest s'étendant et s'augmentant tous les jours, ne prît une trop grande influence dans le Gouvernement, qu'il ne s'y fit peut-être par la suite quelque changement à leur désavantage; et ils ont obtenu cette clause pour l'empêcher.

LXI. La présente forme du Gouvernement a été consentie et passée dans la Convention des Délégués des hommes libres du Maryland, commencée et tenue en la Cité d'Annapolis, le quatorzième jour d'Août de l'an de Notre Seigneur mil sept cent soixante-seize.

Par ordre de la Convention.

Signé MATHIEU TILGHMAN, Président.

CONSTITUTIONS

DES

TREIZE ÉTATS-UNIS

DE L'AMÉRIQUE.

NOUVELLE EDITION.

SECONDE PARTIE.

A PARIS.

1792.

X.

VIRGINIE.

VIRGINIE.

EN Convention générale, *cent douze Membres y présens*.

A Williamsburgh, 15 Mai 1776.

CONSIDÉRANT que tous les efforts des Colonies unies, toutes les représentations décentes, et toutes les demandes respectueuses qu'elles ont faites au Roi et au Parlement de la Grande-Bretagne, pour le rétablissement de la paix et de la sécurité de l'Amérique, sous le Gouvernement Britannique, et pour la réunion de ce Peuple avec la Mère-Patrie à des conditions raisonnables et justes, n'ont produit de la part d'une Administration impérieuse et vindicative, au lieu de la réparation des torts déjà faits et soufferts, qu'un accroissement d'insultes, d'oppression, d'entreprises, puissamment soutenues pour effectuer notre entière destruction; que par un dernier acte, ces Colonies ont été déclarées rébelles et hors

A 3

de la protection de la Couronne Britannique; nos propriétés déclarées sujettes à confiscation, nos Concitoyens, lorsqu'on a pu les réduire en captivité, forcés de concourir au meurtre et au pillage de leurs parens et de leurs compatriotes; que toutes les rapines et vexations exercées par le passé sur les Américains, ont été déclarées justes et légales; que des flottes ont été équipées, des armées levées, et des troupes étrangères soudoyées pour aider à ces projets destructifs; que le Représentant du Roi dans cette Colonie a non-seulement ôté tout pouvoir à notre Gouvernement de travailler pour notre sûreté, mais que s'étant retiré à bord d'un vaisseau armé, il nous a fait une guerre de pirate et de sauvage, tentant par tous les artifices possibles d'engager nos esclaves à se retirer vers lui, les excitant et les armant contre leurs Maîtres.

Dans cet état de péril extrême, il ne nous reste d'alternative qu'une soumission abjecte aux volontés de ces tyrans, qui joignent l'insulte à l'oppression, ou une séparation totale de la Couronne et du Gouvernement de la Grande-Bretagne, en unissant et employant les forces de toute l'Amérique pour sa propre défense, et en contractant des alliances avec des Puissances étrangères pour notre commerce, et pour être secourus dans notre guerre.

Prenant en conséquence le Scrutateur des cœurs à témoin de la sincérité des déclarations ci-devant faites, qui expriment notre desir de conserver la liaison avec cette Nation; et protestant que nous n'avons été arrachés à cette inclination que par ses mauvais desseins, et par les loix éternelles qui obligent de pourvoir à sa propre conservation.

Il a été unanimement résolu: que les Délégués nommés pour représenter cette Colonie dans le Congrès Général, recevroient pour instructions de proposer à ce Corps respectable, de déclarer les Colonies unies, États absolument libres et indépendans de toute obéissance et de toute soumission à la Couronne ou au Parlement de la Grande-Bretagne; et de donner le consentement de cette Colonie aux déclarations et aux mesures quelconques, qui seront jugées par le Congrès Général convenables et nécessaires pour contracter des alliances étrangères, et former une Confédération des Colonies, dans le tems et de la manière qui lui paroîtront les meilleures,

A 4

pourvu que le pouvoir de faire un Gouvernement et de régler l'administration intérieure dans chaque Colonie, soit laissé à l'autorité Législatrice de chacune d'elles respectivement.

Il est aussi unanimement résolu, qu'il sera nommé un Comité pour préparer une Déclaration de droits, et le plan de Gouvernement qui paroîtra le plus propre à maintenir la paix et le bon ordre dans cette Colonie, et à assurer au Peuple une liberté solide et juste.

Signé, EDMUND PENDLETON, Président.

JOHN PENDLETON, Greffier de la Convention.

CONSTITUTION

DE VIRGINIE.

Déclaration des droits qui doivent nous appartenir, à nous et à notre postérité, et qui doivent être regardés comme le fondement et la base du Gouvernement.

Fait par les Représentans du bon Peuple de Virginie, assemblés en pleine et libre Convention.

A Williamsburgh, premier Juin 1776.

ART. I. Tous les hommes sont nés également libres et indépendans : ils ont des droits certains, essentiels et naturels, dont ils ne peuvent, par aucun contrat, priver ni dépouiller leur postérité : tels sont le droit de jouir de la vie et de la liberté, avec les moyens d'acquérir et de posséder des propriétés, de chercher et d'obtenir le bonheur et la sûreté.

II. Toute autorité appartient au Peuple, et par conséquent émane de lui : les Magistrats sont ses Mandataires, ses serviteurs, et lui sont comptables dans tous les tems.

III. Le Gouvernement est, ou doit être institué pour l'avantage commun, pour la protection et la sûreté du Peuple, de la Nation ou de la Communauté. De toutes les diverses méthodes ou formes de Gouvernement, la meilleure est celle qui peut procurer au plus haut degré le bonheur et la sûreté, et qui est le plus réellement assurée contre le danger d'une mauvaise administration. Toutes les fois donc qu'un Gouvernement se trouvera insuffisant pour remplir ce but, ou qu'il lui sera contraire, la majorité de la Communauté a le droit indubitable, inaliénable et imprescriptible, de le réformer, de le changer ou de l'abolir, de la manière qu'elle jugera la plus propre à procurer l'avantange public.

IV. Aucun homme, ni aucun collège ou association d'hommes ne peuvent avoir d'autres titres pour obtenir des avantages ou des privilèges particuliers, exclusifs et distincts de ceux de la Communauté, que la considération de services rendus au Public ; et ce

titre n'étant ni transmissible aux descendans,
ni héréditaire, l'idée d'un homme né Magistrat, Législateur ou Juge, est absurde et
contre nature.

V. La Puissance législatrice, et la Puissance exécutrice de l'État doivent être distinctes et séparées de l'autorité judiciaire: et
afin que, devant supporter eux-mêmes les
charges du Peuple et y participer, tout desir
d'oppression puisse être réprimé dans les Membres des deux premières, ils doivent être, à
des tems marqués, réduits à l'état privé, rentrer dans le Corps de la Communauté d'où
ils ont été tirés originairement; et les places
vacantes doivent être remplies par des élections fréquentes, certaines et régulières.

VI. Les élections des Membres qui doivent
représenter le Peuple dans l'assemblée, doivent être libres; et tout homme donnant preuve
suffisante d'un intérêt permanent et de l'attachement qui en est la suite, pour l'avantage
général de la Communauté, y a droit de suffrages.

VII. Aucune partie de la propriété d'un
homme ne peut lui être enlevée, ni appliquée aux usages publics, sans son propre consentement, ou celui de ses Représentans légi-

times; et le Peuple n'est lié que par les Loix qu'il a consenties de cette manière pour l'avantage commun.

VIII. Tout pouvoir de suspendre les Loix ou d'arrêter leur exécution, en vertu de quelque autorité que ce soit, sans le consentement des Représentans du Peuple, est une atteinte à leurs droits, et ne doit point avoir lieu.

IX. Toutes Loix ayant un effet rétroactif, et faites pour punir des délits commis avant qu'elles existassent, sont oppressives, et il faut se garder d'en établir de semblables.

X. Dans tous les procès pour crimes capitaux ou autres, tout homme a le droit de demander la cause et la nature de l'accusation qui lui est intentée, d'être confronté à ses accusateurs et aux témoins, de produire et requérir la production de témoins et de tout ce qui est à sa décharge, d'exiger une procédure prompte par un Juré impartial de son voisinage, sans le consentement unanime duquel il ne puisse pas être déclaré coupable. Il ne peut être forcé à produire des preuves contre lui-même; et aucun homme ne peut être privé de sa liberté, que par un Jugement de ses Pairs en vertu de la Loi du Pays.

XI. Il ne doit point être exigé de cautionnemens excessifs, ni imposé de trop fortes amendes, ni infligé de peines cruelles ou inusitées.

XII. Tous *Warrants* sont vexatoires et oppressifs, s'ils sont décernés sans preuves suffisantes, et si l'ordre ou la réquisition qu'ils portent à aucun Officier ou Messager d'État, de faire des recherches dans des lieux suspects, d'arrêter une ou plusieurs personnes, ou de saisir leurs biens, ne contiennent pas une désignation et une description spéciales des lieux, des personnes ou des choses qui en sont l'objet; et jamais il ne doit en être accordé de semblables.

XIII. Dans les procès qui intéressent la propriété, et dans les affaires personnelles, l'ancienne procédure par Jurés est préférable à toute autre, et doit être regardée comme sacrée.

XIV. La liberté de la presse est un des plus forts boulevards de la liberté de l'État, et ne peut être restreinte que dans les Gouvernemens despotiques.

XV. Une milice bien réglée, tirée du Corps du Peuple, et accoutumée aux armes, est la défense propre, naturelle et sûre d'un État libre; les armées toujours sur pied en tems

de paix, doivent être évitées, comme dangereuses pour la liberté: et dans tous les cas
le Militaire doit être tenu dans une subordination exacte à l'autorité civile, et toujours
gouverné par elle.

XVI. Le Peuple a droit à un Gouvernement
uniforme; ainsi il ne doit être légitimement
élevé, ni établi aucun Gouvernement séparé,
ni indépendant de celui de la Virginie dans
les limites de cet État.

XVII. Un Peuple ne peut conserver un
Gouvernement libre, et le bonheur de la
liberté, que par une adhésion ferme et constante aux régles de la justice, de la modération, de la tempérance, de l'économie et
de la vertu, et par un recours fréquent à ses
principes fondamentaux.

XVIII. La Religion ou le Culte qui est dû
au Créateur, et la manière de s'en acquitter,
doivent être uniquement dirigés par la raison
et par la conviction, et jamais par la force
ni par la violence: d'où il suit que tout homme
doit jouir de la plus entière liberté de conscience, et de la liberté la plus entière aussi
dans la forme de culte que sa conscience lui
dicte; et qu'il ne doit être ni gêné, ni puni

par le Magistrat, à moins que sous prétexte
de Religion il ne troublât la paix, le bonheur,
ou la sûreté de la Société. C'est un devoir
réciproque de tous les Citoyens de pratiquer
la tolérance chrétienne, l'amour et la charité
les uns envers les autres.

EN CONVENTION GÉNÉRALE, dans ses Séances commencées et tenues au Capitole dans la Ville de Williamsburgh, le lundi 6 Mai 1776, et continuées par ajournemens jusqu'au 5 Juillet suivant.

CONSTITUTION ou forme de Gouvernement, convenue et arrêtée par les Délégués et Représentans des différens Comtés et Corporations de Virginie.

PRÉAMBULE.

CONSIDÉRANT que Georges III, Roi de la Grande-Bretagne, revêtu jusqu'à présent de l'exercice souverain de l'Office Royal de ce Gouvernement, a fait tous ses efforts pour le pervertir en une détestable et insupportable tyrannie :

En s'opposant, par son droit négatif, aux loix

loix les plus salutaires et les plus nécessaires pour le bien public :

En refusant sa permission Royale pour la confection des Loix d'une importance urgente et immédiate, à moins que l'on n'y insérât une clause expresse pour suspendre leur exécution, jusqu'à ce que son consentement Royal fût obtenu ; et lorsqu'elles étoient ainsi suspendues, négligeant pendant plusieurs années d'y faire attention :

En refusant à certaines Loix son consentement, à moins que les personnes à qui ces Loix devoient être avantageuses, n'abandonnassent le droit inestimable de représentation dans la Législature :

En dissolvant fréquemment et continuellement le Corps Législatif, parce qu'il s'opposoit avec une fermeté courageuse à ses entreprises sur les droits du Peuple :

En refusant, après avoir dissous le Corps Législatif, d'en convoquer d'autres pendant un long tems, et laissant par-là le Corps Politique sans Législation et, sans Chef :

En s'efforçant d'arrêter l'accroissement de la population dans notre pays, et en mettant dans cette vue des obstacles aux Loix pour la naturalisation des Etrangers :

B

En entretenant chez nous, en tems de paix, des armées sur pied et des vaisseaux de guerre :

En affectant de rendre le militaire indépendant de l'autorité civile et même supérieur à elle :

En s'unissant avec d'autres pour nous soumettre à une Jurisdiction étrangère, et donnant son consentement à leurs prétendus actes de Législation :

Pour mettre en quartier au milieu de nous de gros corps de troupes armées :

Pour interrompre notre commerce avec toutes les parties du monde :

Pour imposer sur nous des taxes sans notre consentement :

Pour nous priver du bénéfice de la procédure par Jurés :

Pour nous transporter au-delà des mers, et nous y faire juger sur de prétendus délits :

Pour suspendre l'autorité de nos propres Législatures, et se déclarer eux-mêmes revêtus du pouvoir de nous donner des Loix dans tous les cas indéfiniment :

En exerçant le pillage sur nos mers, en ravageant nos côtes, brûlant nos Villes et massacrant notre Peuple :

En excitant la révolte de nos Concitoyens par l'appât des amendes et des confiscations :

En invitant nos Nègres à s'élever en armes contre nous, et les y excitant ; ces mêmes Nègres, dont par un usage inhumain de son droit négatif, il nous a empêché de prohiber par une loi, l'introduction parmi nous :

En s'efforçant d'attirer sur les habitans de nos frontières les impitoyables Indiens sauvages, dont la manière connue de faire la guerre est de tout massacrer sans distinction d'âge, de sexe, ni d'état :

En transportant dans ce moment même une nombreuse armée d'Etrangers mercenaires, pour achever l'ouvrage de mort, de destruction et de tyrannie déjà commencé, avec des circonstances de cruauté et de perfidie, indignes du Roi d'une Nation civilisée :

En répondant à nos demandes répétées pour le redressement de nos griefs, par des insultes répétées :

Enfin, en cessant de remplir à notre égard les devoirs et les fonctions du Gouvernement, en nous rejettant pour ses sujets, et nous déclarant hors de sa protection Royale.

Par lesquels différens actes d'*autorité mal-*

faisante, le Gouvernemeht de ce pays, tel qu'il étoit exercé par le passé sous les Rois de la Grande-Bretagne, est entièrement dissous.

En conséquence, Nous, les Délégués et Représentans du bon Peuple de Virginie, ayant mûrement réfléchi sur ce que dessus, voyant avec une vive douleur à quelle condition déplorable ce pays, autrefois heureux, seroit nécessairement réduit, si une forme régulière et convenable de police civile, n'étoit promptement concertée et adoptée, et desirant nous conformer à la recommandation qui en a été faite par le Congrès général, nous ordonnons et déclarons que la forme de Gouvernement de Virginie sera pour l'avenir telle qu'il s'en suit.

FORME DE GOUVERNEMENT.

ART. I. LES Puissances législatrice, exécutrice et judiciaire, formeront des départemens distincts et séparés, de manière que l'un des trois n'exerce jamais l'autorité qui devra proprement appartenir à l'autre ; et la même personne n'exercera jamais d'emploi dans plus d'un de ces Départemens à la fois ; si ce n'est que les Juges des Cours de Comté pourront être élus pour l'une ou l'autre des Chambres de l'Assemblée.

II. Le département de Législation sera formé de deux Corps distincts , qui composeront entr'eux deux la Legislature complette. Ils s'assembleront une ou plusieurs fois chaque année, et s'appelleront *l'Assemblée générale de Virginie.*

III. L'un de ces Corps se nommera *la Chambre des Délégués*, et sera composé de deux Représentans choisis annuellement pour chaque Comté, et pour le district de West-Augusta, parmi les habitans respectifs y résidans actuellement, et y étant Francs - Tenanciers, ou ayant les qualités requises par la Loi ; il en-

B 3

trera aussi dans cette Chambre un Représentant annuellement choisi pour la ville de Williamsburgh, un autre pour le Bourg de Norfolk, et un pour chacune des Villes ou Bourgs à qui l'autorité législatrice accordera par la suite ce droit de représentation particulière; mais lorsque la population de quelque Ville ou Bourg sera diminuée, au point que, pendant sept années successives, le nombre des Habitans y ayant droit de suffrage, soit moindre que la moitié du nombre des Votans dans quelqu'un des Comtés de la Virginie, cette Ville ou ce Bourg cessera d'envoyer à l'Assemblée un Délégué ou Représentant.

IV, L'autre Corps, partie de la Législature, s'appellera *le Sénat*, et sera composé de vingt-quatre Membres, dont treize présens seront un *Quorum*. Pour l'élection de ce Sénat, la totalité des différens Comtés sera partagée en vingt-quatre districts; et chaque Comté du district respectif, dans le même tems qu'il élira ses Délégués, élira aussi un Sénateur qui soit un Habitant actuellement résidant et Franc-Tenancier dans le district, ou ayant les qualités requises par la Loi, et qui ait plus de vingt-cinq ans. Les Shériffs de chaque

Comté, dans l'espace de cinq jours au plus, après l'élection du dernier des Comtés du district, s'assembleront au lieu le plus commode; et d'après l'examen des scrutins ainsi pris dans leurs Comtés respectifs, ils déclareront Sénateur le Sujet qui aura eu la pluralité des voix dans la totalité du district. Pour que la composition de cette Assemblée change à tour de rôle, les districts seront divisés en quatre classes égales qui seront numérotées par le sort. A la fin de la première année, après l'élection générale, les six Membres élus par la première classe sortiront de place, et la vacance que cette sortie occasionnera, sera remplacée de la manière susdite par une nouvelle élection de la même classe ou division. Le tour passera d'une classe à l'autre suivant le numéro de chacune, et cette rotation continuera chaque année dans l'ordre ci - dessus prescrit.

V. Le droit de suffrage aux élections des Membres des deux Chambres, demeurera tel qu'il est actuellement exercé; et chaque Chambre choisira son Orateur, nommera ses Officiers, établira ses règles de procédures, et enverra les lettres indicatives d'élection pour remplacer les vacances intermédiaires.

VI. Toutes les Loix seront d'abord proposées dans la Chambre des Délégués, et seront ensuite portées au Sénat pour y être approuvées ou rejettées, ou pour y éprouver des changemens avec le consentement de la Chambre des Délégués ; à l'exception seulement des Bills de levée d'argent qui ne pourront point être changés par le Sénat, mais qui devront y être approuvés ou rejettés purement et simplement.

VII. Il sera élu annuellement un Gouverneur ou premier Magistrat par le scrutin réuni des deux Chambres : ce scrutin se prendra dans chaque Chambre respectivement ; il sera déposé dans la salle de conférence, où les boîtes seront examinées conjointement par un Comité de chaque Chambre ; et il sera fait à chacune séparément rapport du nombre des voix, afin que la nomination puisse y être enregistrée. Telle sera la manière constante de prendre dans tous les cas le scrutin réuni des deux Chambres. Le Gouverneur ne pourra pas conserver sa charge plus de trois années consécutives ; et il ne pourra être réélu qu'après avoir été hors de place pendant quatre ans. Il lui sera assigné pendant son exercice des appointemens suffisans, mais modiques. il exercera, de l'avis du Conseil d'État, la puissance exécutrice du Gouvernement, conformément aux Loix de cette République; et il n'exercera sous aucun prétexte, aucune autorité, ni ne s'arrogera aucune prérogative en vertu d'aucunes Loix, Statuts ou Coutumes d'Angleterre; mais il aura le pouvoir d'accorder répit ou grace, de l'avis du Conseil d'État, excepté dans le cas où la poursuite du crime aura été faite au nom de la Chambre des Délégués, ou dans ceux sur lesquels la Loi, par quelque disposition particulière en aura ordonné autrement: dans tous ces cas, il ne pourra être accordé répit ou grace que par une résolution de la Chambre des Délégués.

VIII. L'une et l'autre Chambre de l'Assemblée générale, pourront s'ajourner respectivement elles-mêmes; le Gouverneur ne pourra ni proroger, ni ajourner l'Assembléé durant la Session, ni la dissoudre dans aucun tems; mais il devra, s'il est nécessaire, et de l'avis du Conseil d'État, ou sur la demande du plus grand nombre des Membres de la Chambre des Délégués, la convoquer pour un terme plus prochain que celui auquel elle se seroit prorogée ou ajournée.

IX. Il sera choisi par le scrutin réuni des

deux Chambres de l'Assemblée, un *Conseil Privé* ou *Conseil d'État*, composé de huit personnes prises parmi les Membres mêmes de l'Assemblée ou tirées de l'universalité du Peuple, à l'effet *d'assister le Gouverneur dans l'administration du Gouvernement.* Ce Conseil se choisira parmi ses Membres un Président, qui, en cas de mort, d'incapacité ou d'absence nécessaire du Gouverneur, fera les fonctions de Lieutenant du Gouverneur. La présence de quatre des Membres de ce Conseil suffira pour lui donner l'activité ; leurs avis et résolutions seront écrits sur un registre et signés par les Membres présens, pour être ce registre présenté à l'Assemblée générale lorsqu'elle le demandera : chaque Membre du Conseil pourra y insérer son avis contraire à la résolution qui aura passé à la pluralité. Ce Conseil nommera son Greffier qui aura des appointemens fixés par la Loi, et qui prêtera serment de garder le secret sur les matières que le Conseil lui prescrira de tenir cachées. Il sera destiné une somme d'argent qui sera partagée chaque année entre les Membres du Conseil, à raison de leur assiduité : tant qu'ils resteront Membres de ce Conseil, ils ne pourront siéger dans l'une ni l'autre des Chambres de l'Assemblée.

A la fin de chaque année, deux Membres de ce Conseil en seront retranchés par le scrutin réuni des deux Chambres de l'Assemblée, et ne pourront pas être réélus pendant les trois années suivantes. Ces vacances, ainsi que celles occasionnées par mort ou par incapacité, seront remplies par une élection nouvelle dans la même forme.

X. Les Délégués pour la Virginie au Congrès Continental, seront choisis annuellement, ou destitués et remplacés dans l'intervalle par le scrutin réuni des deux Chambres de l'Assemblée,

XI. Les Officiers actuels de la Milice, seront continués, et les emplois vacans seront remplis par la nomination du Gouverneur, de l'avis du Conseil privé, sur la recommandation des Cours des Comtés respectifs; mais le Gouverneur et le Conseil auront le pouvoir d'interdire tout Officier, d'ordonner l'Assemblée de Cours martiales, sur les plaintes de mauvaises conduite ou d'incapacité, et de pourvoir au remplacement des emplois vacans dans le cas du service actuel. Le Gouverneur pourra assembler la Milice de l'avis du Conseil privé; et lorsqu'elle sera assemblée; il en aura seul le commandement en se conformant aux Loix du Pays.

XII. Les deux Chambres de l'Assemblée nommeront, par leurs scrutins réunis, les Juges de la Cour suprême des appels et de la Cour générale, les Juges en Chancellerie, ceux de l'Amirauté, le Secrétaire et le Procureur général, tous lesquels Officiers recevront leurs commissions du Gouverneur, et conserveront leurs Offices tant qu'ils se conduiront bien. En cas de mort, d'incapacité ou de démission, le Gouverneur, de l'avis du Conseil privé, nommera, pour remplir les offices vacans, des Sujets qui seront ensuite approuvés ou déplacés par les deux Chambres. Ces Officiers auront des appointemens fixes et suffisans ; et ils seront tous, ainsi que tous ceux qui occuperont des emplois lucratifs, et tous les Ministres de l'Evangile, de quelque Communion que ce soit, incapables d'être élus Membres de l'une ou de l'autre des Chambres de l'Assemblée ou du Conseil privé.

XIII. Le Gouverneur, de l'avis du Conseil privé, nommera des Juges de Paix pour les Comtés ; et dans les cas de vacances, ou de nécessité d'augmenter par la suite le nombre de ces Officiers, ces nominations se feront sur la

recommandation des Cours des Comtés res-
respectifs. Le Secrétaire de Virginie actuellement en place, et les Greffiers de toutes
les Cours des Comtés seront conservés. En
cas de vacances, soit par mort, incapacité ou
démission, il sera nommé un Secrétaire,
comme il est prescrit ci-dessus, et les Greffiers
seront nommés par les Cours respectives. Les
Greffiers présens et à venir conserveront
leurs places tant qu'ils se conduiront bien, ce
qui sera jugé et déterminé dans la Cour générale. Les Shériffs et Coroners seront nommés
par les Cours respectives, approuvés par le
Gouverneur de l'avis du Conseil privé, et recevront leurs commissions du Gouverneur.
Les Juges de Paix nommeront des Connétables;
et tous les droits des Officiers susdits seront
taxés par la Loi.

XIV. Le Gouverneur, quand il sera hors de
place, et toutes autres personnes ayant commis des délits contre l'État par malversation,
corruption ou autres manœuvres capables de
mettre en danger la sûreté de l'État, pourront
être accusés en crime d'État par la Chambre
des Délégués. Ces accusations seront poursuivies dans la Cour générale, conformément
aux Loix du pays, par le Procureur général,

ou par telles autres personnes que la Chambre pourra commettre à cet effet: dans les cas où ils seront trouvés coupables, les accusés, Gouverneur ou autres, seront déclarés incapables de posséder jamais aucun office sous l'autorité du Gouvernement, ou destitués de leurs offices pour un certain tems, ou condamnés aux peines pécuniaires ou autres portées par la Loi.

XV. Si tous, ou quelqu'un des Juges de la Cour générale, étoient, sur des présomptions fondées, dont la Chambre des Délégués devra juger la validité, prévenus de quelques-uns des délits ou crimes mentionnés ci-dessus, la Chambre des Délégués pourra accuser de la même manière le Juge ou les Juges ainsi prévenus, et poursuivre l'affaire devant la Cour des appels; et celui ou ceux qui seront déclarés coupables, seront punis de la manière prescrite dans l'article précédent.

XVI. Toutes les commissions et concessions commenceront par ces mots, *au nom de la République de Virginie :* elles seront signées en certification par le Gouverneur, et le Sceau de la République y sera apposé. Tous les actes Publics porteront le même intitulé, et seront signés par les Greffiers des différente

Cours. Enfin toutes les plaintes seront terminées par la formule : *contre la paix et la dignité de la République.*

XVII. Il sera nommé chaque année un Trésorier par le scrutin réuni des deux Chambres de l'Assemblée.

XVIII. Toutes les échûtes, amendes ou confiscations qui étoient ci-devant au profit du Roi, seront au profit de la République, à l'exception de celles que la Législature pourra abolir, ou sur lesquelles elle pourra autrement statuer.

XIX. Les territoires concédés par les Chartes d'érection des Colonies du Maryland, de la Pensylvanie, et des Carolines Septentrionale et Méridionale, sont par la présente Constitution, cédés, délaissés et confirmés pour toujours aux Peuples de ces différentes Colonies respectivement, avec tous les droits de propriété, jurisdiction et Gouvernement, et tous les autres droits quelconques qui ont pu être dans aucun tems jusqu'à présent réclamés par la Virginie; laquelle cependant se réserve la libre navigation, et l'usage des rivières Potomaque et Pokomoke, ainsi que la propriété des côtes ou bords de ces rivières du côté de la Virginie, et de toutes les améliorations qui ont été ou qui pourront être faites sur ces côtes ou bords. L'étendue de la Virginie au Nord et à l'Ouest, demeurera à tous les autres égards, telle qu'elle a été fixée par la Charte du Roi Jacques Premier, en 1609, et par le traité de paix entre les Cours de la Grande-Bretagne et de France, publié en 1763: à moins que par un acte de la Législature de cet État, il ne soit concédé un ou plusieurs territoires, et établi des Gouvernemens à l'Ouest des Monts Allegheny. Et il ne sera acheté aucunes terres des Nations Indiennes que pour l'usage et l'avantage publics, et par l'autorité de l'Assemblée générale.

XX. Pour mettre en activité la présente forme de Gouvernement, les Représentans du Peuple assemblés en Convention générale, choisiront un Gouverneur et un Conseil privé, et aussi ceux des autres Officiers dont l'élection doit par la suite appartenir aux deux Chambres, mais qu'il paroîtra nécessaire de nommer sur-le-champ. Le Sénat, que le Peuple aura élu pour la première fois, restera en charge jusqu'au dernier jour de mars prochain, et les autres Officiers, jusqu'à la fin de

de la Session suivante de l'Assemblée générale.
En cas de vacances, l'Orateur de l'une ou de
l'autre Chambres, enverra les lettres pour indiquer les nouvelles élections.

Signé EDMUND PENDLETON, Président.

J. TAZEWELL, Greffier de la Convention.

C

X I.

CAROLINE

SEPTENTRIONALE.

C 2

CAROLINE

SEPTENTRIONALE.

CONSTITUTION ou forme de Gouvernement, arrêtée et statuée par les Représentans des Hommes libres de l'Etat de la
Caroline Septentrionale, élus et choisis à
cet effet, assemblés en Congrès à Halifax,
le dix-huit Décembre mil sept cent soixante-seize.

Déclaration des Droits, etc.

ART. I. TOUTE autorité politique réside uniquement dans le Peuple, et tout pouvoir
politique émane uniquement de lui.

II. Le Peuple de cet État doit avoir seul,
et exclusivement le droit de régler son Gouvernement intérieur, et sa Police.

C 3

III. Aucun homme, ni aucune collection d'hommes ne peuvent avoir droit à des émolumens ou à des privilèges distincts ou exclusifs, qu'en considération de services rendus au Public.

IV. Les autorités législatrice, exécutrice, et judiciaire suprême, doivent être toujours distinctes et séparées l'une de l'autre.

V. Tous pouvoirs de suspendre les loix, ou de surseoir à leur exécution, en vertu d'une autorité quelconque, sans le consentement des représentans du Peuple, sont injurieux et nuisibles à ses droits; et il ne doit jamais être exercé de pareils pouvoirs.

VI. Les élections des Membres pour représenter le Peuple dans l'Assemblée générale, doivent être libres.

VII. Dans les procès criminels, tout homme a droit d'être informé de l'accusation intentée contre lui, de se faire confronter les accusateurs et les témoins, et de se faire communiquer les autres preuves, et personne ne doit être forcé à fournir des preuves contre lui-même.

VIII. Aucun homme libre ne doit être obligé de répondre sur une accusation criminelle, qu'en vertu d'une plainte devant les Tribunaux ordinaires, *d'une décision du Grand Juré* (1), ou d'une accusation en crime d'Etat.

IX. Aucun homme libre ne doit être déclaré coupable, ni convaincu d'un crime quelconque, que par le *Verdict* (2) unanime d'un Juré composé d'hommes honnêtes, et ayant les qualités requises par la loi ; et la Cour doit se tenir en Public, comme cela s'est toujours pratiqué jusqu'à présent.

---

(1) Lorsque *la Plainte* ou *Bill d'indictment* a été remise au Grand Juré, composé de quinze personnes, ces Jurés l'examinent et répondent par *ignoramus*, s'ils trouvent l'accusation sans fondement, et par *Billa Vera*, s'ils la trouvent fondée ; mais il faut pour cette dernière prononciation, douze des voix du Grand Juré : dans ce cas, la plainte est reçue, et le Petit Juré procède aux informations. Voyez *la note* (14) *de la Constitution de Massachusetts*. C'est la prononciation de *Billa Vera*, que l'on appelle dans la Jurisprudence Anglaise, *Presentment :* elle a le même effet que le *Réglement à l'Extraordinaire* dans la Procédure criminelle de France ; on la rendra en français par *Décision du Grand Juré*.

(2) *Verdict* est le nom que l'on donne à la prononciation du Petit Juré, soit dans les affaires civiles, soit dans les affaires criminelles. Voyez *les notes* (4) *et* (14) *de la Constitution de Massachusetts*.

X. Il ne doit point être exigé de cautions excessives, ni imposé d'amendes exorbitantes, ni infligé de punitions cruelles ou inusitées.

XI. Tous *Généraux warrants* par lesquels il peut être ordonné à un Officier ou à un Messager d'État, de faire des recherches dans des lieux suspects, sans preuves du délit commis, ou d'arrêter une ou plusieurs personnes qui ne seroient pas nommées, et dont les délits ne seroient pas spécialement désignés et appuyés de preuves, sont dangereux pour la liberté, et il ne doit pas en être décerné de ce genre,

XII. Aucun homme libre ne doit être arrêté, emprisonné, ni dépouillé de sa franche tenue, de ses immunités ou privilèges, ni mis hors de la protection de la loi, ni exilé, ni privé en aucune manière, de sa vie, de sa liberté, ou de sa propriété, qu'en vertu de la loi du pays.

XIII. Tout homme libre qui éprouve un obstacle à l'exercice de sa liberté, a droit d'obtenir une réparation, de s'informer de la légitimité de l'obstacle qu'il éprouve, de l'écarter s'il est illégitime, et une pareille réparation ne doit etre ni différée ni refusée.

XIV. Dans toutes les discussions en justice qui intéressent la propriété, la manière ancienne de procéder par Jurés, est une des meilleures sauve-gardes des droits du Peuple, et elle doit demeurer inviolable et sacrée.

XV. La liberté de la presse étant un des grands boulevarts de la liberté politique, ne doit jamais être gênée.

XVI. Le Peuple de cet État, ne doit jamais être taxé ni soumis à payer aucuns impots ou droits sans son consentement, ou celui de ses représentans, donné librement dans l'Assemblée générale.

XVII. Le Peuple a droit de porter les armes pour la défense de l'État; et, comme des armées constamment sur pied en tems de paix sont dangereuses pour la liberté, on ne devra pas en entretenir : le Militaire doit toujours être maintenu dans une subordination exacte sous l'autorité civile, et toujours gouverné par elle.

XVIII. Le Peuple a droit de s'assembler pour consulter sur ce qui intéresse le bien commun, pour instruire ses Représentans, pour s'adresser à la Législature, et lui demander le redressement et la réparation des torts et des maux qui peuvent lui être faits.

XIX. Tous les hommes ont le droit naturel et inaliénable de rendre au Dieu tout-puissant,

un culte conforme à ce que leur dicte leur conscience.

XX. Les élections doivent êtres fréquentes,
pour réparer les maux qui peuvent se faire, et
pour corriger et fortifier les loix.

XXI. Il est nécessaire de recourir fréquemment aux principes fondamentaux , pour conserver les avantages inappréciables de la
liberté.

XXII. Il ne doit être accordé ni conféré dans
cet Etat aucuns émolumens , privilèges, ou
honneurs héréditaires.

XXIII. Les substitutions perpétuelles et les
privilèges exclusifs sont contraires au génie
d'un état libre , et l'on ne doit pas en accorder,

XXIV. Les loix avec effet rétroactif, pour
punir des délits commis avant qu'elles existassent , et qui ne sont déclarés criminels que
par elles , sont vexatoires, injustes et incompatibles avec la liberté , et en conséquence
il ne doit point être fait de loix *post facto*.

XXV. La propriété du terrein dans un Gouvernement libre , étant un des droits essentiels du Corps collectif du Peuple, il est nécessaire , pour éviter des discussions à l'avenir , que les limites de l'État soient fixées.

avec précision. Et comme la première ligne
frontière provisoire entre les Carolines Septentrionale et Méridionale, a été confirmée,
et prolongée par les Commissaires que les Législateurs des deux États avoient nommés,
conformément à l'ordre du feu Roi George II
en Conseil; cette ligne et celle-là seulement,
sera réputée la frontière méridionale de cet
État, c'est-à-dire, à commencer du côté de
la mer, à un poteau de cèdre, qui est à l'embouchure ou auprès de l'embouchure de la
petite rivière, (qui forme l'extrémité méridionale du Comté de Brunswick), tirant de-là
vers le Nord, passant par la maison de limites, située au trente-troisième degré cin-
quante-six minutes, continuant jusqu'au trente-
cinquième degré de latitude septentrionale, et
prenant ensuite à l'ouest, dans toute la lon-
gueur mentionnée dans la Charte du Roi
Charles II, aux ci-devant Propriétaires de la
Caroline. En conséquence, tout le territoire,
les mers, eaux et hâvres avec leurs appartenances et dépendances, situés entre la ligne
désignée ci-dessus, et la frontière méridionale
de l'État de Virginie, qui commence sur le
bord de la mer, à trente-six degrés trente
minutes de latitude septentrionale, et court

de-là vers l'ouest, conformément à la susdite Charte du Roi Charles, sont la propriété légitime du Peuple de cet État, pour être tenue par lui en souveraineté ; nonobstant toutes lignes de partage partiel qui pourroient être ordonnées ou fixées par la suite de quelque manière que ce soit, sans le consentement de la Législature de cet État.

Pourvu toujours que la présente Déclaration de droits ne puisse préjudicier à aucunes Nations ou Nation d'Indiens, en les empêchant de jouir de ceux des terreins de chasse qui peuvent leur avoir été assurés pour l'avenir par la Législature de cet État.

Pourvu aussi qu'elle ne soit pas interprétée de manière à empêcher l'établissement d'un ou plusieurs Gouvernemens à l'Ouest de cet Etat, lorsque la Législature y aura consenti.

Et pourvu enfin, que rien de ce qui y est contenu ne puisse affecter les titres ou les possessions des individus, possédant ou réclamant d'après des loix qui auront été jusqu'à présent en vigueur, ou des concessions faites jusqu'à présent, soit par le ci-devant Roi George III ou par ses Prédécesseurs, soit par les ci-devant Seigneurs Propriétaires, soit par aucuns d'entr'eux.

CONSTITUTION

Ou Forme de Gouvernement.

ATTENDU que l'obéissance et la protection
sont réciproques de leur nature, et que l'on
a droit de refuser l'une, quand l'autre est
retirée ; attendu que George III, Roi de la
Grande-Bretagne, et ci-devant Souverain des
Colonies Britanniques Américaines, non-seulement leur a retiré sa protection, mais que,
par un acte de la Législature Britannique, il
a déclaré que les Habitans de ces États étoient
hors de la protection de la Couronne Britannique, et que toutes leurs propriétés trouvées
en mer seroient sujettes à être saisies et confisquées pour les usages mentionnés audit acte ;
attendu que ledit George III a aussi envoyé
des flottes et des armées pour leur faire une
guerre cruelle, afin de réduire les Habitans
des susdites Colonies dans un état de vil esclavage, en conséquence de quoi, tout Gouvernement sous l'autorité dudit Roi a cessé
dans ces Colonies, et que dans plusieurs
d'entr'elles il y a même eu dissolution entière
de tout Gouvernement ;

Et attendu que le Congrès Continental, ayant considéré les faits exposés ci-dessus, et d'autres violations antérieures des droits du bon Peuple de l'Amérique, a déclaré que les Treize Colonies unies sont de droit entièrement et absolument déliées de toute fidélité et de toute obéissance envers la Couronne Britannique, ou envers toute autre Jurisdiction étrangère quelconque, et que les susdites Colonies sont et doivent toujours être *Etats libres et indépendans* ; il devient nécessaire, dans la situation où nous nous trouvons actuellement, d'établir dans cet État un Gouvernement, pour éviter et prévenir l'anarchie et la confusion.

En conséquence, Nous Représentans des hommes libres de la Caroline Septentrionale, choisis et assemblés en Congrès, expressément à l'effet de former, sous l'autorité du Peuple, une Constitution la plus propre à lui procurer le bonheur et la prospérité, Nous déclarons qu'il sera établi pour cet État un Gouvernement, de la manière et dans la forme suivantes.

ART. Ier. L'autorité législatrice sera confiée à deux Corps distincts et séparés, tous les deux dépendans du Peuple, *un Sénat* et *une Chambre des Communes.*

II. Le Sénat sera composé de Représentans choisis annuellement au scrutin, un pour chaque Comté de l'État.

III. La Chambre des Communes sera composée de Représentans choisis annuellement au scrutin, deux pour chaque Comté, et un pour chacune des *Municipalités* (1) de Eden-town, Newbern, Wilmington, Salisbury, Hillsboroug, et Hallifax.

IV. Le Sénat et la Chambre des Communes réunis pour le fait de la législation, s'appelleront l'*Assemblée Générale.*

V. Tout Membre du Sénat doit avoir habituellement résidé pendant toute l'année qui précédéra immédiatement son élection, dans le Comté pour lequel il sera choisi, et il doit avoir possédé pendant le même tems, et continuer de posséder dans le Comté qu'il représente, au moins trois cens acres de terre en propre.

-----

(1) On a rendu ici le mot *Town* par *Municipalité*, au lieu de *Ville et Banlieue*, parce que ce seul mot renferme les deux idées, et que l'expression sera plus courte et plus précise.

VI. Tout Membre de la Chambre des Communes doit avoit habituellement résidé dans le Comté pour lequel il sera choisi, pendant toute l'année qui précédera immédiatement son élection ; et il doit avoir possédé pendant six mois, et continuer de posséder dans le Comté qu'il représentera, au moins cent acres de terre en propre, ou du moins pour sa vie.

VII. Tous les hommes libres, âgés de vingt-un ans, qui auront été Habitans d'un des Comtés de l'État pendant les douze mois immédiatement antérieurs au jour de l'élection, qui auront possédé dans le même Comté une franche tenue de cinquante acres de terre pendant les six mois précédens, et continueront de la posséder au jour de l'élection, auront droit de suffrage pour l'élection d'un Membre du Sénat.

VIII. Tous les hommes libres, âgés de vingt-un ans, qui auront été Habitans dans un des Comtés de cet État, pendant les douze mois immédiatement antérieurs au jour de l'élection, et qui auront payé les taxes publiques, auront droit de suffrage à l'élection des Membres de la Chambre des Communes pour le Comté dans lequel ils résident.

IX. Toutes personnes possédant une franche tenue

tenue dans quelqu'une des Municipalités de cet État, qui ont droit d'avoir un Représentant, et aussi tous les hommes libres qui auront habité dans cette Municipalité pendant les douze mois immédiatement antérieurs au jour de l'élection, qui y habiteront audit jour, et auront payé les taxes publiques, auront droit de suffrage à l'élection d'un Membre pour représenter la susdite Municipalité dans la Chambre des Communes. Mais on ne pourra rien inférer du présent article, pour donner à un Habitant de ladite Municipalité, le droit de suffrage à l'élection des Membres de la Chambre des Communes pour le Comté dans lequel il résidera, ni à aucun Franc-Tenancier dudit Comté, qui résidera au-dehors ou au de-là des limites de la Municipalité, le droit de suffrage à l'élection d'un Membre pour ladite Municipalité.

X. Le Sénat et la Chambre des Communes, lorsqu'ils seront assemblés, auront chacun respectivement le droit de se choisir un Orateur et leurs autres Officiers; ils seront Juges des qualités et de la validité des élections de leurs Membres; ils tiendront leurs séances sur leurs propres ajournemens du jour au lendemain, et ils prépareront les Bills qui devront passer

D

en Loix. Les deux Chambres expédieront des
Lettres d'élection pour pourvoir aux vacances
intermédiaires, et elles s'ajourneront, par le
scrutin réuni des deux, au jour et au lieu
qu'elles jugeront à propos.

XI. Tous les Bills seront lus trois fois dans
chaque Chambre avant d'être passés en Loix,
et seront signés par les Orateurs des deux
Chambres.

XII. Toute personne choisie pour être
Membre du Sénat ou de la Chambre des
Communes, ou nommée à quelque charge
ou emploi de confiance, prêtera un serment
à l'État avant de prendre sa séance ou d'entrer
en fonction, et tous les Officiers prêteront
aussi le serment particulier de leur office.

XIII. L'Assemblée générale nommera, par
le scrutin réuni des deux Chambres, les Juges
de la Cour suprême de Loi et d'Équité, les
Juges d'Amirauté et le Procureur général,
qui recevront leurs commissions du Gouverneur, et garderont leurs charges tant qu'ils
se conduiront bien.

XIV. Le Sénat et la Chambre des Communes auront le pouvoir de nommer les Officiers généraux et supérieurs de la Milice,

et tous les Officiers des Troupes réglées de cet État.

XV. Le Sénat et la Chambre des Communes éliront conjointement à leur première séance, après l'élection annuelle, et par la voie du scrutin, un Gouverneur pour un an, lequel Gouverneur ne sera pas éligible pour cette charge plus de trois années sur six consécutives. Personne ne sera éligible pour la charge de Gouverneur, à moins d'avoir trente ans, d'avoir résidé plus de cinq ans dans cet État, et d'y posséder une franche-tenue en terres ou maisons, valant plus de dix mille livres sterlings.

XVI. Le Sénat et la Chambre des Communes conjointement éliront au scrutin, dans leur première séance après chaque élection annuelle, sept personnes pour former pendant une année un Conseil d'État qui conseillera le Gouverneur dans les fonctions de sa charge ; et quatre de ces Conseillers formeront un *Quorum* ; leurs avis et leurs délibérations seront enregistrés sur un Journal tenu à cet effet seulement, et signés par les Membres présens, et tout Membre présent pourra y faire enregistrer son avis différent de celui qui aura passé. Ce Journal sera présenté à l'Assemblée générale, lorsqu'elle le demandera.

XVII. Il y aura un sceau de cet État, remis à la garde du Gouverneur, pour s'en servir dans les occasions ; ce sceau s'appellera *le grand sceau de l'État de la Caroline Septentrionale*, et il sera apposé à toutes les concessions et commissions.

XVIII. Le Gouverneur en exercice sera Capitaine général et Commandant en chef de la Milice ; et pendant les vacances de l'Assemblée générale, il aura le pouvoir, par et avec l'avis du Conseil d'État, d'assembler et d'enregimenter la Milice quand la sûreté publique l'exigera.

XIX. Le Gouverneur en exercice pourra ordonner le paiement et l'emploi des sommes d'argent votées par l'Assemblée générale pour les besoins de l'État, et il en sera comptable à l'Assemblée générale. Il pourra aussi, par et avec l'avis du Conseil d'État, mettre embargo sur certaines denrées, ou en défendre l'exportation pendant les vacances de l'Assemblée générale, mais pour trente jours seulement ; et il aura le pouvoir d'accorder des grâces et des répits, excepté lorsque la poursuite sera

faite par l'Assemblée générale, ou lorsque la
Loi en aura ordonné autrement : dans ces cas,
il pourra pendant les vacances accorder répit
jusques à la plus prochaine séance de l'Assemblée générale, et il pourra exercer toutes les
autres fonctions de la Puissance exécutrice du
Gouvernement, en se renfermant dans les
bornes et les restrictions prescrites par la présente Constitution, et conformément aux Loix
de l'État. Dans le cas où le Gouverneur viendroit à mourir, seroit déclaré inhabile, ou
seroit absent de l'Etat, l'Orateur du Sénat
alors en exercice, et en cas de mort, d'inhabilité de celui-ci, ou de son absence de l'État,
l'Orateur de la Chambre des Communes exercera les fonctions du Gouvernement après la
mort, ou pendant l'absence ou l'inhabilité du
Gouverneur ou de l'Orateur du Sénat, ou jusques à ce que l'Assemblée générale ait fait
une nouvelle nomination.

XX. Dans le cas de mort de tout Officier
dont la nomination appartient à l'Assemblée
générale, ou lorsqu'il vaquera, de quelque
manière que ce soit, une charge ou emploi
à sa nomination pendant ses vacances, le
Gouverneur pourra, par et avec l'avis du
Conseil d'État, pourvoir à la place vacante

par une commission momentanée qui expirera à la prochaine session de l'Assemblée générale.

XXI. Le Gouverneur, les Juges de la Cour suprême de Loi et d'Équité, les Juges d'Amirauté et le Procureur général auront des appointemens fixes et suffisans pendant qu'ils seront en charge.

XXII. L'Assemblée générale nommera chaque année, par le scrutin réuni des deux Chambres, un ou plusieurs Trésoriers pour cet État.

XXIII. Le Gouverneur et les autres Officiers qui se rendroient coupables de délits contre l'État, soit en violant quelque partie de la présente Constitution, soit par malversation ou corruption, pourront être poursuivis sur une accusation en crime d'État par l'Assemblée générale, ou sur la décision du grand Juré de quelqu'une des Cours supérieures de cet État.

XXIV. L'Assemblée générale nommera tous les trois ans un Secrétaire pour cet État, par le scrutin réuni des deux Chambres.

XXV. Aucun de ceux qui ont été jusques à présent ou qui seront par la suite Receveurs des deniers publics, ne pourra avoir de place dans l'une ou dans l'autre Chambre de l'Assemblée générale, ni être éligible pour aucune charge dans cet État, qu'après avoir rendu ses comptes et avoir payé à la Trésorerie toutes les sommes dont il étoit comptable et qu'il pourroit devoir.

XXVI. Aucun Trésorier n'aura de place ni dans le Sénat, ni dans la Chambre des Communes, ni dans le Conseil d'État, pendant tout le tems qu'il possédera sa charge, ni avant d'avoir finalement appuré ses comptes avec le Public, pout tout l'argent appartenant à l'État qui pourra être entre ses mains au terme où il sortira de charge, ni avant d'avoir soldé entre les mains du Trésorier son successeur, tout ce dont il se trouvera reliquataire.

XXVII. Aucun Officier de Troupes réglées ou de Marine au service et à la paie, soit des États-Unis, soit de cet État, soit de tout autre, et aucun traitant ou agent pour les fournitures de vivres ou d'habillement à des Troupes réglées ou à une Marine quelconques, ne pourront avoir de place ni dans le Sénat, ni dans la Chambre des Communes, ni dans le Conseil d'État, et ne seront éligibles pour aucune de ces places; et tout Membre du Sénat, de la Chambre des Communes ou du Conseil d'État, qui seroit nommé à quelque emploi de cette nature , et qui l'accepteroit, feroit par cela seul vaquer sa place.

XXVIII. Aucun Membre du Conseil d'État n'aura de place ni dans le Sénat , ni dans la Chambre des Communes.

XXIX. Aucun Juge des Cours supérieures de Loi ou d'Équité , ni aucun Juge d'Amirauté n'auront de place ni dans le Sénat, ni dans la Chambre des Communes , ni dans le Conseil d'État.

XXX. Aucun Secrétaire d'État , aucun Procureur général , ni aucuns Greffiers de Cours à registres , n'aura de place ni dans le Sénat, ni dans la Chambre des Communes , ni dans le Conseil d'État.

XXXI. Aucun Ministre ou Prédicateur de l'Évangile , de quelque Communion qu'il soit, ne pourra être Membre ni du Sénat , ni de la Chambre des Communes , ni du Conseil d'État, tant qu'il continuera d'exercer les fonctions ecclésiastiques.

XXXII. Toute personne qui ne reconnoîtra pas l'existence de Dieu , la vérité de la Religion Protestante , et l'autorité divine de l'ancien et du nouveau Testament , ou qui professera des principes religieux incompatibles avec la liberté et la sûreté de cet État, ne pourra posséder aucune charge ni emploi lucratif ou de confiance dans le Département civil de cet État.

XXXIII. Les Juges de Paix pour les Comtés de cet État seront à l'avenir présentés et recommandés au Gouverneur en exercice par les Représentans des Comtés respectifs dans l'Assemblée générale, et le Gouverneur leur donnera des commissions en conséquence; les Juges de Paix, ainsi pourvus de commissions, garderont leurs charges tant qu'ils se conduiront bien, et ne seront pas destitués de leurs offices par l'Assemblée générale, à moins de mauvaise conduite, d'absence ou d'incapacité légale.

XXXIV. Il n'y aura point dans cet État d'établissement pour une Église ou une Secte religieuse quelconques par préférence à aucune autre, et personne, sous quelque prétexte que ce soit, ne sera forcé de se rendre à un lieu particulier de culte contre sa foi et son opinion, ni obligé de payer pour l'achat d'un terrain ou pour la construction d'une maison destinée au culte religieux, ou pour l'entretien des Ministres ou d'un ministère de Religion, contre ce qu'il croira juste et raisonnable, ou contre ce qu'il se sera engagé

volontairement et personnellement à faire ;
mais toutes personnes auront le libre exercice
de leur culte ; bien entendu que l'on ne pourra
rien inférer du présent article, pour exempter
les Prédicateurs qui feroient des discours séditieux et tendant à la trahison, d'être poursuivis et punis selon les Loix.

XXXXV. Personne dans l'État ne pourra
posséder à-la-fois plus d'un emploi lucratif;
mais aucun emploi dans la Milice, ni les
offices de Juges de Paix ne seront pas considérés comme emplois lucratifs.

XXXVI. Toutes les commissions et concessions seront données au nom de l'État de la
Caroline Septentrionale, et elles seront certifiées et signées par le Gouverneur. Tous les
actes publics seront intitulés de la même manière, et seront certifiés et signés par les
Greffiers des Cours respectives. Les plaintes
seront terminées par ces mots, *contre la paix et
la dignité de l'Etat.*

XXXVII. Les Déléguées pour cet État au
Congrès Continental, tant qu'il sera nécessaire d'y en envoyer, seront choisis annuellement au scrutin par l'Assemblée générale,
mais ils pourront être révoqués de la même
manière dans le cours de l'année, et personne

ne sera élu plus de trois années consécutives pour servir en cette qualité.

XXXVIII. Il y aura dans chacun des Comtés de cet Etat un Shériff, un ou plusieurs Corroners, et des Connétables.

XXXIX. A l'exception des cas où il y auroit une forte présomption de fraude, la personne d'un débiteur ne pourra pas être retenue en prison, après qu'il aura fait de bonne foi une cession de tous ses biens meubles et immeubles au profit de ses créanciers, de la manière qu'il sera réglé dans la suite par la Loi. Tous prisonniers seront élargis sous cautions suffisantes, excepté ceux pour crimes capitaux, lorsqu'il y aura des preuves évidentes ou de fortes présomptions.

XL. Tout Etranger qui viendra s'établir dans cet Etat, après avoir au préalable prêté serment de fidélité à l'Etat, pourra acheter ou acquérir de toute autre manière, posséder et transférer des terres ou autres immeubles ; et après une année de résidence, il sera réputé Citoyen libre.

XLI. Il sera établi par la Législature une ou plusieurs Ecoles pour donner à la jeunesse une éducation convenable, avec des salaires payés par le Public pour les Maîtres, qui les mettent en état de donner l'éducation à un prix modique ; et toutes les connoissances utiles seront duement encouragées et perfectionnées dans une ou plusieurs Universités.

XLII. Il ne sera fait aucun achat de terres des Indiens, qu'au profit du Public et par l'autorité de l'Assemblée générale.

XLIII. Les Législatures à venir régleront les substitutions, de manière à en éviter la perpétuité.

XLIV. Il est statué que la Déclaration des droits ci-dessus fait partie de la Constitution de cet Etat, et ne doit jamais être violée sous quelque prétexte que ce soit.

XLV. Tout Membre de l'une ou l'autre des Chambres de l'Assemblée générale aura la liberté d'avoir un avis différent, et de protester contre tous actes ou résolutions qu'il pourra regarder comme nuisibles au Public, et de faire enregistrer sur les Journaux les motifs de son avis contraire à celui qui aura passé.

XLVI. L'une ni l'autre des Chambres de l'Assemblée générale ne pourra procéder à l'expédition des affaires publiques, à moins que la plus grande partie de ses Membres ne soient présens ; et d'abord qu'une proposition aura été *secondée* (1), les oui et non seront pris sur la question, et enregistrés sur les Journaux : les Journaux des actes et délibérations de l'une et de l'autre Chambres seront imprimés et publiés immédiatement après leur ajournement.

La présente Constitution ne devra pas empêcher le Congrès, actuellement assemblé pour sa confection, de faire des réglemens provisoires et momentanés pour le bon ordre de cet Etat, jusqu'à ce que l'Assemblée générale établisse le Gouvernement, conformément à la manière ci-dessus développée.

RICHARD CASWEL, Président.

Dix-huit Décembre mil sept cent soixante-seize, lu pour la troisième fois et ratifié en Congrès tenu publiquement.

Par ordre.

JACQUES GREEN JUN, Secrétaire.

---

(1) On appelle une proposition *secondée*, lorsqu'elle est appuyée par un second Votant, après celui qui l'a faite : toute proposition dans cet état a droit à être débattue.

XII.

CAROLINE

MÉRIDIONALE.

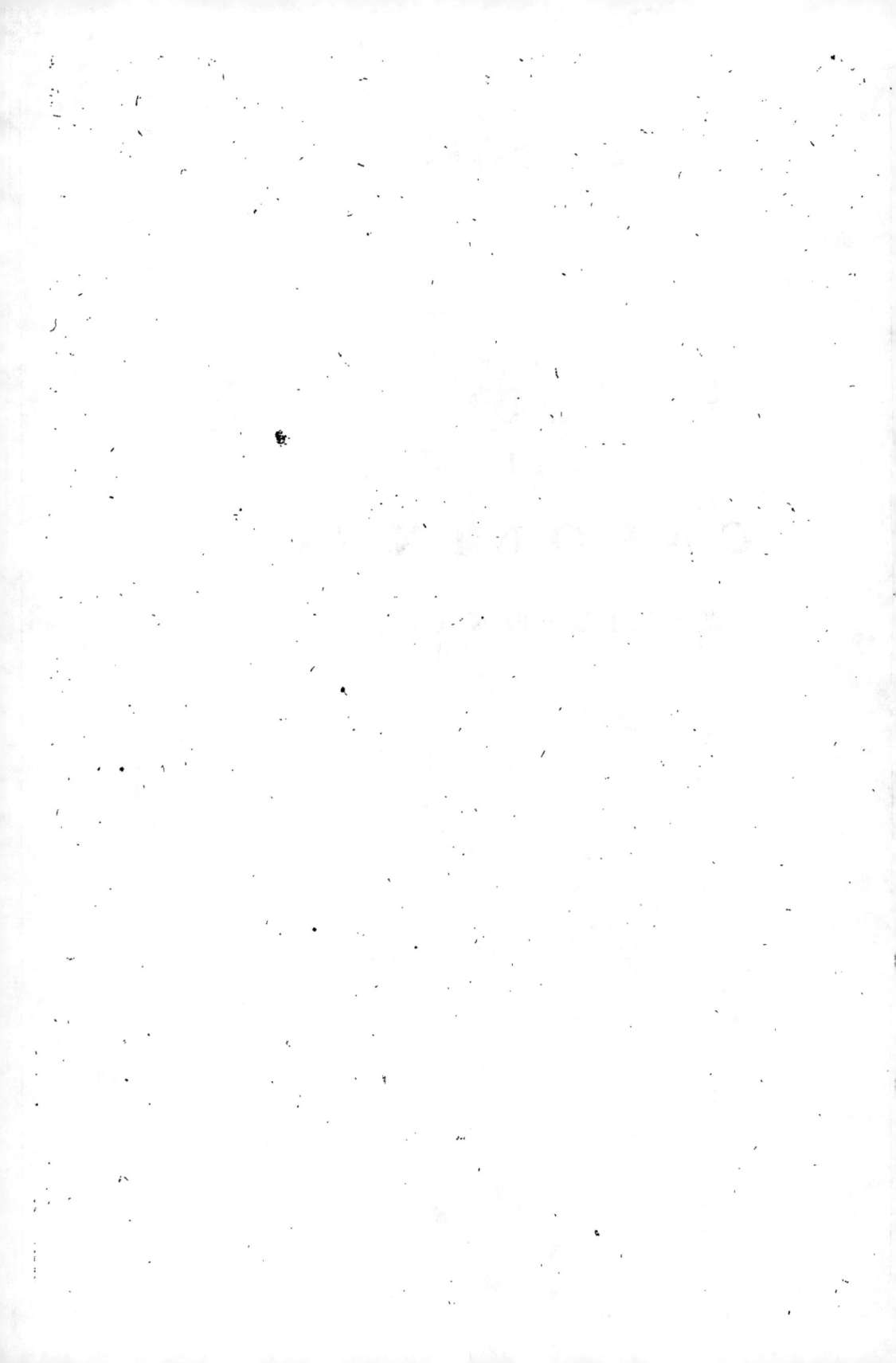

CAROLINE

MÉRIDIONALE.

Acte pour établir la Constitution de l'État de la Caroline Méridionale, passé le dix-neuf Mars mil sept cent soixante-dix-huit.

PRÉAMBULE.

COMME la Constitution ou Forme de Gouvernement que les Habitans libres de cet État assemblés en Congrès, ont faite et arrêtée le vingt-six Mars mil sept cent soixante-seize, n'étoit que momentanée, et appropriée seulement à la situation des affaires publiques à cette époque, où l'on envisageoit encore un accommodement avec la grande-Bretagne comme un événement possible, et même desiré. Et comme les Colonies unies de l'Amérique sont depuis ce tems devenues *États indépendans*, et que ce lien politique qui avoit

E

subsisté jusqu'alors entr'elles et la Grande-
Bretagne, a été entiérement rompu par la Déclaration de l'Honorable Congrès Continental,
en date du quatre Juillet mil sept cent soixante-seize, pour les grands, nombreux et
puissans motifs qui y sont développés; il devient absolument nécessaire de former une
Constitution nouvelle, et appropriée à ce
grand événement.

En conséquence, Son Excellence *Rawlins
Lowndes*, Écuyer, Président et Commandant
en Chef dans l'État de la Caroline Méridionale,
et les Honorables Conseil Législatif et Assemblée générale décident et déclarent en vertu
de leur autorité :

Que les articles suivans convenus et arrêtés
par les Habitans libres de cet État actuellement réunis en Assemblée générale, seront
tenus et réputés pour être la Constitution et
la Forme de Gouvernement dudit État, à
moins qu'ils ne soient changés par sa Puissance
Législatrice ; et que cette Constitution ou
Forme de Gouvernement aura lieu, et sera
en vigueur le jour même de la passation du
présent acte, à l'exception des parties mentionnées ou spécifiées ci-après.

CONSTITUTION.

ART. Ier. LE titre de ce pays sera dans la suite, *État de la Caroline Méridionale.*

II. La Puissance Législatrice sera confiée à une Assemblée générale, composée de deux Corps distincts et séparés, *un Sénat, et une Chambre des Représentans* ; mais la Législature de cet État, telle qu'elle a été établie par la Constitution ou Forme de Gouvernement, passée le vingt-six Mars mil sept cent soixante-seize, sera continuée, et demeurera en pleine vigueur jusqu'au vingt-neuf Novembre prochain.

III. Aussi-tôt qu'il sera possible, après la première séance du Sénat et de la Chambre des Représentans, qui vont être prochainement élus, et dans la suite à chaque première séance des Sénats et des Chambres de Représentans qui seront élus à l'avenir en vertu de la présente Constitution ; ces deux Corps réunis dans la Chambre des Représentans choisiront au scrutin, soit parmi leurs propres Membres, soit dans l'universalité du Peuple, un Gouverneur et Commandant en Chef, et un

Lieutenant-Gouverneur, qui tous deux resteront en charge pendant deux années, et les
Membres du Conseil Privé, qui tous ainsi
que le Gouverneur et le Lieutenant-Gouverneur seront de la Religion Protestante; mais
jusqu'à ce que ce choix soit fait, l'ancien Président, ou Gouverneur et Commandant en
Chef, l'ancien Vice-Président, ou Lieutenant-
Gouverneur suivant le cas, et l'ancien Conseil
Privé continueront d'exercer leurs fonctions.

IV. Lorsqu'un Membre du Sénat ou de la
Chambre des Représentans sera choisi pour
Gouverneur et Commandant en Chef, ou
pour Lieutenant-Gouverneur, et entrera en
exercice, la place qu'il occupoit dans l'un
ou l'autre de ces Corps, vaquera, et l'on y
pourvoira par une nouvelle élection.

V. Tout sujet élu Gouverneur et Commandant en Chef de l'État, Lieutenant-
Gouverneur, ou Membre du Conseil Privé, devra faire preuve des qualités suivantes; savoir, pour le Gouverneur et le
Lieutenant-Gouverneur, d'avoir résidé dans cet
État pendant les dix, et pour les Membres
du Conseil Privé, pendant les cinq années
qui auront immédiatement précédé leur élection; et pour tous, de posséder dans l'État en

leur propre et privé nom, un bien-fonds en valeur ou franche-tenue, valant au moins dix mille livres sterling, au taux des effets ayant cours dans cet État, et libre de toutes dettes; ils devront, après leur élection, certifier leurs qualités par serment dans la Chambre des Représentans.

VI. Aucun Gouverneur et Commandant en Chef qui aura été deux ans en charge, ne sera dans la suite, éligible pour la même charge qu'après quatre années révolues depuis le moment où il l'aura quittée.

VII. Le Gouverneur et le Lieutenant-Gouverneur de cet État ne pourront être en même tems revêtus d'aucune autre charge, accepter aucune autre commission, ni avoir aucun autre emploi, à l'exception de ceux de la Milice, soit dans cet État, soit dans aucun autre, soit sous l'autorité du Congrès Continental.

VIII. Dans le cas où le Gouverneur et Commandant en Chef seroit destitué, viendroit à mourir, donneroit sa démission ou s'absenteroit de l'État, le Lieutenant-Gouverneur lui succédera dans sa charge, et le Conseil Privé choisira parmi ses Membres un Lieutenant-Gouverneur de l'État. Et dans le cas d'une accusation en crime d'État contre le Lieutenant Gouverneur, ou de sa destitution, de sa mort, de sa démission ou de son absence de l'État, le Conseil Privé lui choisira un successeur parmi ses Membres : les Officiers ainsi élus pour remplacer, continueront d'exercer les fonctions de ces charges, jusqu'à ce qu'il ait été pourvu par le Sénat et la Chambre des Représentans à la nomination de nouveaux Titulaires, pour le tems d'exercice qui resteroit encore aux Gouverneur ou Lieutenant-Gouverneur, accusés ou destitués, morts, démis ou absens.

IX. Le Conseil Privé sera composé du Lieutenant-Gouverneur en exercice, et de huit autres Membres, dont cinq seront un *Quorum*; ils seront élus, en la manière ci-devant ordonnée, quatre pour rester deux ans en charge, et quatre pour une année seulement; à l'expiration de cette première année il en sera choisi quatre autres pour remplacer les derniers, mais ces quatre nouveaux seront élus pour deux ans; dans la suite tous les Membres du Conseil Privé seront élus pour deux années, afin qu'il y ait tous les ans une élection nouvelle de la moitié du Conseil Privé, et qu'il s'y établisse une rotation constante; aucun Membre du Conseil Privé qui aura été deux ans en charge ne sera éligible de nouveau pour entrer dans ce Conseil, qu'après quatre années révolues depuis sa sortie. Aucun Officier des troupes réglées de terre, ou de la marine, soit au service de cet État, soit au service Continental, et aucun Juge d'aucune Cour de Justice, ne seront éligibles pour le Conseil Privé, non plus que le père, le fils ou les frères du Gouverneur en exercice, pendant la durée de son administration. Lorsqu'un Membre du Sénat ou de la Chambre des Représentans, sera choisi pour entrer dans le Conseil Privé, la place qu'il occupoit ne vaquera point par cette élection; mais s'il étoit choisi pour être Lieutenant-Gouverneur, elle vaqueroit sur-le-champ, et il seroit pourvu à son remplacement. Le Conseil Privé est fait, pour conseiller le Gouverneur et Commandant en Chef quand il le demandera; mais celui-ci ne sera obligé de le consulter que dans les cas pour lesquels la Loi l'aura ordonné. Si un Membre du Conseil Privé vient à mourir, ou sort de l'État pendant les vacances de l'Assemblée générale, le Conseil choisira un autre Sujet pour tenir sa place jusqu'à ce qu'il y ait été pourvu par le Sénat et la Chambre des Représentans. Le Greffier du Conseil Privé tiendra un Journal exact de tout ce qui s'y passera ; il y enregistrera les oui et non sur chaque question, et les avis de tous les Membres qui le desireront avec leurs motifs tout au long : ce Journal sera présenté à la Législature toutes les fois que l'une ou l'autre Chambre le demandera.

X. Dans le cas où le Gouverneur, et le Lieutenant - Gouverneur s'absenteroient du chef-lieu du Gouvernement, et dans le cas de maladie de l'un ou de l'autre, le Gouverneur donnera une autorisation revêtue de sa signature et de son sceau à un Membre du Conseil Privé, pour faire les fonctions de Gouverneur ou de Lieutenant - Gouverneur ; et cette nomination ne fera point vaquer la place de ce Conseiller dans le Conseil Privé, dans le Sénat, ni dans la Chambre des Représentans.

XI. La Puissance exécutrice sera confiée au Gouverneur et Commandant en Chef de la manière prescrite par la présente Constitution.

XII. Chaque Paroisse et District de cet État, élira au scrutin un Membre du Sénat, dans la journée du dernier lundi du mois de Novembre prochain, et dans celle du lendemain ; et tous les deux ans à pareils jours, il y aura une semblable élection. Mais le District des Paroisses, de Saint-Philippe et de Saint-Michel à Charles-Town, par exception à cette règle générale, en élira deux; il y aura aussi exception pour le District situé entre Broad river (*la large rivière*), et la rivière de Saludy, qui est partagé en trois divisions, *le bas District, le District de la petite rivière, et le haut District*, ou *District de Sparte*, dont chacun élira un Sénateur; tandis qu'au contraire les Paroisses de Saint-Mathieu et d'Orange n'en éliront qu'un ; et les deux Paroisses du Prince George et de Tous les Saints, un seul aussi pour toutes deux. L'élection des Sénateurs pour ces quatre dernières Paroisses, se fera jusqu'à ce qu'il en ait été autrement ordonné par la Législature, dans la Paroisse de Saint-George pour elle et la Paroisse de Tous les Saints, et dans la Paroisse de Saint-Mathieu pour elle et pour la Paroisse d'Orange. Le Sénat devra s'assembler le premier lundi du mois de Janvier qui suivra son élection, dans le chef-lieu du Gouvernement, à moins que les événemens de la guerre, ou que des maladies contagieuses ne permissent pas de s'y assembler en sûreté; auquel cas le Gouverneur et Commandant en chef en exercice, pourra de l'avis et du consentement du Conseil Privé, désigner par une proclamation un autre lieu d'Assemblée plus sûr et plus commode. Le Sénat ainsi élu subsistera pendant l'espace de deux ans, à compter du dernier lundi de Novembre; et personne ne sera éligible pour une place dans le Sénat, à moins d'être de la Religion Protestante, d'avoir au moins trente ans, et d'avoir résidé pendant cinq ans dans cet État. Il ne faudra pas moins de treize Membres du Sénat pour constituer un *Quorum*; mais le Président seul, ou trois Sénateurs pourront l'ajourner du jour au lendemain. Aucune personne résidant dans une Paroisse ou un District pour lequel il sera élu, ne pourra occuper une place de Sénateur, à moins de posséder en son propre et privé nom, dans ladite Paroisse ou dans le District, un bien-fonds en valeur ou franche-tenüe valant au moins deux mille livres sterling au taux des effets ayant cours dans cet État, quitte de toutes dettes; et aucune personne non résidante ne sera éligible pour une place de Sénateur, à moins de posséder, en son propre et privé nom, dans la Paroisse ou le District qui l'auront élue, un bien-fonds en valeur ou franche-tenüe valant au moins sept mille livres sterling au taux des effets ayant cours, quitte de toutes dettes.

XIII. Le dernier lundi du mois de Novembre prochain et le jour suivant, et les mêmes jours de chaque seconde année par la suite, les Membres de la Chambre des Représentans seront élus, pour s'assembler dans le chef-lieu du Gouvernement, le premier lundi de Janvier suivant, à moins que les événemens de la guerre ou que des maladies contagieuses ne permissent pas de s'y assembler avec sûreté; auquel cas le Gouverneur et Commandant en chef en exercice, pourra, de l'avis et du consentement du Conseil Privé, désigner par une proclamation, un lieu d'assemblée plus sûr et plus commode : la Chambre des Délégués ainsi élue, subsistera pendant deux ans, à compter du dernier lundi de Novembre.

Chacune des Paroisses et chacun des Districts de cet État, enverront des Membres à l'Assemblée générale dans la proportion suivante : savoir;

Le District des Paroisses de Saint-Philippe et de Saint-Michel à Charles-Town, enverra trente Représentans.

La Paroisse de Christ-Church (*de l'Eglise de Christ*), six Représentans.

La Paroisse de Saint-Jean, dans le Comté de Berkley, six Représentans.

La Paroisse de Saint-André, six Représentans.

La Paroisse de Saint-George-Dorchester, six Représentans.

La Paroisse de Saint-James (*Jacques*), Goose Creek (*dans la Crique de l'Oye*) six Représentans.

Le District des Paroisses de Saint-Thomas et Saint-Denis, six Représentans.

La Paroisse de Saint-Paul, six Représentans.

La Paroisse de Saint-Barthélemy, six Représentans.

La Paroisse de Sainte-Hélène, six Représentans.

La Paroisse de Saint-James, Santeé, six Représentans.

La Paroisse du Prince George-Winyah, quatre Représentans.

La Paroisse de Tous-les-Saints, deux Représentans.

La Paroisse du Prince Fréderick, six Représentans.

La Paroisse de Saint-Jean, dans le Comté de Colleton, six Représentans.

La Paroisse de Saint-Pierre, six Représentans.

La Paroisse du Prince William (*Guillaume*), six Représentans.

La Paroisse de Saint-Stephen (*Etienne*) six Représentans.

Le District, à l'Est de la rivière Watteree, dix Représentans.

Le District de Ninety-six, *quatre-vingt-seize*, dix Représentans.

Le District de Saxe-Gotha, six Représentans.

Le District entre Broad River (*la large rivière*) et la rivière Saludy, en trois Divisions, savoir :

Le bas District, quatre Représentans.

Le District de Little-River (*la petite rivière*), quatre Représentans.

Le haut District, ou District de Sparte, quatre Représentans.

Le District entre Broad River et la rivière Catawba, dix Représentans.

Le District appellé, la Nouvelle Acquisition, dix Représentans.

La Paroisse d'Orange, trois Représentans.

La Paroisse de Saint-David, six Représentans.

Le District entre la rivière Savannah et le bras Septentrional de la rivière d'Edisto, six Représentans.

Il sera procédé à l'élection des Représentans d'une manière aussi conforme qu'il sera possible, aux directions du présent ou des futurs actes d'élection. Pour les Paroisses ou Districts où il n'y a point d'Église, ou dans lesquels il n'y a point de Marguilliers, la Chambre des Représentans désignera suffisamment à tems, avant de se séparer, des lieux d'élection et commettra des personnes pour recevoir les suffrages et dresser les procès-verbaux. Quant aux qualités pour être Électeurs, elles seront réglées comme il suit : Tout homme blanc, libre, (et aucun autre n'y sera admis) qui reconnoîtra l'existence d'un Dieu, et croira à un état futur de récompenses et de punitions, qui aura atteint l'âge de vingt-un ans, et aura résidé et habité dans cet État pendant une année entière avant le jour fixé pour l'élection dans laquelle il prétendra voter,

qui aura une franche-tenue de cinquante acres
de terre au moins, ou un *lot de Ville* (1), et
qui aura été légalement saisi et propriétaire
de ces biens six mois au moins avant la susdite élection, ou qui aura payé les taxes
l'année précédente, ou qui dans l'année courante, six mois au moins avant l'élection, aura
été susceptible d'une taxe égale à celle de cinquante acres de terre, pour le maintien du
Gouvernement, sera réputé avoir qualité pour
donner son suffrage, et capable d'élire un ou
plusieurs Membres du Sénat, ou de la Chambre des Représentans, pour la Paroisse ou le
District dans lequel il réside actuellement,
ou pour toute autre Paroisse, ou tout autre
District de cet État dans lesquels il aura une
franche-tenue semblable. Les Électeurs prête-

---

(1) L'origine de cette dénomination vient de ce qui
s'est pratiqué lors de la fondation de plusieurs villes
d'Amérique: on divisa d'abord le terrein où l'on devoit
bâtir, en petites parties suffisantes chacune pour une
maison et un jardin, chaque personne qui avoit acheté
mille acres dans le District, eut droit à une de ces
portions, qui furent numérotées et tirées au sort; de-
là leur est venu le nom de *Lot de Ville*, qu'elles
portent encore.

ront serment ou feront affirmation, qu'ils ont les qualités prescrites, s'ils en sont requis par l'Officier chargé du procès-verbal. Personne ne sera éligible pour une place dans la Chambre des Représentans, à moins d'être de la Religion Protestante, et d'avoir résidé dans cet État pendant trois ans avant son élection. Les qualités des Sujets élus, s'ils resident dans la Paroisse ou le District pour lequel on les élira, seront celles mentionnées dans l'acte d'élection, bien entendu que leur bien sera quitte de toutes dettes. Mais s'ils ne résident pas dans la Paroisse ou le District qui les éliront, il faudra qu'ils soient Propriétaires en leurs propres et privés noms, dans cette Paroisse ou ce District, d'un bien-fonds en valeur ou franche-tenue valant au moins trois mille cinq cents livres sterling, au taux des effets ayant cours, et quitte de toutes dettes.

XIV. Si quelques Paroisses ou Districts négligent ou refusent d'élire des Représentans, ou si quelques Représentans élus ne se rendent pas au lieu de la Session, ceux qui s'y trouveront auront tous les pouvoirs de l'Assemblée générale. Il faudra soixante-neuf Membres présens au moins pour constituer un *Quorum* de la Chambre des Représentans;

mais

mais l'Orateur ou sept Représentans pourront l'ajourner du jour au lendemain.

XV. Au bout de sept ans après la publication de la présente Constitution, et au bout
de chaque quatorzième année dans la suite,
il sera fait une nouvelle assiette de représentation pour tout l'État, dans la proportion
la plus égale et la plus exacte, d'après la
population absolue et relative, et d'après les
propriétés imposables dans chacune des parties
de l'État, en ayant toujours égard au nombre
des Habitans blancs, et aux propriétés susceptibles de taxes.

XVI. Tous les Bills de levée d'argent pour
subvenir au maintien du Gouvernement, seront
d'abord proposés dans la Chambre des Représentans; le Sénat pourra les rejetter purement
et simplement, mais il ne pourra ni les altérer,
ni les changer. Il ne pourra être tiré d'argent
du trésor public, que par l'autorité législatrice. Tous les autres Bills ou Ordonnances
pourront être proposés en première instance dans le Sénat ou dans la Chambre
des Représentans, et être changés, corrigés
ou rejettés par l'une et l'autre des deux
Chambre. Les Actes et les Ordonnances qui
auront été passés à l'Assemblée générale se-

F

ront scellés du grand sceau, par un Comité
composé des deux Chambres, qui ira prendre
le sceau chez le Gouverneur, et le lui rendre;
ils seront signés dans la Chambre du Sénat,
par le Président du Sénat, et par l'Orateur de
la Chambre des Représentans; ils auront dès-
lors force de Loi, et seront déposés dans le
Greffe du Secrétaire. Le Sénat et la Chambre
des Représentans jouiront respectivement de
tous les privilèges qui ont été, dans quelque
tems que ce soit, prétendus ou exercés par la
Chambre des Communes de l'Assemblée.

XVII. Le Sénat ni la Chambre des Représentans ne pourront pas s'ajourner eux-mêmes
pour un tems plus long que trois jours, sans
le consentement mutuel des deux. Le Gouverneur et Commandant en chef ne pourra ni les
ajourner, ni les proroger, ni les dissoudre.
Mais il pourra, dans les cas de nécessité, par
et avec l'avis et le consentement du Conseil
privé, convoquer ces deux Corps avant le
terme auquel ils se seroient ajournés. Lorsqu'un Bill aura été rejetté par l'une ou l'autre
des deux Chambres, il ne pourra pas être proposé de nouveau pendant la même Session,
sans la permission de cette Chambre, et dans
ce cas on donnera avis six jours à l'avance

de la nouvelle proposition qui doit en être faite.

XVIII. Le Sénat et la Chambre des Représentans choisiront leurs Officiers respectifs, par la voie du scrutin, sans contrôle de l'un des Corps sur l'autre. Et, pendant qu'ils seront en vacance, le Président du Sénat, et l'Orateur de la Chambre des Représentans expédieront les lettres pour remplir les places qui viendront à vaquer par mort dans leurs Chambres respectives, en donnant connoissance du tems marqué pour l'élection, trois semaines au moins, et trente-cinq jours au plus à l'avance.

XIX. Si quelque Paroisse ou District néglige d'élire un ou plusieurs Membres le jour de l'élection, ou si quelqu'un des Sujets élus pour l'une ou l'autre Chambre, refuse de faire preuve de ses qualités ou de prendre sa séance, s'il vient à mourir, ou s'il sort de l'État, le Sénat et la Chambre des Représentans, selon le cas, indiqueront des jours convenables pour la nouvelle élection d'un ou de plusieurs nouveaux Membres, s'il y a lieu.

XX. Si quelque Membre du Sénat ou de la Chambre des Représentans accepte quelque place lucrative, ou quelque commission, autre que les emplois dans la Milice, les Offices de Juge de Paix, ou celles qui sont exceptées par l'Article X, sa place de Sénateur ou de Représentant vaquera, et il y sera pourvu par une nouvelle élection; mais il ne sera pas inhabile à y rentrer, s'il est réélu, à moins qu'il n'ait été nommé Secrétaire d'État, Commissaire de la Trésorerie, Officier des Douanes, Garde des registres des actes de ventes, Greffier de l'une des Cours de Justice, Shériff, Receveur des Poudres, Secrétaire du Sénat, de la Chambre des Représentans, ou du Conseil privé, Arpenteur général, ou Commissaire des approvisionnemens militaires; tous les Officiers ci-dessus étant déclarés par la présente Constitution inhabiles à être Sénateurs ou Représentans.

XXI. Comme les Ministres de l'Évangile sont dévoués par leur profession au service de Dieu et au soin des ames, et ne doivent pas être détournés des devoirs importans que ces fonctions leur imposent; aucun Ministre de l'Évangile, ni aucun Prédicateur public, de quelque Communion qu'il soit, ne sera éligible pour Gouverneur, Lieutenant-Gouverneur, Sénateur, Représentant, ou Membre du Conseil Privé, tant qu'il exercera les fonctions ecclésiastiques, ni pendant deux ans après les avoir quittées.

XXII. Les Délégués pour représenter cet État dans le Congrès des États-Unis, seront élus par le scrutin réuni du Sénat et de la Chambre des Représentans dans cette dernière Chambre. Et l'on ne pourra rien interpréter dans la présente Constitution, pour faire regarder comme vacante la place de tout Membre qui est ou pourra être Délégué au Congrès en vertu de cette qualité.

XXIII. Le droit et le pouvoir d'intenter une accusation en crime d'État pour mauvaise conduite ou corruption dans leurs Offices respectifs, contre tous les Officiers de l'Etat qui ne sont justiciables d'aucune autre Juridiction, appartiendront à la Chambre des Représentans; mais il sera toujours nécessaire que les deux tiers des Membres présens concourent et consentent à ce que l'accusation soit intentée. Les Sénateurs et les Juges de cet Etat n'étant point Membres de la Chambre des Représentans, formeront une Cour pour connoître de ces accusations, d'après les réglemens qui seront établis par la Législature. Avant de procéder aux affaires de cette nature, les Membres de cette Cour prêteront respec-

tivement serment de procéder et de juger
sur la charge en question avec impartialité,
en conscience et conformément aux preuves.
Et dans tous procès pour crimes d'Etat, ainsi
que dans tous autres, il sera accordé un Conseil
à l'accusé.

XXIV. Le Lieutenant-Gouverneur de cet
Etat et une majorité du Conseil privé en
exercice auront les pouvoirs, et exerceront
les fonctions de *Cour de Chancellerie* jusqu'à
ce que la Législature en ait autrement
ordonné. Il sera établi dans les différens Districts de cet Etat des *Ordinaires* (1), choisis
par le scrutin du Sénat et de la Chambre
des Représentans réunis dans cette dernière
Chambre, et qui auront les pouvoirs et exerceront dans leurs Districts respectifs les fonctions
exercées jusqu'à présent par l'Ordinaire;
et jusqu'à ce que cette nomination soit
faite, l'Ordinaire actuel à Charles-Town

(1) L'*Ordinaire* est un Officier de Justice qui donne
les lettres d'administration pour les biens des gens qui
sont morts, qui enregistre les testamens, reçoit les
comptes des Exécuteurs-Testamentaires et des Admi-
nistrateurs.

continuera d'exercer sa charge comme par le passé.

XXV. La Jurisdiction de la Cour d'Amirauté sera restreinte aux affaires maritimes.

XXVI. Les Juges de paix seront nommés par le Sénat et la Chambre des Représentans conjointement, et recevront du Gouverneur et Commandant en chef leurs commissions, dont la durée sera soumise à la volonté des deux Chambres. Ils auront le droit de recevoir les émolumens fixés jusques à présent par la Loi; mais lorsqu'ils ne seront pas en fonctions de Magistrature, ils n'auront droit à aucun des privilèges que la Loi leur accorde.

XXVII. Tous les autres officiers de Justice seront choisis par le scrutin réuni du Sénat et de la Chambre des Représentans, et à l'exception des Juges de la Cour de Chancellerie, ils recevront tous du Gouverneur et Commandant en chef leurs commissions durables, tant qu'ils se conduiront bien, mais ils seront destitués sur une adresse du Sénat et de la Chambre des Représentans.

XXVIII. Les Shériffs, ayant les qualités prescrites par la Loi, seront choisis de la même manière par le Sénat et la Chambre

des Représentans, après les élections du Gouverneur , du Lieutenant - Gouverneur et du
Conseil privé ; ils recevront du Gouverneur
et Commandant en chef leurs commissions
pour deux ans ; et , avant d'entrer en fonctions , ils présenteront une caution comme
la Loi le prescrit.

Aucun Shériff ayant servi deux ans ne sera
éligible pour la même charge , avant quatre
années révolues depuis sa sortie de place ;
mais il continuera d'exercer les fonctions de
sa charge jusqu'à ce que son successeur soit
nommé. Personne ne pourra être élu Shériff
dans aucun District, à moins d'y avoir résidé
pendant les deux années qui auront précédé
l'élection.

XXIX. Il sera choisi de la même manière,
par le scrutin du Sénat et de la Chambre des
Représentans réunis dans cette dernière Chambre , deux Commissaires de la Trésorerie, un
Secrétaire d'Etat , des Gardes des registres
des actes de vente pour chaque District , un
Procureur général , un Commissaire général
Arpenteur , un Receveur des Poudres , des
Collecteurs , des Contrôleurs et des Employés
pour les Douanes , et tous ces Officiers recevront du Gouverneur et Commandant en chef

leurs commissions pour deux ans. Aucun d'eux respectivement, après avoir servi quatre ans, ne sera éligible pour le même emploi qu'au bout de quatre années révolues depuis sa sortie de place ; mais ils continueront à exercer leurs fonctions jusqu'à ce que leurs successeurs soient nommés. Au reste, aucunes des dispositions de cet article ne pourra ni s'appliquer ni s'étendre aux différentes personnes nommées sous la précédente Constitution pour les différens offices désignés ci-dessus. Les Commissaires de la Trésorerie et les Receveurs des Poudres présens et à venir fourniront, chacun pour soi, une obligation de cautionnement avec une caution recevable, le tout conformément à la Loi.

XXX. Tous les Officiers des Troupes réglées de terre et de la Marine, du grade de Capitaine et au-dessus, seront choisis par le scrutin du Sénat et de la Chambre des Représentans réunis dans cette dernière Chambre, et recevront leurs commissions du Gouverneur et Commandant en chef; et tous les autres Officiers des Troupes réglées de terre et de la Marine de cet Etat seront brevetés par le Gouverneur et Commandant en chef.

XXXI. En cas de vacance de quelqu'un des offices qui sont, en vertu des articles précédens, à la nomination du Sénat et de la Chambre des Représentans, le Gouverneur et Commandant en chef, par et avec l'avis du Conseil privé, y pourvoira par *intérim* jusqu'à ce que le Sénat et la Chambre des Représentans aient fait une élection pour remplir les places vacantes.

XXXII. Le Gouverneur et Commandant en chef, par et avec l'avis et le consentement du Conseil privé, pourra nommer, pour un tems à sa volonté, tous les autres Officiers nécessaires, à l'exception de ceux sur la nomination desquels les Loix ont autrement statué.

XXXIII. Le Gouverneur et Commandant en chef n'aura pas le pouvoir de commencer la guerre, ni de faire la paix, ni de conclure un traité définitif, sans le consentement du Sénat et de la Chambre des Représentans.

XXXIV. Les résolutions des précédens Congrès de cet Etat, et toutes les Loix qui y sont actuellement en vigueur, et qui ne sont point changées par la présente Constitution, continueront d'y être en vigueur jusqu'à ce qu'elles aient été changées ou abrogées par la Législature de cet Etat, mais celles qui n'étoient faites que pour un tems expireront aux termes respectivement fixés pour leur durée.

XXXV. Le Gouverneur et Commandant en chef en exercice, par et avec l'avis et le consentement du Conseil privé, pourra mettre embargo sur toutes denrées, ou en défendre l'exportation pendant les vacances de l'Assemblée générale, mais pas pour un tems plus long que trente jours.

XXXVI. Toutes personnes élues et nommées à quelque office que ce soit, ou à quelque place de confiance, civile ou militaire, devront, avant d'entrer en fonctions, prêter le serment suivant :

» Je N. reconnois l'Etat de la Caroline
» Méridionale pour un Etat libre, indépen-
» dant et souverain, et que le Peuple de cet
» Etat ne doit ni fidélité ni obéissance à
» Georges III, Roi de la Grande-Bretagne. Je
» renonce, refuse et abjure toute obéissance
» et fidélité envers lui. Et je jure ou affirme
» (selon le cas) que je soutiendrai, main-
» tiendrai et défendrai de tout mon pouvoir
» le susdit Etat, contre ledit George, contre
» ses hoirs et ses successeurs, et contre

» leurs fauteurs, assistans et adhérens; que
» je servirai ledit Etat dans l'office de.....
» avec honneur et fidélité, et que j'y em-
» ploierai tout ce que j'ai de talens et de
» lumières. Sur ce Dieu me soit en aide. »

XXXVII. Il sera accordé aux Officiers
publics de cet Etat des appointemens an-
nuels suffisans, dont le taux sera fixé par
une Loi.

XXXVIII. Toutes personnes et toutes sociétés religieuses qui reconnoissent l'existence
d'un Dieu, un état futur de récompenses et
de punitions, et la nécessité d'un culte public
seront tolérées. La Religion Chrétienne Protestante sera réputée, et est par la présente
Constitution établie et déclarée *la Religion de
cet Etat* (1). Toutes les Communions de Chrétiens Protestans qui se conduiront bien et
tranquillement dans cet Etat, et qui lui garderont fidélité, jouiront de privilèges religieux et civils égaux. Pour remplir ce but

_____

(1) Ce titre de *Religion de l'Etat*, ne signifie pas
que la Religion Chrétienne Protestante sera la seule,
et excluera les autres, mais seulement qu'elle sera la
seule pour laquelle l'Etat fasse des fonds.

desirable sans faire de tort à la propriété religieuse de ces sociétés de Chrétiens qui ont été déjà réunies en corps par les Loix, dans l'objet d'un culte public, et pour donner à toutes les autres sociétés de Chrétiens Protestans, tant celles déjà formées, que celles qui se formeront par la suite, la facilité d'obtenir la même faculté de faire Corps : il est établi, ordonné et déclaré par la présente Constitution, que les différentes sociétés de l'Eglise Anglicane déjà formées dans cet Etat pour l'objet du culte religieux, continueront à faire corps et à jouir des propriétés religieuses dont elles sont actuellement en possession. Que lorsque quinze personnes mâles ou un plus grand nombre, âgées au moins de vingt-un ans, professant la Religion Chrétienne Protestante, conviendront de se former en une société pour l'objet du culte religieux, elles seront, en se conformant aux conditions mentionnées ci-après, bien et duement établies pour former un corps et une Eglise particulière; qu'elles seront réputées et regardées en vertu des Loix, comme de la Religion de cet Etat; et que sur leur pétition à la Législature, elles seront autorisées à faire corps et à jouir des mêmes privilèges que toutes les autres. Que toute société de Chrétiens ainsi formée se donnera un nom, ou se distinguera par une dénomination quelconque, sous lesquels elle sera appellée et reconnue en Justice, et que tous ceux qui s'associeront à eux pour le culte, seront réputés appartenir à la société ainsi nommée. Mais qu'avant de procéder à l'établissement de ces sociétés respectives sous des noms particuliers, comme il a été dit ci-dessus, avant de leur donner le droit de faire corps, et pour les y autoriser, il sera nécessaire qu'au préalable chaque société qui le demandera, ait accepté, reconnu et signé dans un livre tenu à cet effet, les cinq articles suivans, sans la reconnoissance desquels aucune convention, aucune union d'hommes formées sous le prétexte de Religion, ne les autorisera à faire corps ni à être réputés de la Religion de cet Etat.

Articles à signer.

1°. Qu'il existe un Dieu éternel, et un état futur de récompenses et de punitions.

2°. Que l'on doit rendre à Dieu un culte public.

3°. Que la Religion Chrétienne est la vraie Religion.

4°. Que les saintes Écritures de l'ancien et du nouveau Testament sont d'inspiration divine, et sont les règles de la foi et de la pratique.

5°. Qu'il est conforme aux Loix, et qu'il est du devoir de tout homme, de rendre témoignage à la vérité, lorsqu'il est appellé à cet effet par ceux qui gouvernent.

Tout habitant de cet État appellé pour prendre Dieu à témoin de la véracité de son témoignage, aura la permission de le faire de la manière qui sera la plus conforme à ce que sa conscience lui dicte. Afin que le Peuple de cet État jouisse toujours du droit d'élire ses Pasteurs et son Clergé, et afin qu'en même tems l'État puisse être suffisamment assuré que ceux qui seront admis au Ministère Ecclésiastique, s'acquitteront bien et duement de leurs fonctions, personne ne pourra exercer les fonctions ecclésiastiques pour aucune des Églises légalement reconnues, à moins d'avoir été choisi par la pluralité des Membres de la Société pour laquelle il voudra les exercer, ou par des personnes que la pluralité de la susdite Société auroit nommées pour lui choisir et procurer un Ministre ; tout Ministre ainsi choisi et nommé, devra encore faire et signer la déclaration suivante, outre et par-dessus les cinq articles susdits ; savoir:

Qu'il est déterminé, avec la grace de Dieu, d'instruire, d'après les saintes Écritures, le Peuple confié à ses soins, et de ne rien enseigner, comme nécessaire au salut éternel, que ce qu'il sera persuadé que l'on peut conclure et prouver d'après les saintes Écritures; qu'il usera, tant auprès des malades que des gens sains confiés à ses soins, de toutes les voies particulières et publiques, de conseil et d'avertissement que la nécessité requerra, et que les occasions lui fourniront; qu'il sera exact à faire les prières, et les lectures des saintes Écritures, et aux études qui peuvent aider à les bien connoître ; qu'il sera exact et soigneux à se conformer lui et sa famille à la doctrine du Christ ; et qu'il maintiendra et procurera, autant qu'il lui sera possible, la tranquillité, la paix et l'amour mutuel, parmi tout le Peuple, et spécialement parmi ceux qui sont ou seront confiés à ses soins.

Personne ne gênera, ni ne troublera une assemblée religieuse quelconque, ni ne se servira d'aucune phrase ou expression, soit de reproche, soit injurieuse ou avilissante, contre aucune Église ; car c'est un moyen
certain

certain de troubler le repos public, et d'empêcher la conversion de tout non-croyant à la vraie Foi, en les engageant dans des querelles, et en suscitant des animosités qui portent à haïr une croyance à laquelle on auroit pu les amener, et à haïr ceux qui la professent. Aucune personne, quelle qu'elle soit, ne devra dans une assemblée religieuse rien proférer d'irrévérent ou de séditieux, sur le Gouvernement de cet État. Personne ne sera obligé par la Loi de payer pour le maintien ou l'entretien d'un culte religieux auquel il ne se sera pas librement uni, ou pour lequel il ne se sera pas volontairement engagé à payer. Mais les Églises, Chapelles, Presbytères, terres, et toutes autres propriétés, actuellement appartenant à quelqu'une des Sociétés de l'Église Anglicane, ou à toutes autres Sociétés religieuses, leur demeureront et leur seront assurés à perpétuité. Les pauvres seront secourus, et les élections conduites en la manière accoutumée, jusqu'à ce qu'il ait été pourvu à des Loix pour régler ces objets de la manière la plus équitable.

XXXIX. La totalité de l'État sera divisée en Districts et Comtés, et il sera établi des

G

Cours de Comté, aussi-tôt qu'il aura pu être statué par des Loix sur ces différens objets.

XL. Les Loix pénales usitées jusqu'à présent, seront réformées, les peines seront rendues dans quelques cas moins sanguinaires, et en général plus proportionnées aux délits.

XLI. Aucun homme libre de cet Etat ne pourra être arrêté, emprisonné, dépouillé de sa franche tenue, de ses immunités ou privilèges, mis hors de la protection des Loix, exilé, ni privé en aucune manière de sa vie, de sa liberté ou de sa propriété, que par un jugement de ses Pairs, en vertu de la Loi du Pays.

XLII. Le Militaire sera subordonné à la Puissance civile de l'Etat.

XLIII. La liberté de la presse sera conservée inviolablement.

XLIV. Aucune partie de la présente Constitution ne pourra être changée, sans qu'il soit donné préalablement connoissance du projet d'y faire un changement quatre-vingt-dix jours à l'avance; et il ne sera rien changé dans aucune partie de la présente Constitution sans le consentement de la pluralité des Membres du Sénat et de la Chambre des Représentans.

XLV. Le Sénat et la Chambre des Représentans ne procéderont à l'élection d'un Gouverneur, ou d'un Lieutenant-Gouverneur,
que lorsqu'il y aura plus de moitié au moins
de leurs Membres respectifs présens.

Dans la Chambre du Conseil, dix-neuf
Mars mil sept cent soixante-dix-huit.

Consentie,

RAWLIN LOWNDES.

HUGH RUTLEDGE, *Orateur du Conseil
Législatif.* THOMAS BEE, *Orateur de l'Assemblée générale.*

En Assemblée générale, dix-neuf Mars mil
sept cent soixante-dix-huit.

Publié par ordre de la Chambre,

PIERRE TIMOTHY, *Greffier de l'Ass. Gén.*

XIII.

GEORGIE.

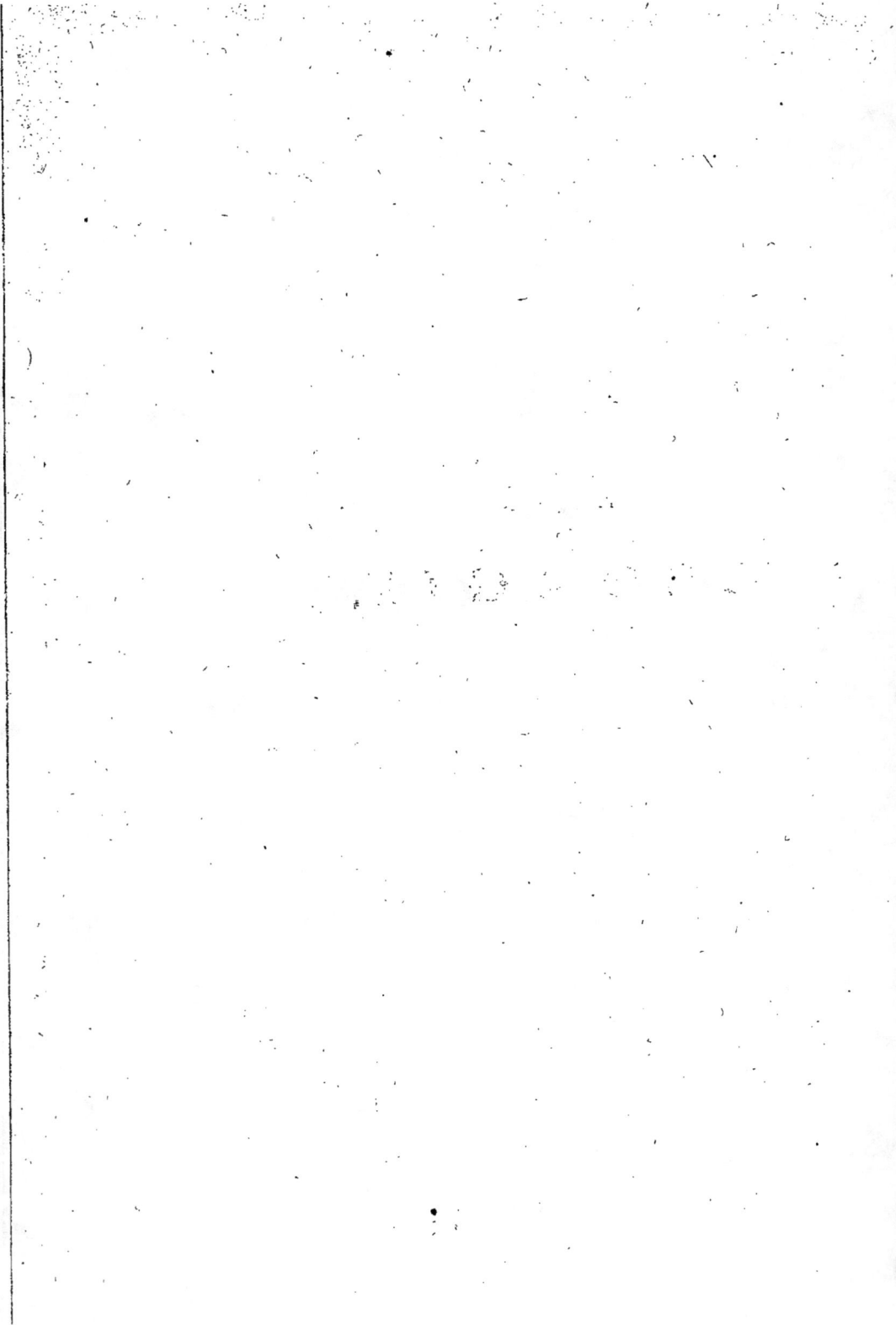

GEORGIE.

Constitution de l'Etat de Georgie, unanimement arrêtée le cinq Février mil sept cent soixante-dix-sept.

PRÉAMBULE.

CONSIDÉRANT que la conduite de la Législature de la Grande-Bretagne, a depuis long-tems été vexatoire envers le Peuple de l'Amérique, jusqu'au point d'avoir explicitement déclaré, les années dernières, et d'avoir affirmé qu'elle avoit le droit de lever des taxes sur le Peuple de l'Amérique, et de faire des Loix obligatoires pour lui dans tous les cas quelconques, sans son consentement; qu'une telle conduite répugnant aux droits communs à tous les hommes, a forcé les Américains à s'opposer en hommes libres à ces mesures vexatoires, et à s'assurer les droits et les

G 4

privilèges qui leur appartiennent par les loix
de la nature et de la raison; ce qui a été
fait par le consentement général de tout le
Peuple, des États de New-Hampshire, Massachusetts, Rhode Island, Connecticut, New-
Yorck, New-Jersey, Pensylvanie, des Comtés
de New-Castle, Kent et Sussex sur la Delaware, du Maryland, de la Virginie, de la
Caroline Septentrionale, de la Caroline Méridionale, et de la Georgie, donné par leurs
Représentans assemblés en Congrès Général
dans la ville de Philadelphie :

Considérant que le quinze du mois de Mars
dernier, le susdit Congrés a recommandé aux
Assemblées et aux Conventions respectives de
ceux des États-Unis, où il n'avoit pas encore
été établi un Gouvernement approprié aux
circonstances, d'adopter la forme de Gouvernement, qui d'après l'opinion des Représentans du Peuple, paroîtroit la plus propre à
procurer le bonheur et la sûreté de leurs
Constituans en particulier, et de l'Amérique
en général :

Et considérant que le susdit Honorable
Congrès a aussi déclaré le quatre Juillet mil
sept cent soixante-seize *l'Indépendauce des États-
Unis ne l'Amérique,* et que tout lien politique

entr'eux et la Couronne de la Grande-Bretagne, a été rompu en conséquence de cette déclaration :

Tout considéré, Nous , Représentans du Peuple, de qui tout pouvoir émane, et de qui l'avantage est le but de tout Gouvernement, en vertu du pouvoir à Nous délégué, Nous ordonnons et déclarons, et par le présent Acte il est ordonné et déclaré que les Règles et Réglemens suivans sont adoptés pour le Gouvernement futur de cet État.

F O R M E D E G O U V E R N E M E N T.

ART. Ier. LES Départemens Législatif,
Exécutif et Judiciaire, seront distincts et séparés, de manière que l'un n'exerce point les
pouvoirs qui appartiendront aux autres.

II. La Législature de cet État sera composée
des Représentans du Peuple, comme il est
ci-après indiqué.

Les Représentans seront élus annuellement,
le premier mardi du mois de Décembre de
chaque année; et les Représentans ainsi élus,
s'asssembleront le premier mardi du mois de
Janvier suivant à Savannah, ou dans tel autre
lieu, ou tels autres lieux que la Chambre d'Assemblée en exercice l'ordonnera.

Les Réprésentans ainsi élus procéderont dans
leur première Séance au choix d'un Gouverneur, à qui l'on donnera le titre de *Honno-
rable*, et d'un Conseil chargé du Département
exécutif : ils y procéderont par la voie du
scrutin, et choisiront dans leur propre Corps,
deux Sujets de chacun des Comtés de cet État,
à l'exception pourtant de ceux qui ne sont
pas encore autorisés à envoyer dix Membres.

L'un de ces Conseillers de chaque Comté sera toujours dans le lieu de la résidence du Gouverneur, et les deux alterneront mois par mois, à moins qu'ils ne prennent entr'eux d'autres arrangemens pour régler leurs alternatives de service plus longues ou plus courtes ; cette clause, au reste, n'empêchera pas l'un et l'autre des Membres de chaque Comté de servir à la fois, s'ils le veulent. Le reste des Représentans s'appellera, *la Chambre d'Assemblée* ; et la pluralité des Membres de cette Chambre aura pouvoir de procéder à l'expédition des affaires.

III. Ce sera une règle inaltérable, que la Chambre d'Assemblée expirera et sera dissoute chaque année le jour qui précédera celui de l'élection mentionnée dans le Réglement de l'article précédent.

IV. La Représentation sera partagée de la manière suivante :

Dix Membres pour chaque Comté, comme il est ci-après ordonné, à l'exception du Comté de Liberté, qui contient trois Parroisses, et à qui il sera passé quatorze Membres.

Les terres cédées au nord de la rivière Ogeechie, formeront un Comté qui sera connu sous le nom de *Wilkes.*

La Paroisse de Saint-Paul formera un autre Comté sous le nom de *Richmond*.

La Paroisse de Saint-George un autre Comté, sous le nom de *Burke*.

La Paroisse de Saint-Matthieu, et la partie supérieure de Saint-Philippe, au-dessus de Canouchie, un autre Comté, sous le nom de *Effingham*.

La Paroisse de Christ church, *l'Eglise du Christ* et la partie inférieure de celle de Saint-Philippe, au-dessous de Canouchie, un autre Comté, sous le nom de *Chatham*.

Les Paroisses de Saint-Jean, Saint-André, et Saint-Jacques, un autre Comté, sous le nom de *Liberté*.

Les Paroisses de Saint-David et de Saint-Patrick, un autre Comté, sous le nom de *Glyn*.

Les Paroisses de Saint-Thomas et de Sainte-Marie, un autre Comté, sous le nom de *Camden*.

Le Port et la Banlieue de Savannah auront droit d'envoyer quatre Membres pour représenter leur Commerce.

Le Port et la Banlieue de Sunbury auront droit d'envoyer deux Membres pour représenter leur Commerce.

V. Les deux Comtés de Glyn et de Camden

auront chacun un Représentant ; et leur Représentation, ainsi que celle de tous les autres
Comtés qui pourront être établis dans la suite
par la Chambre d'Assemblée , sera réglée par
les dispositions suivantes : chaque Comté ,
dès le moment de sa première institution,
aura droit d'envoyer un Représentant , pourvu
que les habitans dudit Comté puissent fournir
dix Électeurs ; s'il y a trente Électeurs , ils
pourront envoyer deux Représentans ; trois
pour quarante Électeurs, quatre pour soixante,
six pour quatre-vingt ; et lorsqu'il y aura
cent Électeurs, ou plus , ils pourront envoyer
dix Représentans , parmi lesquels on choisira
pour lors deux Conseillers , comme il est
ordonné pour les autres Comtés.

VI. Les Représentans seront choisis parmi
les habitans de chaque Comté , et devront
avoir résidé douze mois au moins dans cet
État, et trois mois dans le Comté pour lequel
ils seront élus; mais les Francs-Tenanciers
des Comtés de Glyn et de Camden , qui sont
dans un état d'alarme , seront exceptés de cette
clause , et pourront choisir un Représentant
pour chacun de leurs Comtés respectifs , ainsi
qu'il est spécifié dans les articles de la présente
Constitution, et faire leur élection dans tout

autre Comté de cet État, jusqu'à ce qu'ils aient un nombre d'habitans résidans suffisant pour leur donner droit à un plus grand nombre de Représentans. Les Représentans devront être de la Religion Protestante, de l'âge au moins de vingt-un ans., et posséder en leur propre et privé nom deux cent cinquante acres de terre, ou quelque propriété de la valeur de deux cent cinquante livres sterling.

VII. La Chambre d'Assemblée aura le pouvoir de faire toutes les Loix et tous les Réglemens qui pourront procurer le bon ordre et l'avantage de cet État, pourvu que ces Loix et Réglemens ne répugnent point à la véritable intention, ni au vrai sens d'aucune des règles et dispositions contenues dans la présente Constitution.

La Chambre d'Assemblée aura aussi le pouvoir d'abroger toutes les Loix et Ordonnances qu'elle trouvera nuisibles au Peuple; elle choisira son Orateur, nommera ses Officiers, établira des Réglemens pour sa discipline intérieure et ses formes de procéder, expédiera des Lettres d'élection pour suppléer aux vacances intermédiaires, et pourra s'ajourner à tous les tems de l'année.

VIII. Toutes les Loix et Ordonnances seront

lues trois fois; chaque lecture se fera à des jours différens, excepté dans le cas de grand danger et de nécessité urgente ; et toutes les Loix et Ordonnances seront, après la seconde lecture, envoyées au Conseil exécutif pour qu'il les examine et donne son avis.

IX. Tous les habitans blancs, mâles, âgés de vingt-un ans, possédant en leur propre et privé nom, une valeur de dix livres sterling, et soumis à payer les taxes dans cet État, ou professant quelque métier, ou faisant quelque commerce, et qui auront résidé six mois dans cet État, auront droit de suffrage dans toutes les élections, pour les Représentans et pour tous les autres Officiers qui doivent, en vertu de la présente Constitution, être choisis par l'universalité du Peuple ; chaque personne ayant droit de voter à une élection, donnera son suffrage par la voie du scrutin, et sera tenue de le donner personnellement.

X. Aucun Officier, quel qu'il soit, ne prêtera son ministère pour aucun procès, et ne causera aucune autre espèce d'empêchement à une personne ayant droit de suffrage, soit pendant qu'elle ira au lieu de l'élection, soit pendant le tems de ladite élection, soit pendant celui de son retour : et aucuns Officiers

Militaires, ou Soldats, ne paroîtront à une
élection dans le costume militaire, afin que
toutes les élections soient exemptes de toute
gêne, et parfaitement libres.

XI. Aucun habitant n'aura droit à plus d'un
suffrage, et ne le donnera que dans le Comté
où il aura son domicile, à l'exception du cas
ci-dessus excepté, (*pour les Comtés de Glyn et
de Camden*); et aucun habitant ayant un titre
de noblesse ne pourra être Représentant, ni
occuper aucun emploi soit honorifique soit
lucratif, soit de pure confiance dans cet État,
tant qu'il se prévaudra de son titre de noblesse;
mais s'il renonce à cette distinction, de la
manière qui sera réglée par les Législatures à
venir, alors et dans ce cas, il aura droit de
suffrage, sera éligible pour Représentant, comme
il a été ci-dessus réglé, et jouira de tous les
autres avantages de citoyen libre.

XII. Tout habitant qui s'absentera d'une
élection, ou qui négligera d'y donner son
suffrage, sera tenu de payer une amende, qui
n'excédera pas cinq livres sterling; la Législature réglera par un acte la manière dont se
fera le recouvrement de ces amendes, et
l'application des fonds qui en proviendront;
mais

mais on admettra les excuses légitimes pour ces absences.

XIII. La forme d'élection pour les Représentans sera le scrutin, qui sera recueilli par deux ou plusieurs Juges de paix, munis d'une boîte convenable pour recevoir les billets; lorsque la votation sera finie, on fera le compte des billets en public, on le comparera avec la liste qui aura été préalablement dressée de tous les Votans; et la pluralité sera proclamée sur-le-champ; il sera délivré un certificat de l'élection aux Sujets élus, et il en sera envoyé un à la Chambre des Représentans.

XIV. Tout habitant ayant droit de suffrage, sera tenu, si on l'exige, de prêter le serment, ou de faire l'affirmation dont la teneur suit:

Je N. jure volontairement et solemnellement, (ou j'affirme suivant le cas) que je dois et voue une véritable fidélité à cet État, et que je soutiendrai sa Constitution. Sur ce, Dieu me soit en aide.

XV. Cinq des Représentans élus en la manière ci-devant prescrite, auront pouvoir de s'administrer mutuellement le serment suivant l'un à l'autre; ils le feront prêter ensuite dans la Chambre à tous les autres

H

Membres qui viendront se mettre en régle pour prendre leur séance ; et tout Représentant ayant déja prêté le serment pourra, comme ces cinq premiers, le faire prêter aux autres.

Suit la teneur du Serment.

Je N. jure solemnellement, que je garderai une véritable fidélité à l'Etat de Georgie, que je répondrai du mieux qui me sera possible à la confiance dont on m'a honnoré, que je remplirai en conscience et aussi bien que mes lumières me le permettront, les fonctions de ma place, pour l'avantage de cet Etat; que je soutiendrai sa Constitution : et je jure que j'ai obtenu mon élection sans fraude, corruption ou séduction quelconques. Sur ce, Dieu me soit en aide.

XVI. Les Délégués Continentaux seront nommés annuellement au scrutin, ils auront droit de siéger, de discuter, et de voter dans la Chambre d'Assemblée, et seront réputés en faire partie ; ils seront toutes-fois soumis au Réglement contenu dans le douzième article de la Confédération des Etats-Unis.

XVII. Aucun Habitant pourvu de quelqu'emploi lucratif sous l'autorité de cet Etat, ou pourvu d'une commission militaire sous l'autorité de cet Etat, ou sous celle de tout autre Etat que ce soit, excepté les Officiers de la Milice, ne sera éligible comme Représentant. Et si quelque Représentant est nommé à un emploi lucratif, ou pourvu d'une commission militaire, et s'il les accepte, sa place dans la Chambre vaquera sur-le-champ, et il ne pourra pas être réélu, tant qu'il gardera l'autre emploi.

Il n'est point entendu par cet article, que la charge de Juge de Paix, soit un emploi lucratif.

XVIII. Personne ne pourra posséder à la fois plus d'un emploi lucratif sous l'autorité de cet Etat.

XIX. Le Gouverneur avec l'avis du Conseil exécutif, exercera la puissance exécutrice de cet Etat, conformément aux Loix et à la Constitution de l'Etat, excepté pour les cas de graces ou de remises d'amendes, qu'il ne pourra jamais accorder; mais il pourra accorder répit à un criminel, ou faire surseoir au paiement d'une amende, jusqu'à la plus prochaine séance de l'Assemblée, qui en décidera comme elle le jugera à propos.

XX. Le Gouverneur avec l'avis du Conseil exécutif, aura le pouvoir de convoquer la Chambre d'Assemblée, lorsque les circonstances l'exigeront, avant le tems pour lequel elle se sera ajournée.

XXI. Le Gouverneur avec l'avis du Conseil exécutif, pourvoira jusqu'à la prochaine élection générale, à tous les emplois qui viendront à vaquer dans l'intervalle d'une élection à l'autre, et toutes les commissions civiles et militaites seront délivrées par le Gouverneur, revêtues de sa signature, et scellées du grand sceau de l'État.

XXII. Le Gouverneur pourra présider le Conseil exécutif dans tous les tems, excepté lorsque ce Conseil prendra en considération et examinera les Loix et Ordonnances, présentées par la Chambre d'Assemblée.

XXIII. Le Gouverneur sera choisi annuellement au scrutin, il ne sera pas éligible pour cette charge pour plus d'un an dans l'espace de trois années, et il ne pourra être pourvu d'aucune commission militaire sous l'autorité de cet État ni d'aucun autre État.

Le Gouverneur devra résider dans le lieu que la Chambre d'Assemblée en exercice désignera.

XXIV. *Serment du Gouverneur.*

Je N. élu Gouverneur de l'État de Georgie par ses Représentans, promets et jure solemnellement, que durant le tems pour lequel je suis nommé, je m'acquitterai, aussi bien que mes talens et mon jugement me le permettront, des fonctions de ladite charge, fidèlement et en conscience, conformément aux Loix, sans faveur, affection, ni partialité; que je soutiendrai, maintiendrai et défendrai de tout mon pouvoir l'État de Georgie, et sa Constitution; que je ferai tous mes efforts pour protéger le Peuple de cet État, et lui assurer la tranquille jouissance de tous ses droits, franchises et privilèges, pour que les Loix et Ordonnances de l'État soient bien et duement observées, et pour que la Loi et la Justice soient exécutées avec équité et douceur dans tous les jugemens. Je promets et jure solemnellement en outre que je remettrai paisiblement et tranquillement la charge de Gouverneur, pour laquelle j'ai été élu, à l'époque

H 3

fixée par la Constitution pour ma permanence dans cette charge : et enfin, je jure aussi solemnellement, que je n'ai point accepté d'une manière contraire à la Constitution, ladite charge pour laquelle j'ai été élu : sur ce, Dieu me soit en aide.

Ce sera l'Orateur de l'Assemblée qui fera prêter au Gouverneur le serment ci-dessus.

Et l'Orateur de l'Assemblée fera prêter le même serment au Président du Conseil.

Toute personne qui n'aura pas résidé trois ans dans cet Etat ne sera pas éligible pour la charge de Gouverneur.

XXV. Le Conseil exécutif s'assemblera le lendemain de son élection, et procédera à se choisir un Ptésident parmi ses Membres ; il aura le pouvoir de nommer ses Officiers et d'établir ses formes de procéder.

Les suffrages dans le Conseil se donneront toujours par Comtés, et non par individus.

XXVI. Chaque Conseiller présent à une délibération, pourra faire enregistrer sa protestation contre toutes mesures du Conseil auxquelles il n'aura pas consenti, pourvu qu'il le fasse dans l'espace de trois jours.

XXVII. Pendant toute la session de l'Assemblée, tous les Membres du Conseil exécutif tiendront aussi leurs séances, à moins qu'ils n'en soient empêchés par maladie ou par quelqu'autre nécessité urgente ; dans ce cas, le plus grand nombre des Membres de ce Conseil formera un bureau pour examiner les Loix et Ordonnances qui leur seront envoyées par la Chambre d'Assemblée ; et toutes les Loix, et Ordonnances envoyées au Conseil seront renvoyées avec ses observations dans l'espace de cinq jours.

XXVIII. Un Comité du Conseil envoyé avec les changemens proposés dans une Loi ou Ordonnance, exposera les raisons du Conseil pour ces changemens ; ce Comité sera assis et couvert, et tous les Membres de la Chambre, à l'exception de l'Orateur, resteront découverts pendant tout le tems.

XXIX. Dans les cas d'absence ou de maladie du Gouverneur, le Président du Conseil exécutif exercera les fonctions de Gouverneur, et aura les mêmes pouvoirs.

XXX. Quand il se présentera devant le Gouverneur et le Conseil exécutif, quelque affaire qui exigera le secret, le Gouverneur devra, et il lui est enjoint par la présente

H 4

Constitution, de faire prêter le serment dont la teneur suit :

Je N. jure solemnellement de ne révéler à qui que ce soit, de vive voix ni par écrit, ni d'aucune autre manière quelconque, l'affaire quelle qu'elle soit, qui va être communiquée au Conseil, jusqu'à ce que la permission en soit donnée par ledit Conseil, ou que j'en sois requis par la Chambre d'Assemblée ; et je jure tout ce que dessus sans aucunes réserves ni restrictions quelconques. Sur ce, Dieu me soit en aide.

On fera prêter le même serment au Secrétaire et à tous les autres Officiers qu'il sera nécessaire d'employer pour l'affaire.

XXXI. Le Département exécutif subsistera jusqu'à ce qu'il soit renouvellé, de la manière ci-dessus prescrite.

XXXII. Toutes les affaires entre les Corps chargés de la Puissance législatrice, et de la Puissance exécutrice seront communiquées de l'un à l'autre par voie de Message ; et le Message sera porté de la Législature au Gouverneur ou au Conseil exécutif, par un Comité ; du Gouverneur à la Chambre d'Assemblée, par le Secrétaire du Conseil ; et du Conseil exécutif, par un Comité de ce Conseil.

XXXIII. Le Gouverneur en exercice, sera Capitaine Général et Commandant en chef de toute la Milice, et de toutes les autres forces de terre ou de mer appartenant à cet Etat.

XXXIV. Il sera exprimé dans toutes les Commissions de la Milice, que les Officiers qui en sont pourvus les garderont tant qu'ils se conduiront bien.

XXXV. Chaque Comté de cet Etat, dans lequel il y a maintenant, ou dans lequel il y aura par la suite deux cent cinquante hommes ou plus, propres à porter les armes, formera un bataillon ; s'il devient trop nombreux pour un seul bataillon, il y en sera formé plusieurs, en vertu d'un Bill de la Législature ; et ceux des Comtés qui auront moins de deux cent cinquante hommes, formeront des Compagnies séparées.

XXXVI. Il sera établi dans chaque Comté une Cour appellée *Cour supérieure*, qui se tiendra deux fois chaque année, savoir, à commencer du premier mardi du mois de Mars.

Le premier mardi, dans le Comté de Chatham.

Le second mardi, dans le Comté de Effingham.

Le troisième mardi, dans le Comté de Burke.

Le quatrième mardi, dans le Comté de Richmond.

Lé cinquième mardi, dans le Comté de Wilkes.

Le sixième mardi, dans le Comté de Liberté.

Le septième mardi, dans le Comté de Glyn.

Le huitième mardi, dans le Comté de Camden.

Les mêmes Cours se tiendront, à commencer en Octobre, pour continuer dans le même ordre que ci-dessus.

XXXVII. Toutes les causes et discussions entre des Parties domiciliées dans le même Comté, se poursuivront dans ce Comté.

XXXVIII. Toutes les discussions entre des Parties domiciliées dans des Comtés différens, se poursuivront dans le Comté qu'habite le Défendeur, à l'exception de celles qui auront pour objet des biens-fonds, lesquelles se poursuivront dans le Comté où les fonds seront situés.

XXXIX. Toutes les causes pour trouble du repos public, félonie, meurtre, et trahison contre l'Etat, se poursuivront dans le Comté où le délit aura été commis. Toutes les causes, soit civiles, soit criminelles qui s'éleveront dans un Comté, où il n'y aura pas un nombre d'habitans suffisant pour y former une Cour, se poursuivront dans le plus voisin des Comtés où il s'en tiendra une.

XL. Toutes les causes, de quelque nature qu'elles soient, à l'exception de ce qui sera dit ci-après, se poursuivront dans la Cour Supérieure, qui sera composée du Chef-Juge, et de trois autres Juges ou plus, résidans dans le Comté. En cas d'absence du Chef-Juge, le plus ancien Juge présent le remplacera, et tiendra la Cour avec le Greffier du Comté, le Procureur pour l'Etat, le Shériff, le Coroner, le Connétable et les Jurés; en cas d'absence de quelques-uns des Officiers ci-dessus nommés, les Juges présens en nommeront d'autres à leur place, par *interim*. Et si quelque Demandeur ou Défendeur en cause civile, n'est pas satisfait de la décision du

Juré, alors et dans ce cas, il pourra dans les trois jours, interjetter appel du *Verdict*, et demander une nouvelle procédure par un *Juré spécial* qui sera nommé comme il suit : chacune des Parties, le Demandeur et le Défendeur choisiront six Sujets, il sera ensuite tiré au hasard six noms de plus d'une boëte a ce destinée, ce qui formera un total de dix-huit Sujets qui seront requis de faire l'office de Jurés ; les dix-huit noms seront mis ensemble dans la boëte, et les douze Sujets dont les noms seront tirés les premiers, en présence de tous, formeront le Juré spécial pour connoître de la cause et sans appel.

XLI. Les Jurés seront Juges du droit ainsi que du fait, et il ne leur sera pas permis de donner un *Verdict spécial* (1) ; mais si tous

_____

(1) On appelle *Verdict* la prononciation des Jurés. (Voyez *la note* (4) *de la Constitution de Massachusetts*). Le *Verdict* est ou *général*, ou *spécial*. Le *Verdict général* soit en matière civile, soit en matière criminelle, prononce décisivement sur la nature de la demande ou du crime. Le *Verdict spécial* a lieu lorsque les Jurés incertains recourent aux lumières des Juges : ils prononcent alors en présentant une alternative que

les Jurés, ou quelques-uns d'entr'eux, ont quelques doutes sur des points de droit, avant de prononcer ils s'adresseront aux Juges, qui, chacun à tour de rôle, donneront leur avis.

XLII. Les Jurés prêteront serment de donner leur *Verdict* conformément à la Loi, et à leur opinion d'après les preuves, pourvu qu'il ne soit pas contraire aux règles et réglemens contenus dans la présente Constitution.

XLIII. Le Juré spécial prêtera serment de donner un *Verdict* conformément à la Loi et à son opinion d'après les preuves, pourvu

l'avis des Juges décide ; c'est une question sur l'espèce, d'où vient à ce *Verdict* le nom de *Spécial*. Un homme par exemple, est tué par une pierre qu'un autre a lancée, ce dernier est traduit en justice ; il y a mort d'homme, mais l'accusé doit-il être considéré comme meurtrier, ou comme ayant tué involontairement. Les Jurés recueillent les preuves à charge et à décharge, et soumettent par un *Verdict spécial* la question aux Juges qui la décident. Dans la Jurisprudence Anglaise, les Jurés peuvent bien s'ils veulent prononcer toujours un *Verdict général*, mais alors ils en deviennent responsables, et peuvent être poursuivis. En Georgie ils sont obligés de le prononcer, mais ils peuvent et doivent auparavant s'aider des lumières des Juges.

qu'il ne soit pas contraire à la justice, à l'équité, au sentiment de sa conscience, ni aux règles et réglemens contenus dans la présente Constitution.

XLIV. Les prises faites sur terre et sur mer seront jugées dans le Comté où elles seront amenées ; il sera convoqué, sur la requête des Preneurs ou des Réclamans, une Cour spéciale par le Chef-Juge, ou en son absence, par le plus ancien Juge dudit Comté, et la cause sera expédiée et jugée dans l'espace de dix jours. La manière de procéder, et l'appel seront les mêmes que dans les Cours supérieures, à moins qu'après le second jugement, on n'interjette appel au Congrès Continental ; il n'y aura pas plus de quatorze jours d'intervalle entre la première et la seconde Sentence ; et toutes les causes maritimes seront poursuivies et jugées de la même manière.

XLV. Aucun Grand-Juré ne sera composé de moins de dix-huit personnes, et douze pourront former un Bill.

XLVI. La Cour de Conscience sera continuée ainsi qu'elle a existé jusqu'à présent, et sa Jurisdiction s'étendra à toutes les causes qui n'excéderont pas la somme de dix livres sterling.

XLVII. Il sera sursis jusqu'au premier lundi de Mars à toutes exécutions pour les sommes au-dessus de cinq livres sterling, excepté dans le cas de condamnations à la Cour des Marchands, pourvu que l'on donne des sûretés pour les dettes et pour les frais.

XLVIII. La totalité des frais pour un procès dans la Cour supérieure, ne devra pas excéder la somme de trois livres sterling; et il ne sera pas souffert qu'un procès soit pendant plus long-tems que deux Sessions dans la Cour supérieure.

XLIX. Tout Officier de l'État sera comptable de sa conduite à la Chambre d'Assemblée, lorsqu'il en sera requis par elle.

L. Chacun des Comtés gardera les registres publics à lui appartenans; il sera fait des copies authentiques des différens registres dont cet État est actuellement en possession, et ces copies seront déposées dans les Comtés respectifs auxquels elles devront appartenir.

LI. Les biens ne pourront pas être substitués, et quand une personne mourra *ab intestat*, son bien ou ses biens seront partagés également ment entre ses enfans; la Veuve aura une part d'enfant, ou son douaire, à son choix, tous les autres biens, dont il n'aura pas été disposé par testament, seront partagés conformément à l'acte de distribution fait sous le règne de Charles second, à moins qu'un acte futur de la Législature n'en ordonne autrement.

LII. La Législature établira dans chacun des Comtés un Garde des registres de vérification des testamens, pour vérifier les testamens, et accorder des Lettres d'administration.

LIII. Tous les Officiers civils seront élus annuellement dans chaque Comté, le jour de l'élection générale, excepté les Juges de Paix, et les Gardes de registres pour la vérification des testamens, qui seront nommés par la Chambre d'Assemblée.

LIV. Il sera établi dans chaque Comté des écoles qui seront entretenues aux frais de l'État, ainsi que la Législature le réglera par la suite.

LV. Il sera établi, aux frais publics, dans chaque Comté, une maison pour les Sessions de la Cour supérieure, et une prison, dans le lieu qui sera désigné ou ordonné par la présente Convention, ou par la future Législature.

LVI

LVI. Toutes personnes quelconques auront le libre exercice de leur Religion, pourvu qu'il n'y ait rien de contraire au repos et à la sûreté de l'État ; et personne ne contribuera, sans son consentement, à l'entretien de Ministres ou Instituteurs en fait de Religion, exeepté ponr ceux de la même Profession de Foi.

LVII. Le grand Sceau de l'État sera composé, comme il suit : d'un côté un rouleau sur lequel seront gravés ces mots, *la Constitution de l'Etat de Georgie*, et la Légende *pro bono publico* ; de l'autre côté une belle maison et d'autres bâtimens, des champs de bled, et des prairies couvertes de gros et menu bétail, une rivière coulant à travers de la prairie, avec un vaisseau à pleines voiles, et pour légende, *Deus nobis hæc otia fecit.*

LVIII. Il ne sera permis de plaider devant les Cours de Justice de cet État, qu'aux personnes autorisées à cet effet par la Chambre d'Assemblée ; et si une personne, ainsi autorisée, est trouvée coupable de malversation devant la Chambre d'Assemblée, elle aura le pouvoir de l'interdire.

On ne pourra rien inférer du présent Article pour priver qui que ce soit du privilège inhé-

I

rent à tout homme libre, la liberté de plaider sa propre cause.

LIX. Il ne sera point imposé d'amendes excessives, ni demandé de cautions exorbitantes.

LX. Les principes de l'acte de *habeas Corpus*, seront réputés faire partie de la Constitution.

LXI. La liberté de la presse et la procédure par Jurés demeureront à jamais inviolables.

LXII. Aucun Ecclésiastique, de quelque Communion qu'il soit, ne pourra occuper une place dans la Législature.

LXIII. Il ne sera fait aucuns changemens à la présente Constitution, à moins qu'ils ne soient demandés par des pétitions de la pluralité des Comtés, lesquelles pétitions de chaque Comté devront être signées par la pluralité des Votans dans chaque Comté de cet Etat. Alors, l'Assemblée ordonnera la convocation d'une Convention à cet effet, en spécifiant les changemens à faire, conformément aux pétitions qui auront été présentées à l'Assemblée par la pluralité des Comtés, ainsi qu'il a été dit ci-dessus.

DÉCLARATION

D'INDÉPENDANCE.

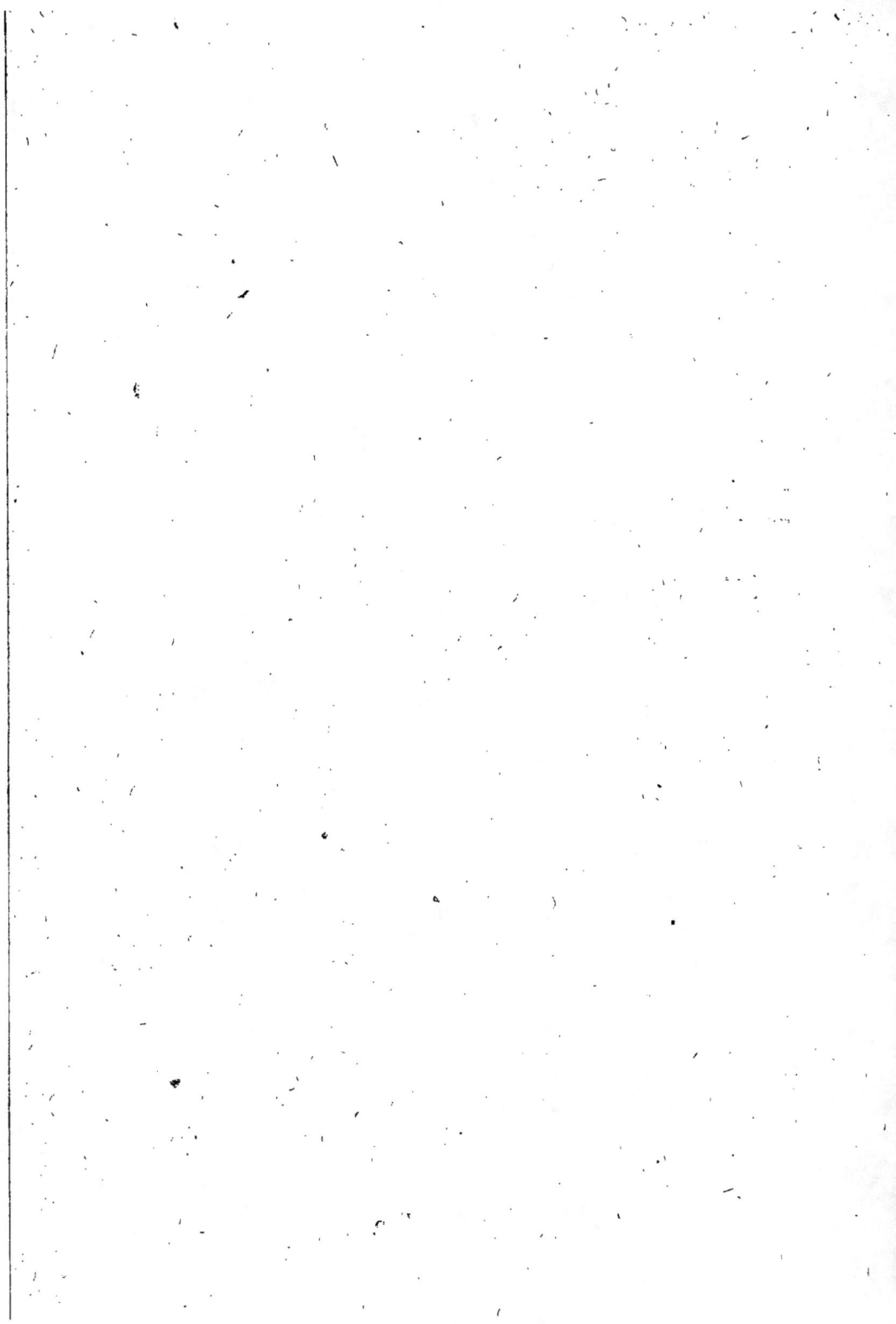

EN CONGRES,

Quatre Juillet mil sept cent soixante-seize.

DECLARATION

Par les Représentans des Etats-Unis d'Amérique Assemblés en Congrès.

Lorsque le cours des événemens humains met un Peuple dans la nécessité de rompre les liens politiques qui l'unissoient à un autre Peuple, et de prendre parmi les Puissances de la terre la place séparée, et le rang d'égalité auxquels il a droit en vertu des Loix de la Nature, et de celles du Dieu de la Nature; le respect qu'il doit aux opinions du genre-humain, exige de lui qu'il expose aux yeux du monde et déclare les motifs qui le forcent à cette séparation.

I 3

Nous regardons comme incontestables et évidentes par elles-mêmes les vérités suivantes : que tous les hommes ont été créés égaux ; qu'ils ont été doués par le Créateur de certains droits inaliénables ; que parmi ces droits on doit placer au premier rang la vie, la liberté et la recherche du bonheur. Que pour s'assurer la jouissance de ces droits, les hommes ont établi parmi eux, des Gouvernemens dont la juste autorité émane du consentement des gouvernés. Que toutes les fois qu'une forme de Gouvernement quelconque devient destructive de ces fins pour lesquelles elle a été établie, le Peuple a le droit de la changer ou de l'abolir, et d'instituer un nouveau Gouvernement, en établissant ses fondemens sur les principes, et en organisant ses pouvoirs dans la forme qui lui paroîtront les plus propres à lui procurer la sûreté et le bonheur. A la vérité la prudence dictera que l'on ne doit pas changer, pour des motifs légers et des causes passagères, des Gouvernemens établis depuis long-tems ; et aussi l'expérience de tous les tems a montré que les hommes sont plus disposés à souffrir, tant que les maux sont supportables, qu'à se faire droit à eux-mêmes en détruisant les formes auxquelles ils sont accoutumés. Mais lorsqu'une longue suite d'abus et d'usurpations, tendant invariablement au même but, montre évidemment le dessein de réduire un Peuple sous le joug d'un despotisme absolu, il a le droit, et il est de son devoir, de renverser un pareil Gouvernement, et de pourvoir, par de nouvelles mesures, à sa sûreté pour l'avenir. Telle a été la patience de ces Colonies dans leurs maux, et telle est aujourd'hui la nécessité qui les force à changer leurs anciens systêmes de Gouvernement. L'histoire du Roi actuel de la Grande-Bretagne est un tissu d'injustices et d'usurpations répétées, tendant toutes directement à établir une tyrannie absolue sur ces États. Pour le prouver, exposons les faits au monde impartial.

Il a refusé son consentement aux Loix les plus salutaires et les plus nécessaires pour le bien public.

Il a défendu à ses Gouverneurs de passer des Loix d'une importance immédiate et urgente, à moins qu'il ne fût sursis à leur exécution jusqu'à ce que l'on eût obtenu son consentement; et quand elles ont été ainsi suspendues, il a tout-à-fait négligé d'y faire attention et de les examiner.

I 4

Il a refusé de passer d'autres Loix pour l'établissement de grands Districts, à moins que le Peuple de ces Districts n'abandonnât le droit d'être représenté dans la Législature ; droit inestimable pour un Peuple, et qui n'est formidable que pour les tyrans.

Il a convoqué des Corps législatifs dans des lieux inusités, dénués de toutes commodités, et éloignés des dépôts de leurs registres publics, dans la seule vue, en les fatiguant, de les forcer à se prêter à ses desseins.

Il a dissous à plusieurs fois répétées des Chambres de Représentans, parce qu'elles s'opposoient à ses entreprises sur les droits du Peuple, avec une fermeté qui sied à des hommes.

Il a refusé, pendant un long espace de tems après ces dissolutions, de faire élire de nouvelles Chambres de Représentans, et par-là l'autorité législatrice qui ne peut pas être annéantie, est retournée au Peuple, pour être exercée par lui dans son entier, l'État restant pendant ce tems exposé à tous les périls d'invasions extérieures, et de convulsions au dedans.

Il s'est efforcé d'arrêter et d'empêcher la population de ces États, en mettant dans cette

vue des obstacles à l'exécution des Loix exis-
tantes pour la naturalisation des étrangers,
en refusant d'en passer d'autres pour encourager
leurs émigrations dans ces contrées, et en
augmentant le prix des conditions pour les
nouvelles concessions et acquisitions de terres.

Il a gêné l'administration de la Justice,
en refusant son consentement à des Loix nécessaires pour établir des Tribunaux.

Il a rendu les Juges dépendans de sa seule
volonté, pour la jouissance de leurs Offices,
et pour le taux et le paiement de leurs appointemens.

Il a érigé une multitude de nouveaux offices,
et envoyé dans ce pays des essains d'Officiers
pour vexer notre Peuple, et dévorer sa subs-
tance.

Il a entretenu parmi nous, en tems de paix,
des troupes continuellement sur pied sans le
consentement de nos Législateurs.

Il a affecté de rendre le militaire indépendant
de l'autorité civile, et même supérieur à elle.

Il a combiné ses efforts avec ceux *d'autres
personnes* (1); pour nous soumettre à une Ju-

_____

(1) C'est-à-dire, avec le parlement de la Grande-
Bretagne.

risdiction étrangère à notre Constitution, et non reconnue par nos Loix, en donnant sa sanction à leurs actes de prétendue législation.

« Pour mettre en quartiers parmi nous de » gros Corps de troupes armées.

» Pour protéger les gens de guerre, par » des procédures illusoires, contre les châti- » mens justement mérités, pour des meurtres » qu'ils auroient commis dans la personne » d'Habitans de ces États.

» Pour intercepter et détruire notre com- » merce avec toutes les parties du monde.

» Pour imposer sur nous des taxes sans » notre consentement.

» Pour nous priver, dans beaucoup de cas, » du bénéfice de la procédure par Jurés.

» Pour nous transporter au-delà des mers, » afin de nous y faire juger sur des délits pré- » tendus.

» Pour détruire le systême de liberté des » Loix Anglaises dans une Province voisine, » y établir un Gouvernement arbitraire, et » en reculer les limites, afin de faire à la » fois, de cette Province, un exemple et un » instrument propres à introduire le même » Gouvernement absolu dans ces Colonies.

» Pour abroger nos Chartes, abolir nos Loix
» les plus précieuses, et sapper par leur fon-
» demens les formes de nos Gouvernemens.

» Pour interdir nos propres Législatures, et
» se déclarer revêtu du pouvoir de faire des
» Loix obligatoires pour nous, dans tous les
» cas quelconques ».

Il a abdiqué la qualité de notre Souverain,
en nous déclarant hors de sa protection, et
en nous faisant la guerre.

Il a dévasté nos mers, ravagé nos côtes,
brulé nos villes, et massacré nos Concitoyens.

Et maintenant il transporte de grandes armées de mercenaires étrangers, pour accom-
plir l'ouvrage de mort, de désolation et de
tyrannie déja commencé avec des circonstances
de cruauté et de perfidie dont on auroit peine
à trouver des exemples dans les siècles les
plus barbares, et tout à fait indignes du Chef
d'une nation civilisée.

Il a forcé nos Concitoyens, faits prisonniers
sur mer, à porter les armes contre leur patrie,
à devenir les bourreaux de leurs amis et de
leurs frères, ou à tomber eux-mêmes sous les
coups de leurs frères et de leurs amis.

Il a excité parmi nous des troubles domestiques, et a tâché d'attirer sur les Habitans
de nos Frontières les Indiens sauvages, ennemis sans pitié, dont la manière connue de faire
la guerre est de massacrer tout ce qu'ils rencontrent, sans distinction d'âge, de sexe, ni
de conditions.

A chaque époque d'oppression, nous avons
demandé justice, dans les termes les plus
humbles; nos pétions réitérées n'ont reçu pour
réponse que des insultes et des injustices répétées. Un Prince, dont le caractère est ainsi
marqué par toutes les actions qui peuvent désigner un tyran, est incapable de gouverner
un Peuple libre.

Et nous n'avons pas manqué d'égards envers nos frères les Bretons. Nous les avons
avertis, dans toutes les occasions, des tentatives que faisoit leur Législature pour étendre
sur nous une jurisdiction que rien ne pouvoit justifier; Nous avons rappelé à leur mé-
moire les circonstances de notre émigration
et de notre établissement dans ces Contrées.
Nous en avons appellé à leur justice, et à
leur grandeur d'ame naturelles, et nous les
avons conjurés par les liens du sang qui nous
unissoient, de désavouer ces usurpations qui

romproient inévitablement nos liaisons` et
notre commerce mutuel. Ils ont aussi été
sourds à la voix de la justice et de la parenté.
Nous devrons donc céder et consentir à la
nécessité qui ordonne notre séparation, et
les regarder, ainsi que nous regardons le reste
du genre-humain, comme ennemis pendant la
guerre, et comme amis pendant la paix.

En conséquence; Nous, Représentans des
États-Unis d'Amérique, assemblés en Congrés
général, appellant au Juge suprême de l'Univers qui connoît la droiture de nos intentions,
nous publions et déclarons solemnellement,
au nom et de l'autorité du bon Penple de ces
Colonies, que ces Colonies sont, et ont droit
d'être des *États libres et indépendans* : Qu'elles
sont dégagées de toute obéissance envers la
Couronne de la Grande-Bretagne ; que toute
union politique entr'Elles et l'État de la
Grande-Bretague, est et doit être entièrement
rompue ; et que, comme Etats libres et indépendans. Elles ont pleine autorité de faire
la guerre, de conclure la paix, de contracter
des alliances, d'établir le commerce, et de faire
tous les autes actes ou choses que des Etats
Indépendans peuvent faire, et ont droit de
faire. Et pleins d'une ferme confiance dans la

protection de la divine Providence, Nous engageons mutuellement, au soutien de cette
Déclaration, notre vie, nos biens, et notre
honneur qui nous est sacré.

JOHN HANCOCK.

New-Hampshire.
{
Josiah Bartlett.
William Whipple.
Matthew Thornton.

Massachusetts-Bay.
{
Samuel Adams.
John Adams.
Robert Treat Paine.
Elbrigde Gerry.

Rhode-Island, &c.
{
Stephen Hopkins.
William Ellery.

Connecticut. . . .
{
Roger Sherman.
Samuel Huntington.
William Williams.
Oliver Wolcott.

New-York. . . .
{
William Floyd.
Philip Livingston.
Francis Lewis.
Lewis Morris.

New-Jersey. . . . .
{
Richard Stockton.
John Witherspoon.
Francis Hopkinson.
John Hart.
Abraham Clark.
}

Pensylvanie. . . .
{
Robert Morris.
Benjamin Rush.
Benjamin Franklin.
John Morton.
George Clymer.
James Smith.
George Taylor.
James Wilson.
George Ross.
}

Delawarre . . . . .
{
Cesar Rodney.
George Read.
}

Maryland. . . . . .
{
Samuel Chase.
William Paca.
Thomas Stone.
Charles Caroll, Of Carrolton
}

Virginie. . . . . . .
{
George Withe.
Richard Henry Lee.
Thomas Jefferson.
Benjamin Harrison.
Thomas Nelson, jun.
Francis Lightfoot Lee.
Carter Braxton.
}

Caroline
Septentrionale . . . { William Hooper.
Joseph Hewes.
John Penn.

Caroline
Méridionale . . . . { Edward Rutlegde.
Thomas Heward, jun.
Thomas Lynch, jun.
Arthur Middleton.

Georgie. . . . . . . { Burton Gwinnett.
Lyman Hall.
George Walton.

ARTICLES

ARTICLES

DE CONFÉDÉRATION.

K

ARTICLES DE CONFÉDÉRATION

et d'Union perpétuelle, entre les Etats de New-Hampshire, Massachusetts, Rhode-Island et Etablissemens de Providence, Connecticut, New-Yorck, New-Jersey, Pensylvanie, Delaware, Maryland, Virginie, Caroline Septentrionale, Caroline Méridionale, et Georgie.

ART. Ier. LES susdits Etats se confédèrent sous le titre d'*Etats-Unis d'Amérique.*

II. Chaque Etat retient et se réserve sa souveraineté, sa liberté et son indépendance, et aussi tous les pouvoirs, jurisdictions et droits qui ne sont pas expressément délégués aux Etats-Unis assemblés en Congrès par le présent Acte, de Confédération.

III. Lesdits Etats contractent, chacun en leur nom, par le présent acte, un Traité d'alliance et d'amitié fermes et constantes avec tous les autres Etats, et chacun d'eux, pour leur défense commune, pour le maintien de leurs libertés, et pour leur bien général et mutuel; s'obligeant à se secourir les uns les autres contre toutes violences dont on pourroit menacer tous ou chacun d'eux, et à repousser en commun toutes attaques qui pourroient être dirigées contre tous ou chacun d'eux, pour cause de religion, de souveraineté, de commerce, ou sous quelqu'autre prétexte que ce soit.

IV. Pour assurer et perpétuer le mieux possible la correspondance et l'amitié mutuelles parmi le Peuple des divers Etats qui composent cette Union, les Habitans libres de chacun de ces Etats, à l'exception des mendians, des vagabonds et de ceux qui fuient les poursuites de la Justice, auront droit à toutes les immunités et privilèges de Citoyens libres dans les différens Etats; et le Peuple de chaque Etat pourra librement entrer dans chacun des autres Etats et en sortir, y jouira de tous les privilèges de trafic et de commerce, et sera soumis aux mêmes droits, impositions et restrictions que leurs Habitans respectifs; mais ces restrictions ne pourront pas s'étendre jusqu'à empêcher des effets importés dans un Etat, d'être transportés dans un autre Etat dont le Propriétaire desdits effets seroit habitant; et aucun Etat ne pourra non plus mettre des impositions, des droits ni des restrictions sur le commerce des effets appartenans aux Etats-Unis ou à quelqu'un d'eux.

Si quelque personne coupable ou accusée de trahison, de félonie ou d'autre délit considérable, dans un des Etats, fuit les poursuites de la Justice, et est trouvé dans quelqu'autre des Etats-Unis, elle sera sur la demande du Gouverneur, ou de la Puissance exécutrice de l'Etat dont elle se sera évadée, délivrée et renvoyée audit Etat dans la Jurisdiction duquel elle devra être jugée.

Il sera pleinement ajouté foi et croyance dans chacun des Etats, aux registres, actes et procédures judiciaires des Cours et des Magistrats de tous les autres Etats.

V. Afin que les intérêts généraux des Etats-Unis soient dirigés et conduits le mieux et le plus convenablement que faire se pourra, il sera nommé annuellement, en la manière que la Législature de chacun des Etats l'ordonnera, des Délégués qui s'assembleront en Congrès le premier lundi du mois de Novembre de chaque année, avec pouvoir réservé à chacun des Etats de révoquer ces Délégués ou quelques-uns d'entre eux, dans quelque tems de l'année que ce soit, et d'en envoyer

K 3

d'autres à leurs places pour le reste de l'année.

Aucun Etat ne sera représenté en Congrès par moins de deux, ni par plus de sept Membres ; le même Sujet ne pourra pas être Délégué plus de trois années dans l'espace de six ; et un Délégué ne pourra posséder aucun office dépendant des Etats-Unis, pour lequel lui ni aucune autre personne pour lui recevroit des appointemens, des profits ou émolumens quelconques.

Chaque Etat pourvoira aux appointemens de ses Délégués pendant la session des Etats, et pendant qu'ils seront Membres du Comité desdits Etats.

Chacun des Etats n'aura qu'un suffrage pour la décision des questions dans l'Assemblée des Etats-Unis en Congrès.

La liberté de parler et celle des débats dans le Congrès ne sera pas sujette à l'accusation en crime d'Etat, ni à être attaquée de quelque manière que ce soit, dans aucune Cour ou lieu quelconque hors du Congrès ; et les Membres du Congrès ne pourront pas être saisis personnellement ni emprisonnés, durant le tems de leur voyage pour se rendre au Congrès, durant celui de leur retour, ni pendant qu'ils y siégeront, excepté pour trahison, félonie ou perturbation du repos public.

VI. Aucun Etat en particulier ne pourra envoyer ni recevoir des Ambassades, entamer des négociations, contracter des engagemens, former des alliances, ni conclure des traités avec aucuns Rois, Princes ou États quelconques, sans le consentement des Etats-Unis assemblés en Congrès.

Aucune personne pourvue d'un emploi quelconque sous l'autorité des Etats-Unis, soit qu'il y ait des appointemens attachés à l'emploi, soit que ce soit une commission de pure confiance, ne pourra accepter aucuns présens, émolumens, ni aucuns offices ou titres de quelque nature qu'ils soient, d'aucun Roi, Prince ou Etat étranger.

Les Etats-Unis assemblés en Congrès, ni aucun Etat en particulier ne pourront conférer aucun titre de noblesse.

Deux ou plusieurs des Etats ne pourront conclure entre eux aucuns traités, confédérations ou alliances quelconques, sans le consentement des Etats-Unis assemblés en Congrès, et devront dans ce cas spécifier exactement les objets pour lesquels ce traité, cette

K 4

confédération ou cette alliance seront conclus, et combien de tems ils devront durer.

Aucun Etat ne pourra mettre des impôts ou droits qui puissent altérer les clauses des traités conclus par les Etats-Unis assemblés en Congrès, avec aucuns Roi, Prince ou Etat, ni contre celles d'aucuns traités déja proposés par le Congrès aux Cours de France et d'Espagne.

Aucun Etat ne pourra entretenir en tems de paix que le nombre de bâtimens de guerre jugé nécessaire par les Etats-Unis assemblés en Congrés, pour sa défense et celle de son commerce ; et aucun Etat n'entretiendra non plus de troupes en tems de paix, que la quantité jugée suffisante par les Etats-Unis assemblés en Congrès, pour fournir des garnisons aux forteresses nécessaires à sa défense ; mais chaque Etat entretiendra toujours une Milice bien ordonnée et disciplinée, suffisamment armée et équippée, et il se pourvoira d'un nombre convenable de pièces d'Artillerie de campagne, de tentes et d'une quantité proportionnée d'armes, de munitions et d'équipages de campagne ; le tout déposé dans des magasins publics et toujours prêt à servir.

Aucun Etat ne s'engagera dans une guerre

sans le consentement des Etats-Unis assemblés en Congrès, à moins d'une invasion actuelle de quelque ennemi, ou d'avis certains qu'il pourroit avoir d'une résolution formée par quelque nation d'Indiens de l'attaquer, et dans le cas seulement où le péril seroit trop imminent pour ne pas permettre de différer, jusqu'à ce que les Etats-Unis assemblés en Congrès puissent être consultés.

Et aucun Etat ne pourra donner de commissions à des vaisseaux ou autres bâtimens de guerre, ni des Lettres de marque ou de représailles, qu'après une Déclaration de guerre des Etats-Unis assemblés en Congrès, et alors seulement contre le Royaume ou l'Etat, et contre les Sujets du Royaume ou de l'Etat contre qui la guerre aura été déclarée, et en se conformant aux règles qui seront établies par les Etats-Unis assemblés en Congrès; dans le cas cependant où les côtes d'un Etat seroient infestées par des Pirates, il pourra, mais dans ce cas seulement, armer des bâtimens de guerre, et les entretenir aussi long-tems que le danger subsistera, ou jusqu'à ce que les Etats-Unis assemblés en Congrès en aient décidé autrement.

VII. Lorsqu'un des Etats levera des troupes

de terre pour la défense commune, tous les Officiers du grade de Colonel et au-dessous seront nommés par la .égislature de l'Etat qui les aura levés, ou de la manière que ledit Etat l'ordonnera; et toutes les vacances de ces emplois seront remplies par l'Etat qui aura fait la première nomination.

VIII. Toutes les dépenses de la guerre et toutes celles qui se feront pour la défense commune ou le bien général, et qui seront allouées par les Etats-Unis assemblés en Congrès, seront tirées d'un trésor commun, auquel il sera fourni par les différens Etats, en proportion de la valeur de toutes les terres qui dans chaque Etat seront concédées à une personne en particulier, ou qui auront été arpentées et bornées pour une personne en particulier (1);

---

(1) Lorsque l'on veut obtenir en Amérique une propriété dans les terreins vacans, l'on s'adresse à l'Arpenteur général, qui fait arpenter et borner la partie demandée, après quoi il faut recourir à la Législature pour avoir la concession; mais comme il peut arriver qu'on néglige de la demander, et que cependant on jouisse déjà, l'article ci-dessus prévoit le cas, et soumet toutes les terres, tant concédées que simplement arpentées et bornées, au paiement des impositions.

et ces terres, ainsi que les bâtimens qui y auront été construits, ou autres améliorations qui y auront été faites, seront estimées de la manière que les Etats-Unis assemblés en Congrès l'ordonneront et le régleront dans la suite des tems. Les taxes pour payer cette contribution seront imposées et levées sous l'autorité et par les ordres des Législatures des différens Etats, dans les tems fixés par les Etats-Unis assemblés en Congrès.

IX. Les Etats-Unis assemblés en Congrès auront seuls et exclusivement le droit et le pouvoir de décider de la paix et de la guerre, excepté dans les cas mentionnés au sixième article, d'envoyer des Ambassadeurs et d'en recevoir, de conclure des traités et des alliances; mais ils ne pourront conclure aucun traité de commerce qui empêche la Puissance législatrice des Etats respectifs de mettre sur les Etrangers tels impôts ou droits auxquels le Peuple du Pays sera sujet, ni de defendre l'exportation ou l'importation de telle espèce de marchandises ou de denrées que ce soit.

Les Etats-Unis assemblés en Congrès auront aussi seuls et exclusivement le droit et le pouvoir d'établir les règles, d'après lesquelles on décidera dans tous les cas la légitimité des prises sur terre et sur mer, la manière dont les prises faites par les forces de terre ou de mer au service des Etats-Unis devront être partagées, et l'emploi qui en sera fait; d'accorder des Lettres de marque ou de représailles en tems de paix; d'instituer des Tribunaux pour le jugement des pirateries et des félonies commises en haute mer; et d'établir aussi des Cours pour recevoir et juger définitivement les appels dans tous les cas de prises; mais aucun Membre du Congrès ne pourra être nommé Juge d'aucune desdites Cours.

Les Etats-Unis assemblés en Congrès jugeront aussi en dernier ressort toutes les discussions, querelles et différends déjà subsistans, ou qui pourroient s'élever dans la suite, entre deux ou plusieurs Etats, concernant les limites, la Jurisdiction ou tout autre objet que ce soit; et cette autorité sera toujours exercée de la manière suivante. Toutes les fois que la Puissance législatrice ou exécutrice, ou bien un Agent légal de quelqu'un des Etats en discussion avec un autre Etat, présenteront au Congrès une pétition expositive de la question, et par laquelle on demandera audience, il sera donné, par ordre du Congrès, communication de la pétition à la Puissance législatrice ou exécutrice de l'autre Etat, et il sera assigné un jour aux parties pour comparoître par leurs Agens légitimes, à qui pour lors il sera ordonné de nommer d'un commun consentement des Commissaires ou des Juges pour former une Cour, à l'effet d'entendre et de juger la question; mais si ces Agens ne s'accordent pas pour faire ce choix, le Congrès nommera trois personnes de chacun des Etats-Unis, chacune des parties alternativement, en commençant par la partie demanderesse, effacera un nom de cette liste, jusqu'à ce qu'elle soit réduite à treize Sujets; et sur ce nombre on en tirera au sort, jamais moins de sept et jamais plus de neuf, selon que le Congrès l'ordonnera. Les Sujets dont les noms auront été ainsi tirés, ou cinq d'entr'eux seront Commissaires ou Juges pour entendre et juger définitivement la discussion; et ce sera toujours la pluralité des Juges présens à la cause qui déterminera le Jugement.

Si l'une ou l'autre partie négligeoit de comparoître au jour assigné, sans donner des raisons que le Congrès jugeât valables, ou si étant présente elle refusoit de prendre la liste des Juges et d'y faire son choix, le Congrès procédera toujours à nommer trois personnes de chaque Etat, le Secrétaire du Congrès, au lieu et place de la partie absente ou refusante, effacera les noms, et le Jugement ou la Sentence de la Cour nommée, comme il a été dit ci-devant, seront définitifs. Si quelqu'une des parties refuse de se soumettre à l'autorité de cette Cour, ou de comparoître, ou de se défendre, ce nonobstant la Cour procédera à prononcer la Sentence ou le Jugement qui seront également définitifs; le Jugement ou la Sentence et toutes les autres procédures seront dans tous les cas transmis au Congrès, et déposés parmi ses actes pour la sûreté des parties intéressées.

Mais tout Commissaire, avant de prendre séance pour juger, prêtera, entre les mains de l'un des Juges de la Cour Suprême ou Supérieure de l'Etat, dans l'étendue duquel la cause devra être instruite, le serment « d'en- » tendre et juger la question avec impartialité, » sincérité et attention, et selon ses lumières, » sans faveur, affection, ni espoir de récom- » pense. »

Aucun Etat ne pourra non plus, en vertu d'un tel jugement, être privé d'aucune partie

de son territoire , au profit des Etats-
Unis.

S'il survenoit quelques contestations, pour
droit prétendu sur des terres par des particuliers, en vertu de concessions différentes,
données par deux ou plusieurs Etats dont les
Jurisdictions, à l'égard de ces terres, eussent
été déjà déterminées, et que lesdites concessions
fussent réclamées, comme ayant été faites
avant la fixation de Jurisdiction; sur la pétition
présentée par l'une ou l'autre des Parties au
Congrès des Etats-Unis, ces contestations
seront jugées, autant que faire se pourra,
de la même manière ci-devant prescrite pour
juger les discussions de Jurisdiction territo-
riale entre les différens Etats.

Les Etats-Unis, assemblés en Congrès,
auront aussi seuls et exclusivement le droit
et le pouvoir de fixer le titre et la valeur
des monnoies frappées sous leur autorité ou
sous celle des Etats respectifs; de déterminer
les étalons des poids et mesures dans toute
l'étendue des Etats-Unis; de régler le commerce et de diriger toute espèce d'affaires
avec les Indiens qui ne seront Membres
d'aucun des Etats, pourvu que le droit législatif de chacun des Etats, dans ses propres

limites, n'en éprouve aucune violation ni
infraction; d'établir et de régler les postes
d'un Etat à un autre, dans toute l'étendue
des Etats-Unis; et de percevoir sur les lettres
ou papiers circulant par cette voie, une
taxe suffisante pour fournir aux frais de cet
établissement; de nommer tous les Officiers
des Troupes de terre au service des Etats-
Unis, excepté les Officiers des régimens; de
nommer tous les Officiers des forces navales,
et de donner les commissions à tous les
Officiers quelconques au service des Etats-
Unis; de faire des réglemens pour l'administration et la discipline desdites forces de
terre et de mer, et de diriger et ordonner
leurs opérations.

Les Etats-Unis, assemblés en Congrès,
auront le pouvoir de nommer un Comité qui
siégera pendant les vacances du Congrès,
s'intitulera *Comité des Etats*, et sera composé
d'un Délégué de chaque Etat; et de nommer
tels autres Comités et Officiers civils qu'ils
jugeront nécessaires pour conduire les affaires
générales des Etats-Unis sous leurs ordres;
de nommer un de leurs Membres pour présider le Congrès, pourvu que personne ne
puisse remplir la charge de Président plus
d'un

d'un an dans l'espace de trois années; de déterminer les sommes d'argent qui devront être levées pour le service des Etats-Unis; d'ordonner la destination de ces sommes, et de les appliquer au paiement des dépenses publiques; d'emprunter de l'argent, ou de mettre en circulation des billets de crédit sur les Etats-Unis; en envoyant tous les six mois aux Etats respectifs, un compte des sommes d'argent, ainsi empruntées ou mises en circulation par billets; de faire construire et armer des vaisseaux; de déterminer le nombre des troupes de terre, que chaque Etat devra entretenir, et de faire en conséquence à chaque Etat la réquisition pour fournir son contingent, le tout à proportion du nombre des habitans blancs de chaque Etat : ces réquisitions seront obligatoires, et sur leur vû, la Législature de chacun des Etats nommera les Officiers de régiment, levera les hommes, et les habillera, armera et équipera comme des Soldats doivent l'être, aux dépens des Etats-Unis : les Officiers et Soldats ainsi armés, habillés et équipés marcheront au lieu désigné, et dans le tems fixé par les Etats-Unis assemblés en Congrès : mais si les Etats-Unis assemblés en Congrès,

L

jugent à propos, d'après la considération de
certaines circonstances, que quelqu'un des
Etats ne lève point d'hommes, ou en lève
moins que son contingent, et qu'un autre
Etat en lève plus que le sien, le nombre
excédent sera levé, pourvu d'Officiers, habillé,
armé et équipé de la même manière que le
contingent de cet Etat, à moins que la Législature ne juge qu'un tel excédent ne peut pas
être fourni avec sûreté pour lui; auquel cas
elle levera, pourvoira d'Officiers, armera,
habillera et équipera seulement la portion de
cet excédent, qu'elle jugera pouvoir fournir
sans exposer la sûreté de son Etat respectif;
et les Officiers et Soldats ainsi armés, habillés
et équipés, marcheront au lieu désigné et dans
le tems fixé par les Etats-Unis assemblés en
Congrès.

Les Etats-Unis assemblés en Congrès ne
s'engageront jamais dans aucune guerre, ne
donneront point de lettres de marque ou de
représailles en tems de paix, ne concluront
aucuns traités ou alliances, ne feront point
fabriquer de monnoie, et n'en fixeront point
la valeur; ils ne détermineront point les sommes
et les dépenses nécessaires pour la défense et
le bien des Etats-Unis, ou d'aucuns d'entre

eux; ils ne mettront point de billets en circulation, n'emprunteront point d'argent sur le crédit des États-Unis, n'ordonneront point de destination ou d'emploi d'argent, ne statueront point sur le nombre de bâtimens de guerre à construire ou à acheter, ni sur la quantité de Troupes de terre ou de mer à lever ; enfin ils ne nommeront point de Général en chef de terre ou de mer, que la délibération ne passe à l'avis de neuf des États : et aucune autre question, de quelque nature qu'elle soit, excepté l'ajournement d'un jour au lendemain, ne sera décidée que par les suffrages de la pluralité des États-Unis assemblés en Congrès.

Les États-Unis assemblés en Congrès, pourront s'ajourner au tems qu'ils voudront dans l'année, et au lieu qu'ils jugeront à propos dans l'étendue des États-Unis, pourvu que l'ajournement ne soit jamais pour un tems plus long que six mois ; et ils publieront mois par mois le journal de leurs actes et délibérations, à l'exception des parties relatives aux traités, aux alliances, ou aux opérations militaires, qu'ils jugeront devoir tenir secrètes : les avis par *oui* et par *non*, des Délégués de chaque État, sur quelques questions que ce soit, seront inscrits dans le Journal, lorsque quelque Délégué le requerra; et il sera délivré aux Délégués d'un des États, ou à quelqu'un de ces Délégués en particulier, sur leur réquisition, une copie dudit Journal, à l'exception des parties ci-dessus exceptées, pour être présentée aux Législatures des différens États.

X. Le Comité des États, ou neuf de ses Membres, seront autorisés, pendant les vacances du Congrès, à exercer tels de ses pouvoirs que les États-Unis assemblés en Congrès jugeront à propos, du consentement de neuf des États, de leur confier; mais il ne sera délégué audit Comité aucun pouvoir, pour l'exercice duquel la voix de neuf États soit exigée dans les États-Unis assemblés en Congrès par les articles de la Confédération.

XI. Le Canada, sur sa simple accession à cette Confédération, et sa jonction aux mesures des États-Unis, sera admis dans cette union, et rendu participant de tous ses avantages; mais il n'y sera admis aucune autre Colonie, à moins que cette admission ne soit consentie par neuf États.

XII. Tous les billets mis en circulation,

tout l'argent emprunté, et toutes les dettes contractées par et sous l'autorité du Congrès, avant l'Assemblée des États-Unis, en conséquence de la présente Confédération, seront réputés et considérés comme une charge desdits États, pour le paiement et l'acquittement de laquelle lesdits États-Unis engagent solemnellement la foi publique par le présent Acte.

XIII. Chaque État se soumet aux décisions des États-Unis assemblés en Congrès sur toutes les questions dont la connoissance leur est dévolue par la présente Confédération. Les articles de la présente Confédération seront inviolablement observés par tous et chacun des États, l'union sera perpétuelle, et il ne pourra être fait dans la suite aucun changement à aucun de ces articles, à moins que ce changement ne soit consenti dans un Congrès des États-Unis, et confirmé ensuite par les Législatures de chacun des États.

Et attendu qu'il a plu au Souverain Modérateur de l'Univers de déterminer les Législatures que nous représentons respectivement en Congrès, à approuver, et à nous donner pouvoir de ratifier les susdits articles de Confédération et d'Union perpétuelles ; sachez, que Nous Délégués soussignés, en vertu de l'autorité et des pouvoirs à nous donnés à cet effet, Nous ratifions et confirmons pleinement et entièrement par ces Présentes, au nom et au profit de nos Constituans respectifs, tous et chacun des susdits Articles de Confédération et d'Union perpétuelles, et toutes et chacune des matières et choses y contenues.

Et de plus, Nous obligeons et engageons solemnellement la foi de nos Constituans respectifs, qu'ils se soumettront aux décisions des Etats-Unis assemblés en Congrès, sur toutes les questions dont la connoissance leur est dévolue par le présent Acte de Confédération; que tous les Articles en seront inviolablement observés, et que l'Union sera perpétuelle.

En foi de quoi Nous avons signé ces Présentes en Congrès.

Fait à Philadelphie, dans l'Etat de Pensylvanie, le neuf Juillet de l'an de grace mil sept cent soixante-dix-huit, et dans la troisième année de l'Indépendance de l'Amérique.

Les susdits Articles de Confédération ont été finalement et définitivement ratifiés le premier Mars mil sept cent quatre-vingt-un, l'Etat de Maryland y ayant accédé ledit jour par ses Délégués dans le Congrès, et ayant completté la Confédération.

New-Hampshire·· { Josiah Bartlett.
John Wentworh, jun.

Massachusetts···· { John Hancock.
Samuel Adams.
Elbridge Gerry.
Francis Dana.
James Lovell.
Samuel Holten.

Rhode-Island, &c. { William Ellery.
Henry Merchant.
John Collins.

Connecticut······ { Roger Sherman.
Samuel Huntington.
Oliver Wolcott.
Titus Hosmer.
Andrew Adams.

New-Yorck······ { James Duane.
Francis Lewis.
William Duer.
Governeur Morris.

New-Jersey······· { John Witherspoon.
Nathaniel Scudder.

Pensylvanie. . . .
{
Robert Morris.
Daniel Roberdeau.
Jonathan Bayard Smith.
William Clingan.
Joseph Reed.
}

Delaware. . . . . .
{
Thomas M'Kean.
John Dickinson.
Nicholas Vandyke.
}

Maryland.. . . . .
{
John Hanson.
Daniel Caroll.
}

Virginie.. . . . . .
{
Richard-Henry Lee.
John Banister.
Thomas Adams.
John Harvey.
Francis Lightfoot Lee.
}

Caroline
Septentrionale · · ·
{
John Penn.
Cornelius Harnett.
John Williams.
}

Caroline
Méridionale · · · ·
{
Henry Laurens.
William Henry Drayton.
John Matthews.
Richard Hutson.
Thomas Heyward, jun.
}

Georgie. · · · · · · ·
{
John Walton.
Edward Telfair.
Edward Longworthy.
}

TRAITÉ

D'AMITIÉ ET DE COMMERCE.

TRAITÉ

D'AMITIÉ ET DE COMMERCE,

Conclu entre SA MAJESTÉ TRÈS-CHRÉTIENNE *et les* TREIZE ÉTATS-UNIS *de l'Amérique Septentrionale, le six Février mil sept cent soixante-dix-huit.*

LOUIS, PAR LA GRACE DE DIEU, ROI DE FRANCE ET DE NAVARRE : A tous ceux qui ces présentes Lettres verront ; Salut. Comme notre cher et bien amé le sieur CONRAD-ALEXANDRE GÉRARD, Syndic Royal de la ville de Strasbourg et Secrétaire de notre Conseil d'Etat, auroit, en vertu des pleins pouvoirs que nous lui avions donnés à cet effet, conclu, arrêté et signé, le 6 Février de la présente année 1778, avec les sieurs BENJAMIN FRANKLIN, SILAS DEANE et ARTHUR LEE, Députés du Congrès géné-

ral des Etats-Unis de l'Amérique Septentrionale, également munis de pleins pouvoirs,
en bonne forme, un Traité d'Amitié et de
Commerce, dont la teneur s'ensuit :

LE ROI TRÈS-CHRÉTIEN et les TREIZE
ETATS-UNIS de l'Amérique Septentrionale :
savoir, New-Hampshire, la Baie de Massachusetts, Rhode-Island, Connecticut, New-
York, New-Jersey, Pensylvanie, les Comtés
de New-Castle, de Kent, et de Sussex sur la
Delaware, Maryland, Virginie, Caroline
Septentrionale, Caroline Méridionale, et Georgie, voulant établir d'une manière équitable
et permanente, les règles qui devront être
suivies relativement à la correspondance et
au commerce que les deux Parties desirent
d'établir entre leurs Pays, États et Sujets respectifs; Sa Majesté Très-Chrétienne et lesdits
États-Unis ont jugé ne pouvoir mieux atteindre à ce but, qu'en prenant pour base de
leur arrangement l'égalité et la réciprocité la
plus parfaite, et en observant d'éviter toutes
les préférences onéreuses, sources de discussions, d'embarras et de mécontentemens; de
laisser à chaque Partie la liberté de faire,
relativement au commerce et à la navigation,

les réglemens intérieurs qui seront à sa convenance; de ne fonder les avantages du commerce que sur son utilité réciproque et sur les loix d'une juste concurrence; et de conserver ainsi de part et d'autre la liberté de faire participer, chacun selon son gré, les autres Nations aux mêmes avantages. C'est dans cet esprit, et pour remplir ces vues, que Sadite Majesté ayant nommé et constitué pour son Plénipotentiaire le sieur Conrad-Alexandre Gérard, Syndic Royal de la ville de Strasbourg, Secrétaire du Conseil d'État de Sa Majesté: et les États-Unis ayant, de leur côté, muni de leurs pleins-pouvoirs les sieurs Benjamin Franklin, Député au Congrès général de la part de l'État de Pensylvanie, et Président de la Convention dudit État; Silas Deane, ci-devant Député de l'État de Connecticut; et Arthur Lee, *Conseiller ès Loix:* lesdits Plénipotentiaires respectifs, après l'échange de leurs pleins-pouvoirs, et après mûre délibération, ont conclu et arrêté les articles suivans:

ART. Ier. Il y aura une paix ferme, inviolable et universelle, et une amitié vraie et sincère entre le Roi Très-Chrétien, ses héritiers et successeurs, et entre les États-Unis de l'Amérique, ainsi qu'entre les Sujets de Sa Majesté Très-Chrétienne et ceux desdits États, comme aussi entre les peuples, isles, villes et places situés sous la jurisdiction du Roi Très-Chrétien et desdits États-Unis ; et entre leurs peuples et habitans de toutes les classes, sans aucune exception de personnes et de lieux. Les conditions mentionnées au présent Traité, seront perpétuelles et permanentes entre le Roi Très-Chrétien, ses héritiers et successeurs, et lesdits États-Unis.

II. Le Roi Très-Chrétien et les États-Unis, s'engagent mutuellement à n'accorder aucune faveur particulière à d'autres Nations, en fait de commerce et de navigation, qui ne devienne aussi-tôt commune à l'autre Partie; et celle-ci jouira de cette faveur gratuitement, si la concession est gratuite, ou en accordant la même compensation, si la concession est conditionnelle.

III. Les Sujets du Roi Très-Chrétien ne paieront dans les ports, hâvres, rades, contrées, isles, cités, et lieux des États-Unis ou d'aucun d'entr'eux, d'autres ni plus grands droits et impôts, de quelque nature qu'ils puissent être, et quelque nom qu'ils puissent avoir , que ceux que les Nations les plus favorisées sont ou seront tenues de payer ; et ils jouiront de tous les droits , libertés , privilèges , immunités et exemptions , en fait de négoce , navigation et commerce , soit en passant d'un port desdits États à un autre , soit en y allant ou en revenant , de quelque partie ou pour quelque partie du monde que ce soit , dont les Nations susdites jouissent ou jouiront.

IV. Les sujets, peuples et habitans desdits États-Unis et de chacun d'iceux, ne paieront dans les ports , hâvres , rades , isles , villes et places de la domination de Sa Majesté Très-Chrétienne en Europe , d'autres ni plus grands droits ou impôts , de quelque nature qu'ils puissent être, et quelque nom qu'ils puissent avoir, que les Nations les plus favorisées sont ou seront tenues de payer; et ils jouiront de tous les droits, libertés, privilèges, immunités et exemptions, en fait de négoce , navigation et commerce, soit en passant d'un port à un autre desdits États du Roi Très-Chrétien en Europe , soit en y allant ou en revenant, de quelque partie ou pour quelque partie du monde que ce soit, dont les Nations susdites jouissent ou jouiront.

V. Dans l'exemption ci-dessus est nommément comprise l'imposition de cent sous par tonneau, établie en France sur les navires étrangers, si ce n'est lorsque les navires des États-Unis chargeront des marchandises de France dans un port de France pour un autre port de la même domination, auquel cas lesdits navires desdits États-Unis acquitteront le droit dont il s'agit, aussi long-tems que les autres Nations les plus favorisées seront obligées de l'acquitter : bien entendu qu'il sera libre auxdits États-Unis ou à aucun d'iceux, d'établir quand ils le jugeront à propos, un droit équivalent à celui dont il est question, pour le même cas pour lequel il est établi dans les ports de Sa Majesté Très-Chrétienne.

VI. Le Roi Très-Chrétien fera usage de tous les moyens qui sont en son pouvoir pour protéger et défendre tous les vaisseaux et effets appartenant aux sujets, peuples et habitans desdits États-Unis et de chacun d'iceux, qui seront dans ses ports, hâvres, ou rades, ou dans les mers près de ses pays, contrées, isles, villes et places, et fera tous ses efforts pour récouvrer et faire restituer aux Propriétaires légitimes, leurs agens ou mandataires, tous les vaisseaux et effets qui leur seront pris

dans

dans l'étendue de sa jurisdiction : et les vaisseaux de guerre de Sa Majesté Très-Chrétienne
ou les convois quelconques, faisant voile sous
son autorité, prendront, en toute occasion,
sous leur protection les vaisseaux appartenant
aux sujets, peuples et habitans desdits États-
Unis ou d'aucun d'iceux., lesquels tiendront
le même cours et feront la même route, et
ils défendront lesdits vaisseaux aussi long-
tems qu'ils tiendront le même cours et suivront la même route, contre toute attaque,
force ou violence, de la même manière qu'ils
sont tenus de défendre et de protéger les vaisseaux appartenant aux sujets de Sa Majesté
Très-Chrétienne.

VII. Pareillement lesdits États-Unis et leurs
vaisseaux de guerre faisant voile sous leur
autorité, protégeront et défendront, conformément au contenu de l'article précédent,
tous les vaisseaux et effets appartenant aux
sujets du Roi Très-Chrétien, et feront tous
leurs efforts pour recouvrer et faire restituer
lesdits vaisseaux et effets qui auront été pris
dans l'étendue de la jurisdiction desdits États-
Unis et de chacun d'iceux.

VIII. Le Roi Très-Chrétien emploiera ses
bons offices et son entremise auprès des Rois

M

ou Empereurs de Maroc ou Fez, des Régences
d'Alger, Tunis et Tripoli, ou auprès d'aucune
d'entr'elles, ainsi qu'auprès de tout autre
Prince, État ou Puissance des côtes de Bar-
barie en Afrique, et des sujets desdits Roi,
Empereur, État et Puissance, et de chacun
d'iceux, à l'effet de pourvoir aussi pleinement
et aussi efficacement qu'il sera possible à
l'avantage, commodité et sûreté desdits États-
Unis et de chacun d'iceux, ainsi que de leurs
sujets, peuples et habitans, leurs vaisseaux
et effets, contre toute violence, insulte, attaque ou déprédation de la part desdits Princes
et États Barbaresques ou de leurs sujets.

IX. Les Sujets, Habitans, Marchands, Commandans de navires, Maîtres et Gens de mer
des États, Provinces et Domaines des deux
Parties, s'abstiendront et éviteront réciproquement de pêcher dans toutes les places possédées ou qui seront possédées par l'autre
Partie. Les sujets de Sa Majesté Très-Chrétienne ne pêcheront pas dans les hâvres, baies,
criques, rades, côtes et places que lesdits Etats-
Unis possèdent ou posséderont à l'avenir; et
de la même manière les sujets, peuples et
habitans desdits Etats-Unis, ne pêcheront pas
dans les hâvres, baies, criques, rades, côtes

et places que Sa Majesté Très-Chrétienne possède actuellement ou possédera à l'avenir : et si quelque navire ou bâtiment étoit surpris pêchant, en violation du présent Traité, ledit navire ou bâtiment et sa cargaison, seront confisqués, après que la preuve en aura été faite duement ; bien entendu que l'exclusion stipulée dans le présent article, n'aura lieu qu'autant et si long-tems que le Roi et les Etats-Unis n'auront point accordé à cet égard d'exception à quelque Nation que ce puisse être.

X. Les Etats-Unis, leurs citoyens et habitans, ne troubleront jamais les sujets du Roi Très-Chrétien dans la jouissance et exercice du droit de pêche sur les bancs de Terre-Neuve, non plus que dans la jouissance indéfinie et exclusive qui leur appartient sur la partie des côtes de cette isle, désignée dans le Traité d'Utrecht, ni dans les droits relatifs à toutes et chacune des isles qui appartiennent à Sa Majesté Très-Chrétienne ; le tout conformément au véritable sens des Traités d'Utrecht et de Paris.

XI. Les sujets et habitans desdits Etats-Unis, ou de l'un d'eux, ne seront point réputés Aubains en France, et conséquemment seront exempts du droit d'Aubaine ou autre droit semblable, quelque nom qu'il puisse avoir :

M 2

pourront disposer par testament, donation
ou autrement, de leurs biens, meubles et immeubles, en faveur de telles personnes que
bon leur semblera ; et leurs héritiers sujets
desdits Etats-Unis, résidant soit en France ou
ailleurs, pourront leur succéder *ab intestat*,
sans qu'ils aient besoin d'obtenir des Lettres
de naturalité, et sans que l'effet de cette concession leur puisse être contesté ou empêché,
sous prétexte de quelques droits ou prérogatives de provinces, villes ou personnes privées ;
et seront lesdits héritiers, soit à titre particulier, soit *ab intestat*, exempts de tout droit
de détraction ou autre droit de ce genre, sauf
néanmoins les droits locaux, tant et si long-
tems qu'il n'en sera point établi de pareils
par lesdits Etats-Unis ou aucun d'iceux. Les
Sujets du Roi Très-Chrétien jouiront, de leur
côté, dans tous les domaines desdits Etats,
d'une entière et parfaite réciprocité, relativement aux stipulations renfermées dans le présent article.

Mais il est convenu en même tems que son
contenu ne portera aucune atteinte aux Loix
promulguées en France contre les émigrations, ou qui pourront être promulguées dans
la suite, lesquelles demeureront dans toute leur

force et vigueur : les États-Unis, de leur côté, ou aucun d'entr'eux, seront libres de statuer sur cette matière telle Loi qu'ils jugeront à propos.

XII. Les navires marchands des deux parties, qui seront destinés pour des ports appartenant à une Puissance ennemie de l'autre Allié, et dont le voyage ou la nature des marchandises dont ils seront chargés donneroient de justes soupçons, seront tenus d'exhiber, soit en haute mer, soit dans les ports et hâvres, non-seulement leurs passeports, mais encore les certificats qui constateront expressément que leur chargement n'est pas de la qualité de ceux qui sont prohibés comme contrebande.

XIII. Si l'exhibition desdits certificats conduit à découvrir que le navire porte des marchandises prohibées et réputées contrebande, consignées pour un port ennemi, il ne sera pas permis de briser les écoutilles desdits navires, ni d'ouvrir aucune caisse, coffre, malle, ballots, tonneaux et autres caisses qui s'y trouveront, ou d'en déplacer et détourner la moindre partie des marchandises, soit que le navire appartienne au sujets du roi Très-Chrétien ou aux habitans des États-Unis, jusqu'à ce que la cargaison ait été mise

M 3

à terre, en présence des Officiers des Cours d'Amirauté, et que l'inventaire en ait été fait; mais on ne permettra pas de vendre, échanger ou aliéner les navires ou leur cargaison en manière quelconque, avant que le procès ait été fait et parfait légalement, pour déclarer la contrebande, et que les Cours d'Amirauté auront prononcé leur confiscation par jugement, sans préjudice néanmoins des navires, ainsi que des marchandises qui, en vertu du Traité, doivent être censés libres. Il ne sera pas permis de retenir ces marchandises, sous prétexte qu'elles ont été entachées par les marchandises de contrebande, et bien moins encore de les confisquer comme des prises légales: Dans le cas où une partie seulement, et non la totalité du chargement, consisteroit en marchandises de contrebande, et que le Commandant du vaisseau consente à les délivrer au Corsaire qui les aura découvertes, alors le Capitaine qui aura fait la prise, après avoir reçu ces marchandises, doit incontinent relâcher le navire, et ne doit l'empêcher en aucune manière de continuer son voyage; mais dans le cas où les marchandises de contrebande ne pourroient pas être toutes chargées sur le vaisseau capteur, alors le Capitaine dudit vaisseau sera le maître, malgré l'offre de remettre la contrebande, de conduire le Patron dans le plus prochain port, conformément à ce qui est prescrit plus haut.

XIV. On est convenu, au contraire, que tout ce qui se trouvera chargé par les sujets respectifs, sur des navires appartenant aux ennemis de l'autre Partie, ou à leurs sujets, sera confisqué sans distinction des marchandises prohibées ou non prohibées, ainsi et de même que si elles appartenoient à l'ennemi, à l'exception toutefois des effets et marchandises qui auront été mis à bord desdits navires avant la déclaration de guerre, ou même après ladite déclaration, si au moment du chargement on a pu l'ignorer, de manière que les marchandises des sujets des deux Parties, soit qu'elles se trouvent du nombre de celles de contrebande ou autrement, lesquelles, comme il vient d'être dit, auront été mises à bord d'un vaisseau appartenant à l'ennemi avant la guerre, ou même après ladite déclaration lorsqu'on l'ignoroit, ne seront en aucune manière sujettes à confiscation, mais seront fidèlement et de bonne foi rendues sans délai à leurs propriétaires qui les réclameront : bien entendu néanmoins qu'il ne soit pas permis de porter dans les ports ennemis les marchandises qui seront de contrebande : Les deux Parties contractantes conviennent que, le terme de deux mois passé depuis la déclaration de guerre, leur sujets respectifs, de quelque partie du monde qu'ils viennent, ne pourront plus alléguer l'ignorance dont il est question dans le présent article.

XV. Et afin de pourvoir plus efficacement à la sûreté des sujets des deux Parties contractantes, pour qu'il ne leur soit fait aucun préjudice par les vaisseaux de guerre de l'autre Partie, ou par des Armateurs particuliers, il sera fait défenses à tous Capitaines des vaisseaux de sa Majesté Très-Chrétienne et desdits États-Unis, et à tous leurs sujets, de faire aucun dommage ou insulte à ceux de l'autre Partie ; et au cas où ils y contreviendroient ; ils en seront punis, et de plus ils seront tenus et obligés en leurs personnes et en leurs biens, de réparer tous les dommages et intérêts.

XVI. Tous vaisseaux et marchandises de quelque nature que ce puisse être, lorsqu'ils auront été enlevés des mains de quelques Pirates en pleine mer, seront amenés dans quelque port de l'un des deux États, et seront remis à la garde des Officiers dudit port, afin d'être rendus en entier à leur véritable Propriétaire, aussi-tôt qu'il aura duement et suffisamment fait conster de sa propriété.

XVII. Les vaisseaux de guerre de sa Majesté Très-Chrétienne et ceux des États-Unis, de même que ceux que leurs sujets auront armés en guerre, pourront en toute liberté, conduire où bon leur semblera, les prises qu'ils auront faites sur leurs ennemis, sans être obligés à aucuns droits, soit des sieurs Amiraux ou de l'Amirauté, ou d'aucuns autres, sans qu'aussi lesdits vaisseaux ou lesdites prises, entrant dans les hâvres ou ports de Sa Majesté Trés-Chrétienne, ou desdits États-Unis, puissent être arrêtés ou saisis, ni que les Officiers des lieux puissent prendre connoissance de la validité desdites prises, lesquelles pourront sortir et être conduites franchement et en toute liberté, aux lieux portés par les commissions dont les Capitaines desdits vaisseaux seront obligés de faire apparoir. Et au contraire, ne sera donné asyle ni retraite dans leurs ports ou hâvres, à ceux qui auront fait des prises sur les sujets de Sa Majesté ou desdits États-Unis; et s'ils sont forcés d'y entrer par tempête ou péril de la mer, on les fera sortir le plutôt possible.

XVIII. Dans le cas où un vaisseau appartenant à l'un des deux États, ou à leurs sujets, aura échoué, fait naufrage ou souffert quelqu'autre dommage, sur les côtes ou sous la domination de l'une des deux Parties, il sera donné toute aide et assistance amiables aux personnes naufragées ou qui se trouvent en danger, et il leur sera accordé des sauf-conduits, pour assurer leur passage et leur retour dans leur patrie.

XIX. Lorsque les sujets et habitans de l'une des deux Parties avec leurs vaisseaux, soit publics et de guerre, soit particuliers et marchands, seront forcés par une tempête, par la poursuite des Pirates et des ennemis, ou par quelqu'autre nécessité urgente, de chercher refuge et un abri, de se retirer et entrer dans quelqu'une des rivières, baies, rades ou ports de l'une des deux Parties, ils seront reçus et traités avec humanité et honnêteté, et jouiront de toute amitié, protection et assistance, et il leur sera permis de se pourvoir de rafraîchissemens, de vivres et de toutes choses nécessaires pour leur subsistance, pour la réparation de leur vaisseau, et pour continuer leur voyage, le tout moyennant un prix raisonnable ; et ils ne seront retenus en aucune manière, ni empêchés de sortir dedits ports ou rades, mais pourront se retirer et partir quand et comme il leur plaira ; sans aucun obstacle ni empêchement.

XX. Afin de promouvoir d'autant mieux le commerce des deux côtés, il est convenu que dans le cas où la guerre surviendroit entre les deux Nations susdites, il sera accordé six mois après la déclaration de guerre, aux Marchands dans les villes et cités qu'ils habitent, pour rassembler et transporter leurs marchandises ; et s'il en est enlevé quelque chose, ou s'il leur a été fait quelqu'injure durant le terme prescrit ci-dessus, par l'une des deux Parties, leurs peuples ou sujets, il leur sera donné à cet égard pleine et entière satisfaction.

XXI. Aucun sujet du roi Très - Chrétien ne prendra de commission ou de lettres de marque pour armer quelque vaisseau ou vaisseaux, à l'effet d'agir comme Corsaire contre lesdits États-Unis ou quelques - uns d'entr'eux, ou contre les sujets, peuples ou habitans d'iceux, ou contre leur propriété, ou celle des habitans d'aucun d'entr'eux, de quelque Prince que ce soit avec lequel lesdits États-Unis seront en guerre. De même, aucun citoyen, sujet ou habitant des susdits États-Unis, et de quelqu'un d'entr'eux, ne demandera ni acceptera aucune commission ou lettres de marque pour armer quelque vaisseau ou vaisseaux, pour courre-sus aux sujets de Sa Majesté Très-Chrétienne, ou quelqu'un d'entr'eux, ou leur proprieté, de quelque Prince ou État que ce soit avec qui Sadite Majesté se trouvera en guerre; et si quelqu'un de l'une ou de l'autre Nation prenoit de pareilles commissions ou lettres de marque, il seroit puni comme Pirate.

XXII. Il ne sera permis à aucun Corsaire étranger, non appartenant à quelque sujet de Sa Majesté Très-Chrétienne, ou à un Citoyen desdits États-Unis, lequel aura une commission de la part d'un Prince ou d'une Puissance en guerre avec l'une des deux Nations, d'armer leurs vaisseaux dans les Ports de l'une des deux Parties, ni d'y vendre les prises qu'il aura faites, ni décharger en autre manière quelconque les vaisseaux, marchandises ou aucune partie de leur cargaison; il ne sera même pas permis d'acheter d'autres vivres que ceux qui lui seront nécessaires pour se rendre dans le port le plus voisin du Prince ou de l'État dont il tient sa commission.

XXIII. Il sera permis à tous et un chacun des sujets du Roi Très-Chrétien, et aux citoyens, peuples et habitans des susdits Etats-Unis, de naviguer avec leurs bâtimens avec toute liberté et sûreté, sans qu'il puisse être fait d'exception à cet égard, à raison des propriétaires des marchandises chargées sur lesdits bâtimens, venant de quelque port que ce soit, et destinés pour quelque place d'une Puissance actuellement ennemie, ou qui pourra l'être dans la suite de Sa Majesté Très-Chrétienne ou des Etats-Unis. Il sera permis également aux sujets et habitans susmentionnés, de naviguer avec leurs vaisseaux et marchandises, et de fréquenter avec la même liberté et sûreté les places, ports et hâvres des Puissances ennemies des deux Parties contractantes, ou d'une d'entre elles, sans opposition ni trouble, et de faire le commerce, non-seulement directement des ports de l'ennémi susdit à un port neutre, mais aussi d'un port ennemi à un autre port ennemi, soit qu'il se trouve sous sa jurisdiction ou sous celle de plusieurs ; et il est stipulé par le présent Traité que les bâtimens libres assureront également la liberté des marchandises, et qu'on jugera libres toutes les choses qui se trouveront à bord des navires appartenant aux sujets d'une des Parties contractantes, quand même le chargement ou partie d'icelui appartiendroit aux ennemis de l'une des deux, bien entendu néanmoins que la contrebande sera toujous exceptée. Il est également convenu que cette même liberté s'étendroit aux personnes qui pourroient se trouver à bord du bâtiment libre, quand même elles seroient ennemies de l'une des deux Parties contractantes, et elles ne pourront être enlevées desdits navires, à moins qu'elles ne soient militaires, et actuellement au service de l'ennemi.

XXIV. Cette liberté de navigation et de commerce doit s'étendre sur toutes sortes de marchandises, à l'exception seulement de celles qui sont désignées sous le nom de *contrebande*. Sous ce nom de contrebande ou de marchandises prohibées, doivent être compris les armes, canons, bombes avec leurs fusées et autres choses y relatives, boulets, poudre à tirer, mèches, piques, épées, lances, dards, hallebardes, mortiers, pétards, grenades, salpêtre, fusils, balles, boucliers, casques, cuirasses, cotes-de-mailles, et autres armes de cette espèce, propres à armer les Soldats, porte-mousquetons, baudriers, chevaux avec leurs équipages, et tous autres instrumens de guerre quelconques. Les marchandises dénommées ci-après ne seront pas comprises parmi la contrebande ou choses prohibées ; savoir, toutes sortes de draps et toutes autres étoffes de laine, lin, soie, coton ou d'autres matières quelconques ; toutes sortes de vêtemens avec les étoffes dont on a coutume de les faire ; l'or et l'argent monnoyé ou non, l'étain, le fer, laiton, cuivre, airain, charbon, de même que le froment et l'orge, et toute autre sorte de bleds et légumes ; le tabac et toutes les sortes d'épiceries ; la viande salée et fumée, poisson salé, fromage et beurre, bierre, huiles, vins, sucres et toute espèce de sel, et en général toutes provisions servant pour la nourriture de l'homme, et pour le soutien de la vie ; de plus, toutes sortes de coton, de chanvre, lin, goudron, poix, cordes, cables, voiles, toiles à voiles, ancres, parties d'ancres, mâts, plances, madriers et bois de toute espèce, et toutes autres choses propres à la construction et réparation des vaisseaux, et autres matières quelconques qui n'ont pas la forme d'un instrument préparé pour la guerre, par terre comme par mer, ne seront pas réputées contrebande, et encore moins celles qui sont déjà préparées pour quelqu'autre usage. Toutes les choses dénommées ci-dessus doivent être comprises parmi les marchandises libres, de même que toutes les autres marchandises et effets qui ne sont pas compris, et particulièrement nommés dans l'énumération des marchandises de contrebande, de manière qu'elles pourront être transportées et conduites de la manière la plus libre par les sujets des deux Parties contractantes dans des places ennemies, à l'exception néanmoins de celles, qui se trouveroient actuellement assiégées, bloquées ou investies.

XXV. Afin d'écarter et de prévenir de part et d'autre toutes dissentions et querelles, il a été convenu que dans le cas où l'une des deux Parties se trouveroit engagée dans une guerre, les vaisseaux et Bâtimens appartenant aux sujets ou peuple de l'autre Allié, devront être pourvus de lettres de mer ou passeports, lesquels exprimeront le nom, la propriété et le port du navire, ainsi que le nom et la demeure du Maître ou Commandant dudit vaisseau, afin qu'il apparoisse par-là que le même vaisseau appartient réellement et véritablement

ritablement aux sujets de l'une des deux Parties contractantes, lequel passeport devra être expédié, selon le modèle annexé au présent Traité. Ces passeports devront également être renouvellés chaque année, dans le cas où le vaisseau retourne chez lui dans l'espace d'une année. Il a été convenu également que les vaisseaux susmentionnés, dans le cas où ils seroient chargés, devront être pourvus non-seulement de passeports, mais aussi des certificats contenant le détail de la cargaison, le lieu d'où le vaisseau est parti, et la déclaration des marchandises de contrebande qui pourroient se trouver à bord, lesquels certificats devront être expédiés dans la forme accoutumée, par les Officiers du lieu d'où le vaisseau aura fait voile; et s'il étoit jugé utile ou prudent d'exprimer dans lesdits passeports la personne à laquelle les marchandises appartiennent, on pourra le faire librement.

XXVI Dans le cas où les vaisseaux des sujets et habitans de l'une des deux Parties contractantes, approcheroient des côtes de l'autre, sans cependant avoir le dessein d'entrer dans le port, ou, après être entré, sans avoir le dessein de décharger la cargaison ou rompre leur charge, on se conduira à leur

N

égard suivant les Réglemens généraux prescrits ou à prescrire, relativement à l'objet dont il est question.

XXVII. Lorsqu'un bâtiment appartenant auxdits sujets, peuple et habitans de l'une des deux Parties, sera rencontré naviguant le long des côtes ou en pleine mer, par un vaisseau de guerre de l'autre, ou par un Armateur, ledit vaisseau de guerre ou Armateur, afin d'éviter tout désordre, se tiendra hors de la portée du canon, et pourra envoyer sa chaloupe à bord du bâtiment marchand, et y faire entrer deux ou trois hommes, auxquels le Maître ou Commandant du bâtiment montrera son passeport, lequel devra être conforme à la formule annexée au présent Traité, et constatera la propriété du bâtiment; et après que ledit bâtiment aura exhibé un pareil passeport, il lui sera libre de continuer son voyage, et il ne sera pas permis de le molester ni de chercher en aucune manière, de lui donner la chasse ou de le forcer de quitter la course qu'il s'étoit proposée.

XXVIII. Il est convenu que lorsque les marchandises auront été chargées sur les vaisseaux ou bâtimens de l'une des deux Parties contractantes, elles ne pourront plus être assujetties à aucune visite, toute visite et recherche devant être faites avant le chargement, et les marchandises prohibées devant être arrêtées et saisies sur la plage avant de pouvoir être embarquées, à moins qu'on n'ait des indices manifestes ou des preuves de versement frauduleux. De même aucun des sujets da Sa Majesté Très-Chrétienne ou des Etats-Unis, ni leurs marchandises ne pourront être arrêtés ni molestés pour cette cause par aucune espèce d'embargo, et les seuls sujets de l'État auxquels lesdites marchandises auront été prohibées, et qui se seront émancipés à vendre et aliéner de pareilles marchandises, seront duement punis pour cette contravention.

XXIX. Les deux Parties contractantes se sont accordées mutuellement la faculté de tenir dans leurs ports respectifs des Consuls, Vice-Consuls, Agens et Commissaires, dont les fonctions seront réglées par une convention particulière.

XXX. Pour d'autant plus favoriser et faciliter le commerce que les sujets des États-Unis feront avec la France, le Roi Très-Chrétien leur accordera en Europe un ou plusieurs ports francs, dans lesquels ils pourront amener et débiter toutes les denrées et marchandises provenant des Treize États-Unis : Sa Majesté conservera d'un autre côté, aux sujets desdits États, les ports francs qui ont été et sont ouverts dans les Isles Françaises de l'Amérique; de tous lesquels ports francs lesdits sujets des États-Unis jouiront, conformément aux Réglemens qui en déterminent l'usage.

XXXI. Le présent Traité sera ratifié de part et d'autre, et les ratifications seront échangées dans l'espace de six mois, ou plutôt si faire se peut. En foi de quoi les Plénipotentiaires respectifs ont signé les articles ci-dessus, tant en Langue Française, qu'en Langue Anglaise, déclarant néanmoins que le présent Traité a été originairement rédigé et arrêté en Langue Française, et ils y ont apposé le cachet de leurs armes.

Fait à Paris, le sixième jour du mois de Février mil sept cent soixante-dix-huit.

C. A. GERARD. B. FRANKLIN. SILAS DEANE.
(L. S.)   (L. S.)   (L. S.).
ARTHUR LEE.
(L. S)

FORME DES PASSEPORTS ET LETTRES qui doivent être donnés aux Vaisseaux et Barques, conformément à l'*article XXV* du Traité ci-dessus.

A. TOUS CEUX qui les présentes verront, soit notoire que faculté et permission a. été accordée à   Maître ou Commandant du navire appellé   de la Ville de   de la capacité de tonneaux ou environ, se trouvant présentement dans le port et hâvre de   et destiné pour   chargé de   Qu'après que son navire a été visité, et avant son départ, il prêtera serment entre les mains des Officiers de Marine, que ledit navire appartient à un ou plusieurs Sujets de   dont l'acte sera mis à la fin des Présentes; de même qu'il gardera et fera garder par son Equipage les Ordonnances et Réglemens maritimes; et remettra une liste signée et confirmée par témoins, contenant les noms et surnoms, les lieux de naissance et la demeure des personnes composant l'Equipage de son navire, et de tous ceux qui s'y embarqueront, lesquels il

N 3

ne recevra pas à bord sans la connoissance et per-
mission des Officiers de Marine : Et dans chaque
port ou hâvre où il entrera avec son navire, il
montrera la présente permission aux Officiers et
Juges de Marine, et leur fera un rapport fidele de
ce qui s'est passé durant son voyage ; et il portera
les couleurs, armés et enseignes du (Roi ou des
Etats-Unis) durant son dit voyage. En témoins
de quoi nous avons signé les Présentes, les avons
fait contre-signer par
et y avons fait apposer le sceau de nos armes.
D O N N É *à   le*
de l'an de grace le

   Nous, ayant agréable le susdit Traité d'a-
mitié et de commerce, en tous et chacun les
points et articles qui y sont contenus et déclarés, avons iceux tant pour nous que pour
nos Héritiers, Successeurs, Royaumes, Pays,
Terres, Seigneuries et Sujets, acceptés, approuvés, ratifiés et confirmés; par ces Présentes signées de notre main, acceptons,
approuvons, ratifions et confirmons, et le
tout promettons, en foi et parole de Roi,
sous l'obligation et hypothèque de tous et un
chacun nos biens présens et à venir, garder
et observer inviolablement, sans jamais aller

ni venir au contraire, directement ou indirectement, en quelque sorte et manière que
ce soit; en témoin de quoi nous avons fait
mettre notre scel à ces Présentes. DONNÉ à
Versailles, le seizième jour du mois de Juillet,
l'an de grace mil sept cent soixante-dix-huit,
et de notre règne le cinquième. *Signé* LOUIS.
Et plus bas, par le Roi. *Signé* GRAVIER DE
VERGENNES.

Scellé du grand sceau de cire jaune, sur lacs
de soie bleue tressés d'or; le sceau enfermé dans
une boîte d'argent, sur le dessus de laquelle sont
empreintes et gravées les armes de France et de
Navarre, sous un pavillon royal, soutenu par
deux Anges.

TRAITÉ

D'ALLIANCE

TRAITÉ D'ALLIANCE

ÉVENTUELLE ET DÉFENSIVE.

Le Roi Très-Chrétien et les Etats-Unis de l'Amérique Septentrionale; savoir, New-Hampshire, la Baie de Massachusets, Rhode-Island, Connecticut, New-Yorck, New-Jersey, Pensylvanie, Delaware, Maryland, Virginie, Caroline Septentrionale, Caroline Méridionale et Georgie; ayant conclu cejourd'hui un Traité d'Amitié, de bonne intelligence et de Commerce, pour l'avantage réciproque de leurs Sujets et Citoyens, ils ont cru devoir prendre en considération les moyens de resserrer leurs liaisons, et de les rendre utiles à la sûreté et à la tranquillité des deux Parties, notamment dans le cas où la Grande-Bretagne, en haine de ces mêmes liaisons, et de la bonne correspondance qui forment l'objet dudit Traité, se porteroit à rompre la Paix avec la France, soit en l'attaquant hostilement, soit en troublant son Commerce et sa Navigation d'une manière contraire au Droit des Gens et à la Paix subsistante entre les deux Couronnes; et Sa Majesté et lesdits Etats-Unis ayant résolu éventuellement d'unir, dans le cas prévu, leurs conseils et leurs efforts contre les entreprises de leur ennemi commun, les Plénipotentiaires respectifs, chargés de concerter les clauses et conditions propres à remplir leurs intentions, ont, après la plus mûre délibération, conclu et arrêté les Points et Articles qui s'ensuivent.

ART. Ier. Si la guerre éclate entre la France et la Grande-Bretagne pendant la durée de la guerre actuelle entre les Etats-Unis et l'Angleterre, Sa Majesté et lesdits Etats-Unis feront cause commune et s'entr'aideront mutuellement de leurs bons offices, de leurs conseils et de leurs forces, selon l'exigence des conjonctures, ainsi qu'il convient à de bons et fidèles Alliés.

II. Le but essentiel et direct de la présente Alliance défensive, est de maintenir efficacement la liberté, la souveraineté, et l'indépendance absolue et illimitée desdits Etats-Unis, tant en matière Politique que de Commerce.

III. Les deux Parties contractantes feront chacune de leur côté, et de la manière qu'elles jugeront plus convenable, tous les efforts qui seront en leur pouvoir contre leur Ennemi commun, afin d'atteindre au but qu'elles se proposent.

IV. Les Parties contractantes sont convenues que dans le cas où l'une d'entr'elles formeroit quelqu'entreprise particulière, pour laquelle elle desireroit le concours de l'autre, celle-ci se prêteroit de bonne foi à un concert sur cet objet, autant que les circonstances et sa propre situation pourront le lui permettre; et dans ce cas, on réglera, par une convention particulière, la portée des secours à fournir, et le tems et la manière de les faire agir, ainsi que les avantages destinés à en former la compensation.

V. Si les Etats-Unis jugent à propos de tenter la réduction des Isles Bermudes, et des parties septentrionales de l'Amérique qui sont encore au pouvoir de la Grande-Bretagne, lesdites Isles et Contrées, en cas de succès, entreront dans la Confédération, ou seront dépendantes desdits Etats-Unis.

VI. Le Roi Très-Chrétien renonce à posséder jamais les Bermudes ou chacune des parties du Continent de l'Amérique Septentrionale, qui, avant le Traité de Paris de mil sept cent soixante-trois, ou en vertu de ce Traité, ont été reconnues appartenir à la Couronne de la Grande-Bretagne ou aux Etats-Unis qu'on appelloit ci-devant Colonies Britanniques, ou qui sont maintenant ou ont été récemment sous la jurisdiction et sous le pouvoir de la Couronne de la Grande-Bretagne.

VII. Si Sa Majesté Très-Chrétienne juge à propos d'attaquer aucune des Isles situées dans le Golfe du Mexique ou près dudit Golfe qui sont actuellement au pouvoir de la Grande-Bretagne, toutes lesdites Isles, en cas de succès, appartiendront à la Couronne de France.

VIII. Aucune des deux Parties ne pourra conclure ni trève ni paix avec la Grande-Bretagne, sans le consentement préalable et formel de l'autre Partie; et elles s'engagent mutuellement à ne mettre bas les armes que lorsque l'Indépendance desdits Etats-Unis aura été assurée formellement ou tacitement par le Traité ou les Traités qui termineront la guerre.

IX. Les Parties contractantes déclarent,

qu'étant résolues de remplir, chacune de son côté, les clauses et conditions du présent Traité d'Alliance, selon son pouvoir et les circonstances; elles n'auront aucune répétition, ni aucun dédommagement à se demander réciproquement, quelque puisse être l'événement de la guerre.

X. Le Roi Très-Chrétien et les Etats-Unis sont convenus d'inviter de concert, ou d'admettre les Puissances qui auront des griefs contre l'Angleterre à faire cause commune avec eux, et à accéder à la présente Alliance, sous les conditions qui seront librement agréées et convenues entre toutes les Parties.

XI. Les deux Parties se garantissent mutuellement dès-à-présent et pour toujours envers et contre tous, savoir, les Etats-Unis à Sa Majesté Très-Chrétienne, les possessions actuelles de la Couronne de France en Amérique, ainsi que celles qu'elle pourra acquérir par le futur Traité de Paix; et Sa Majesté Très-Chrétienne garantit de son côté aux Etats-Unis leur liberté, leur souveraineté, et leur Indépendance absolue et illimitée, tant en matière de Politique que de Commerce, ainsi que leurs possessions et les accroissemens ou conquêtes que leur Confédération pourra se procurer pendant la guerre, d'aucun des Domaines maintenant ou ci-devant possédés par la Grande-Bretagne dans l'Amérique Septentrionale , conformément aux Articles V et VI ci-dessus , et tout ainsi que leurs Possessions seront fixées et assurées auxdits Etats, au moment de la cessation de leur guerre actuelle contre l'Angleterre.

XII. Afin de fixer plus précisément le sens et l'application de l'Article précédent, les Parties contractantes déclarent qu'en cas de rupture entre la France et l'Angleterre, la garantie réciproque énoncée dans le susdit Article, aura toute la force et valeur du moment où la guerre éclatera; et si la rupture n'avoit pas lieu, les obligations mutuelles de ladite garantie, ne commenceroient que du moment susdit, où la cessation de la guerre actuelle entre les Etats-Unis et l'Angleterre, aura fixé leurs Possessions.

XIII. Le présent Traité sera ratifié de part et d'autre, et les ratifications seront échangées dans l'espace de six mois, ou plutôt si faire se peut.

En foi de quoi, les Plénipotentiaires respectifs, savoir, de la part du Roi Très-Chrétien , le sieur Conrad-Alexandre Gérard,

Syndic

Syndic Royal de la ville de Strasbourg, et Secrétaire du Conseil d'Etat de Sa Majesté; et de la part des Etats-Unis, les sieurs Benjamin Franklin, Député au Congrès général de la part de l'Etat de Pensylvanie, et Président de la Convention du même Etat; Silas Deane, ci-devant Député de l'Etat de Connécticut; et Arthur Lee, Conseiller ès Loix, ont signé les Articles ci-dessus, tant en Langue Française qu'en Langue Anglaise; déclarant néanmoins que le présent Traité a été originairement rédigé et arrêté en Langue Française, et ils les ont munis du cachet de leurs armes.

Fait à Paris, le sixième jour du mois de Février mil sept cent soixante-dix-huit.

Signés C. A. GÉRARD. B. FRANKLIN.
(LS) (LS)

SILAS DEANE. ARTHUR LEE.
(LS) (LS)

O

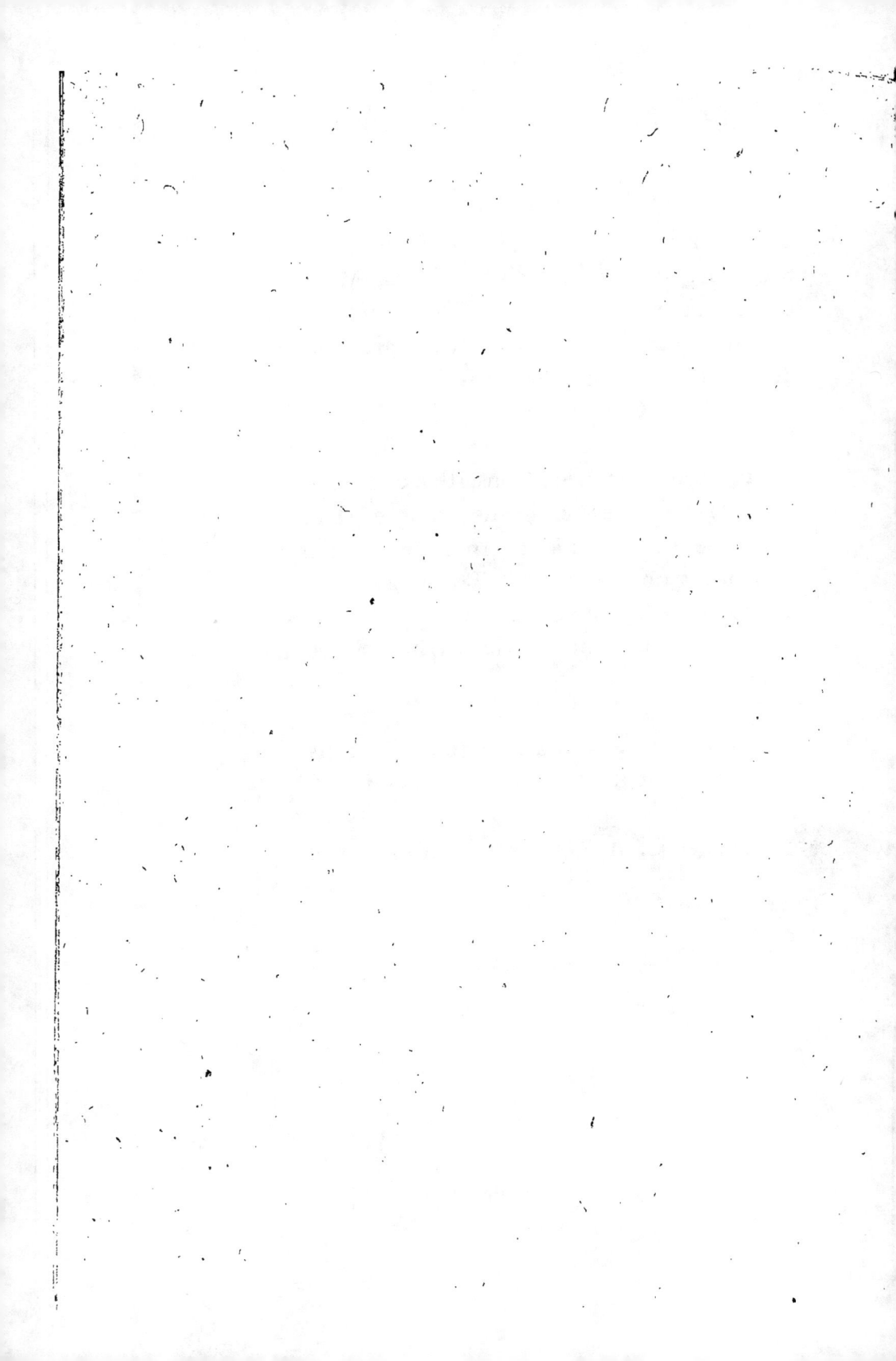

TRAITÉ

D'AMITIÉ ET DE COMMERCE.

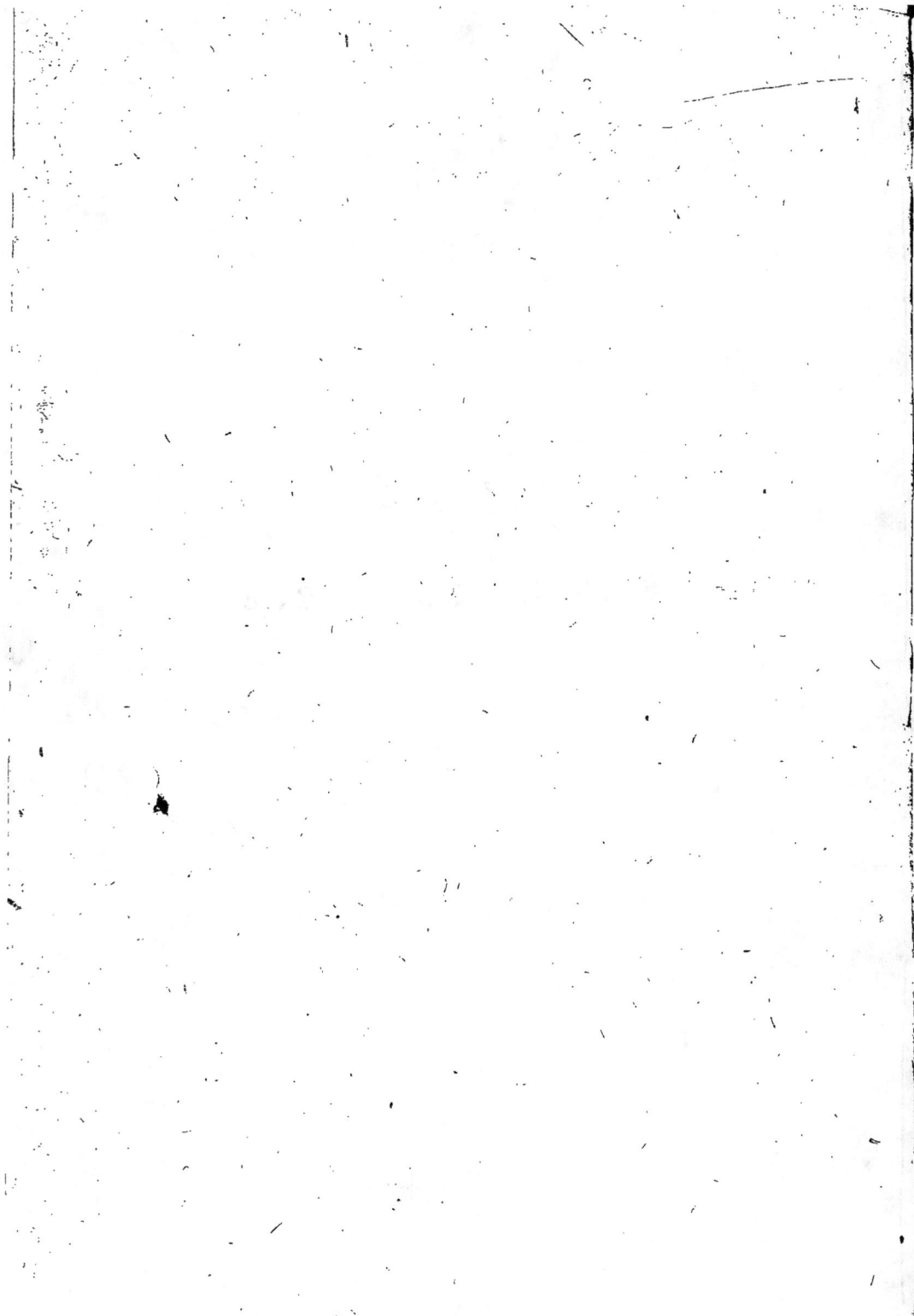

TRAITÉ

D'AMITIÉ ET DE COMMERCE,

Entre L. H. P. les ÉTATS-GÉNÉRAUX DES PAYS-BAS-UNIS, *et les* ÉTATS-UNIS DE L'AMÉRIQUE; *savoir, New-Hampshire, Massachusetts, Rhode-Island, Connecticut, New-Yorck, New-Jersey, Pensylvanie, Delaware, Maryland, Virginie, Caroline Septentrionale, Caroline Méridionale, et Georgie.*

LEURS Hautes-Puissances les Etats-Généraux des Pays-Bas-Unis, et les Etats-Unis de l'Amérique, *savoir*, New-Hampshire, Massachusetts, Rhode-Island et les Plantations de Providence, Connecticut, New-Yorck, New-Jersey, Pensylvanie, Delaware, Maryland, Virginie, Caroline Septentrionale, Caroline Méridionale, et Georgie, *desirant de déterminer sur un pied constant et équitable les règles à observer au* sujet de la *Correspondance* et du *Commerce*, qu'ils ont intention d'établir entre leurs *Pays*, *Etats*, *Sujets* et *Habitans* respectifs, ont jugé que l'on ne sauroit mieux atteindre ladite fin, qu'en établissant pour base de leur transaction l'égalité et la réciprocité la plus parfaite, et en évitant toutes ces préférences onéreuses, qui sont d'ordinaire une source de querelles, d'embarras et de mécontentement ; pour laisser ainsi à chaque *Partie* la liberté de faire, au sujet du *Commerce* et de la *Navigation*, tels *Réglemens* ultérieurs qu'elle jugera les plus convenables pour elle-même, et pour fonder les avantages du *Commerce* uniquement sur l'utilité réciproque et sur les justes règles d'un trafic libre de part et d'autre ; réservant avec tout cela à chaque *Partie* la liberté d'admettre, selon son bon plaisir, d'autres *Nations* à la participation des mêmes avantages.

En partant de ces principes, les susdits L. H. P. les Etats-Généraux des Pays-Bas-Unis ont choisi parmi les *Membres de leur Assemblée*, et nommé pour leurs *Plénipotentiaires, Messieurs leurs Députés pour les Affaires étrangères* : Et lesdits Etats-Unis de l'Amérique, *de leur côté*, ont muni de pleins-pouvoirs M. John Adams, *dernièrement Commissaire des Etats-Unis de l'Amérique à la Cour de Versailles, ci-devant*

Député au Congrès la part des Etats de Massachusetts-Bay, et Chef de Justice dudit Etat :
Lesquels sont convenus et tombés d'accord.

Art. I. Il y aura une Paix stable, inviolable et universelle, et une amitié sincère
entre *Leurs Hautes - Puissances les Seigneurs
Etats-Généraux des Pays-Bas-Unis et les Etats-
Unis de l'Amérique;* et entre les Sujets et
Habitans des susdites Parties; entre les Pays,
Isles, Villes et Lieux situés sous la Jurisdiction desdits *Pays-Bas-Unis* et desdits *Etats-
Unis de l'Amérique*, leurs Sujets et Habitans
de tout état, sans acception de personnes et
de lieux.

II. Les Sujets desdits *Etats-Généraux des
Pays-Bas-Unis* ne paieront dans les Ports,
Rades, Pays, Isles, Villes ou Lieux des *Etats-
Unis de l'Amérique*, ou dans aucuns d'iceux,
d'autres ni de plus grands droits ou impositions, de quelque nature ou dénomination
qu'ils puissent être, que ceux que les Nations
les plus favorisées sont ou seront obligées
d'y payer : Et ils jouiront de tous les droits,
franchises, privilèges, immunités et exemptions
dans le Trafic, la Navigation et le Commerce
dont jouissent ou jouiront lesdites Nations,
soit en allant d'un Port à l'autre dans lesdits

Etats, ou d'un de ces Ports à quelque Port étranger du Monde, ou de quelque Port étranger du Monde à l'un des Ports desdits Etats.

III. De même les Sujets et Habitans desdits *Etats-Unis de l'Amérique* ne paieront dans les Ports, Rades, Pays, Isles, Villes ou Lieux desdits *Pays-Bas-Unis*, ou dans aucuns d'iceux, d'autres ni de plus grands droits ou impositions, de quelque nature ou dénomination qu'ils puissent être, que ceux que les Nations les plus favorisées sont ou seront obligées d'y payer : Et ils jouiront de tous les droits, franchises, privilèges, immunités et exemptions dans le Trafic, la Navigation et le Commerce dont jouissent ou jouiront les Nations les plus favorisées, soit en allant d'un Port à l'autre dans lesdits Etats, ou de quelqu'un et vers quelqu'un de ces Ports, vers ou de quelque Port étranger du Monde. Et les *Etats-Unis de l'Amérique*, avec leurs Sujets et Habitans, laisseront à ceux de *L. H. P.* la jouissance paisible de leurs droits aux Pays, Isles et Mers dans les *Indes Orientales et Occidentales*, sans les en empêcher ou s'y opposer.

IV. Il sera accordé liberté de conscience entière et parfaite aux Sujets et Habitans de chaque Partie et à leurs familles; et personne ne sera molesté à l'égard de son culte, moyennant qu'il se soumette, quant à la démonstration publique, aux Loix du Pays. Il sera donné en outre liberté, quand des Sujets et Habitans de chaque Partie viendront à mourir dans le Territoire de l'autre, de les inhumer dans les cimetières usités, ou dans des endroits convenables et décens, que l'on assignera à cela selon l'occurrence; et les cadavres des enterrés ne seront molestés en aucune manière : Et les deux Puissances con-tractantes pourvoieront, chacune dans sa Juris-diction, à ce que les Sujets et Habitans respectifs puissent obtenir dorénavant les Cer-tificats requis en cas de mort, où ils se trouvent intéressés.

V. *Leurs Hautes-Puissances les Etats-Géné-raux des Pays-Bas-Unis, et les Etats-Unis de l'Amérique* tâcheront, autant qu'il est de quel-que manière en leur pouvoir, de défendre et protéger tous les Vaisseaux et autres effets appartenant aux Sujets et Habitans respectifs, ou à quelqu'un d'iceux, dans leurs Ports, Rades, Hâvres, Mers internes, Passes, Rivières, et aussi loin que leur Jurisdiction s'étend en mer, et de recouvrer et faire

restituer aux vrais Propriétaires, à leurs
Agens ou Mandataires, tous tels Vaisseaux
et effets qui seront pris sous leurs Jurisdictions : Et leurs Vaisseaux de guerre con-
voyans, dans le cas où ils pourroient avoir
un Ennemi commun, prendront sous leur
protection tous les Vaisseaux appartenant
aux Sujets et Habitans de part et d'autre,
qui ne seront point chargés d'effets de contrebande, selon la description qu'on en fera
ci-après, pour des Places avec lesquelles
l'une des Parties est en Paix et l'autre en
Guerre, ni destinés pour quelque Place blo-
quée, et qui tiendront le même cours ou
suivront la même route ; et ils défendront
tels Vaisseaux aussi long-tems qu'ils tiendront le même cours ou suivront la même
route, contre toute attaque, force et violence de l'Ennemi commun, de la même
manière qu'ils devroient protéger et défendre les Vaisseaux appartenant aux Sujets
propres respectifs.

. VI. Les Sujets des Parties contractantes
pourront de part et d'autre, dans les Pays
et Etats respectifs, disposer de leurs biens
par testament, donation ou autrement : Et
leurs héritiers, Sujets de l'une des Parties et

domiciliés dans les Pays de l'autre ou ar-----rs, recevront telles successions, même *ab intestat*, soit en personne, soit par leur fondé de procuration ou Mandataire, quand même ils n'auroient pas obtenu des Lettres de naturalisation, sans que l'effet de telle Commission puisse leur être contesté, sous prétexte de quelques droits ou prérogatives de quelque Province, Ville ou Particulier : Et si les héritiers à qui les successions pourroient être échues, étoient Mineurs, les Tuteurs ou Curateurs établis par le Juge domiciliaire desdits Mineurs, pourront régir, diriger, administrer, vendre et aliéner les biens échus auxdits Mineurs par héritage, et en général, à l'égard des susdites successions et biens, user de tous les droits et remplir toutes les fonctions qui appartiennent par la disposition des Loix, à des Tuteurs et Curateurs, bien entendu néanmoins que cette disposition ne pourra avoir lieu que dans le cas où le Testateur n'aura pas nommé des Tuteurs ou Curateurs par testament, codicile ou autre instrument légal.

VII. Il sera juste et permis aux Sujets de chaque Partie d'employer tels Avocats, Procurés, Notaires, Solliciteurs ou Facteurs qu'ils jugeront à propos.

VIII. Les Marchands, Patrons et Propriétaires des Navires, Matelots, Gens de toute sorte, Vaisseaux et Bâtimens, et en général aucunes marchandises ni aucuns effets de chacun des Alliés ou de leurs Sujets ne pourront être assujettis à un embargo ni retenus dans aucun des Pays, Territoires, Isles, Villes, Places, Ports, Rivages ou Domaines quelconques de l'autre Allié, pour quelque expédition militaire, usage public ou particulier de qui que ce soit, par saisie, par force, ou de quelque manière semblable. D'autant moins sera-t-il permis aux Sujets de chacune des Parties de prendre ou enlever par force quelque chose aux Sujets de l'autre Partie, sans le consentement du Propriétaire: ce qui néanmoins ne doit pas s'entendre des saisies, détentions et arrêts qui se feront par ordre et autorité de la Justice, et selon les voies ordinaires, pour dettes ou délits, au sujet desquels il devra être procédé par voie de droit selon les formes de justice.

IX. De plus, il a été convenu et conclu qu'il sera parfaitement loisible à tous Marchands, Commandans de Navires et autres Sujets ou Habitans des Parties contractantes, en tous lieux soumis respectivement à la Jurisdiction des deux Puissances, de gérer eux-mêmes leurs propres affaires ; et qu'en outre, quant à l'usage des Interprètes ou Courtiers, comme aussi à l'égard du chargement ou déchargement de leurs Navires et de tout ce qui y a rapport, ils seront de part et d'autre considérés et traités sur le pied des Sujets propres, et pour le moins en égalité avec la Nation la plus favorisée.

X. Les Vaisseaux Marchands de chacune des Parties, venant soit d'un Port ennemi, soit d'un Port propre ou neutre, pourront naviguer librement vers quelque Port ennemi de l'autre Allié : ils seront néanmoins tenus, toutes les fois qu'on l'exigera, d'exhiber, tant en pleine Mer que dans les Ports, leurs Lettres de mer et autres documens décrits dans l'Article XXV constatant expressément, que leurs effets ne sont pas du nombre de ceux qui sont prohibés comme *Contrebande* ; et, n'ayant point chargé de *Contrebande* pour un Port ennemi, ils pourront librement, et sans empêchement, poursuivre leur voyage vers un Port ennemi. Cependant, on ne demandera point de visiter les papiers des Vaisseaux convoyés par des Vaisseaux de guerre ; mais on ajoutera foi à la parole de l'Officier qui conduira le Convoi.

XI. Si, à l'exhibition des Lettres de mer et des autres documens, décrits plus particulièrement dans l'Article XXV de ce Traité, l'autre Partie découvre qu'il y a quelques-uns de ces effets, qui sont déclarés prohibés et de *Contrebande*, et qu'ils sont consignés pour un Port sous l'obéissance de l'ennemi, il ne sera pas permis de forcer les écoutilles du Vaisseau, ni d'ouvrir quelque caisse, coffre, ballot, baril ou autre futaille qui s'y trouveront, ni d'y déplacer le moindre effet, soit que le Vaisseau appartienne à *L. H. P. les États-Généraux* des *Pays-Bas-Unis* ou à des Sujets et Habitans desdits *Etats-Unis de l'Amérique*, jusqu'à ce que la Cargaison soit portée à terre en présence des Officiers de la Cour d'Amirauté, et qu'il en soit fait un inventaire. Encore ne sera-t-il pas permis de les vendre, échanger, ou aliéner, que lorsque les procédures requises et légales auront été observées contre de tels effets prohibés et de *Contrebande*, et que la Cour d'Amirauté les aura confisqués par Sentence prononcée ; en exceptant toujours, non-seulement le Navire même, mais aussi tous autres effets qui s'y trouveront, tenus pour libres, lesquels ne pourront point être arrêtés sous le prétexte d'avoir été entachés par les effets prohibés, encore moins confisqués, comme pris légitimement : mais, au contraire, lorsque par la visitation à terre il se trouvera qu'il n'y a point de *Contrebande* dans les Vaisseaux, et qu'il ne paroîtra point par les papiers, que celui qui a pris et emmené les Navires n'a pas pu l'y découvrir, celui-ci devra être condamné à tous les frais, dommages et intérêts d'iceux, qu'il aura causés, tant aux Propriétaires des Vaisseaux qu'aux Propriétaires et Chargeurs des cargaisons dont ils seront chargés, par sa témérité à les prendre et emmener : Déclarant très-expressément, qu'*un Vaisseau libre assurera la liberté des effets, dont il sera chargé ; et que cette liberté s'étendra pareillement sur les personnes, qui se trouveront dans un Vaisseau libre*, lesquelles ne pourront en être enlevées, à moins que ce ne soit des Militaires actuellement au service de l'Ennemi.

XII. Par contre on est convenu, que tout

ce qui se trouvera chargé par les Sujets et Habitans de l'une des deux Parties, dans quelque Vaisseau appartenant aux Ennemis de l'autre ou à leurs Sujets, quoique non compris sous l'espèce des effets prohibés, pourra être confisqué en son entier, de la même manière que s'il appartenoit à l'Ennemi; excepté pourtant les effets et marchandises, mis à bord d'un tel Vaisseau avant la déclaration de Guerre, ou dans l'intervalle de six mois après icelle; lesquels effets ne seront aucunement sujets à confiscation, mais seront fidèlement et sans délai restitués en nature aux Propriétaires, qui les réclameront ou feront réclamer avant la confiscation et vente, comme aussi leur provenu, si la réclamation ne pouvoit se faire que dans l'intervalle de huit mois après la vente, laquelle doit être publique; bien entendu néanmoins, que, si lesdites marchandises sont de *Contrebande*, il ne sera nullement permis de les transporter ensuite à aucun Port appartenant aux Ennemis.

XIII. Et, afin de pourvoir le mieux possible à la sûreté des sujets et gens de l'une des deux Parties, pour qu'ils ne soient point molestés de la part des Vaisseaux de guerre

ou

ou Corsaires de l'autre Partie, il sera défendu à tous les Commandans des Vaisseaux de guerre et autres Bâtimens armés, des susdits *Etats-Généraux* des *Pays-Bas-Unis* et desdits *Etats-Unis* de l'*Amérique*, ainsi qu'à tous les Officiers, Sujets et Gens, de donner quelque offense ou dommage à ceux de l'autre Partie : Et, s'ils en agissoient d'une manière contraire, ils seront, sur les premières plaintes qu'on en fera, étant trouvés coupables après un juste examen, punis par leurs propres Juges, et en outre obligés de donner satisfaction de tous dommages et intérêts, et de les bonifier, sous peine et obligation de leurs personnes et biens.

XIV. Pour déterminer ultérieurement ce qui vient d'être dit, tous les Capitaines de Corsaires ou Armateurs de Vaisseaux armés en guerre sous Commission et pour compte de particuliers, seront tenus, avant leur départ, de donner caution suffisante devan les Juges compétens, ou d'être entièrement responsables des malversations qu'ils pourroient commettre dans leurs courses ou voyages, ainsi que des contraventions de leurs Capitaines et Officiers contre le présent Traité et contre les Ordonnances et Edits, qui seront

P

publiés conséquemment et conformément à icelui, sous peine de forfaiture et nullité des susdites Commissions.

XV. Tous les Vaisseaux et Marchandises, de quelque nature qu'ils puissent être, que l'on reprendra sur des Pirates et Ecumeurs de mer, naviguant en pleine mer sans Commission requise, seront amenés dans quelque Port de l'un des deux Etats et déposés entre les mains des Officiers du Port, afin que le tout soit restitué au vrai Propriétaire, sitôt qu'il aura été donné des preuves justes et suffisantes pour en constater la propriété.

XVI. Si quelques Vaisseaux ou Bâtimens, appartenant à l'une des deux Parties, à leurs Sujets ou Habitans, venoient à échouer sur les Côtes ou Territoires de l'autre, à périr, ou à souffrir quelqu'autre perte maritime, il sera donné toute sorte de secours et d'assistance amicale aux personnes naufragées ou en danger de faire naufrage : Et les Vaisseaux, Effets et Marchandises, ou ce qui en aura été sauvé, ou bien le provenu d'iceux, si ces effets, sujets à se gâter, ont été vendus, étant réclamés dans l'an et jour par les Patrons, ou par les Propriétaires, ou par leurs Agens ou fondés de Procuration, seront restitués; moyennant seulement qu'ils paient les frais raisonnables, et ce qui doit se payer dans le même cas, pour le *sauvage*, par les propres Sujets du Pays : Il leur sera aussi délivré des Saufs-conduits ou Passeports pour leur passage libre et sûr; de là et pour le retour de chacun dans son Pays.

XVII. Au cas que les Sujets ou Habitans de l'une des deux Parties avec leurs Vaisseaux, soit publics et équipés en guerre, soit Particuliers et Marchands, soient forcés par la tempête, ou par la poursuite de Pirates ou d'Ennemis, ou par quelqu'autre nécessité urgente, à se retirer et à entrer dans quelque Rivière, Crique, Baie, Port, Rade ou Rivage, appartenant à l'autre Partie, ils seront reçus avec toute humanité et bonne volonté et jouiront de la protection et aide la plus amicale : et il leur sera permis de se rafraîchir et de s'approvisionner à des prix raisonnables de toute sorte de vivres et de toutes les choses requises pour l'entretien de leurs Personnes, ou pour la réparation de leurs Vaisseaux; et ils ne seront en aucune façon, retenus ou empêchés de partir desdits Ports ou Rades, mais pourront faire voile et aller, quand et où il leur plaira, sans opposition ou empêchement quelconque.

XVIII. Pour d'autant mieux exercer le Commerce réciproque, il a été convenu, que, s'il s'élevoit une Guerre entre *L. H. P.* les *Etats-Généraux* des *Pays-Bas-Unis* et les *Etats-Unis* de *l'Amérique*, il sera toujours accordé aux Sujets de part et d'autre le tems de *neuf mois* après la date de la rupture ou de la Proclamation de Guerre, afin de pouvoir se retirer avec leurs effets, et les transporter où il leur plaira; ce qu'il leur sera permis de faire, comme aussi de vendre ou transporter leurs effets et meubles en toute liberté, sans qu'on y mette quelque obstacle, et sans que l'on puisse, durant le tems desdits neuf mois, procéder à quelque saisie de leurs effets, beaucoup moins de leur personne. Au contraire, il leur sera donné, pour leurs Vaisseaux et pour les Effets qu'ils voudront emporter, des Passeports et Saufs-conduits, pour les Ports les plus proches dans les Pays respectifs, et pour le tems nécessaire au voyage. Et aucune prise faite sur Mer ne pourra être réputée pour légitimement prise, à moins que la Déclaration de Guerre ait été connue ou ait pu l'être, dans le dernier Port que le Vaisseau pris a quitté : Mais, pour tout ce qui pourroit avoir été pris aux Sujets et Habitans de part et d'autre, et pour les offenses, qui pourroient leur avoir été faites, dans l'intervalle des susdits termes, il sera donné satisfaction complette.

XIX. Aucun Sujet de *L. H. P.* les *Etats-Généraux* des *Pays-Bas-Unis* ne pourra demander ni accepter quelque Commission ou Lettre de marque pour armer des Vaisseaux, (afin de les envoyer en course contre lesdits *Etats-Unis* de *l'Amérique*, ou contre quelqu'un d'eux, ou contre les Sujets ou Habitans desdits *Etats-Unis* ou quelqu'un d'eux, ou contre la propriété des Habitans de quelqu'un d'eux,) de la part de quelque Prince ou Etat que ce soit, avec qui les susdits *Etats-Unis* de l'*Amérique* pourroient être en guerre. Pareillement aucun Sujet ou Habitant desdits *Etats-Unis* de l'*Amérique* ou de quelqu'un d'eux, ne demandera ni acceptera quelque Commission ou Lettres de marque, pour armer un ou plusieurs Vaisseaux, (afin de les employer en course contre les Hauts et Puissans Seigneurs les *États-Généraux* des *Pays-Bas-Unis*, ou contre les Sujets et Habitans de *Leurs Hautes-Puissances*, ou quelqu'un d'eux, óu contre la propriété de quelqu'un d'eux) de la part de quelque Prince ou Etat que ce soit, avec qui *L. H. P.* seront en guerre : Et, si quelque personne, de l'un ou de l'autre côté, acceptoit telle Commission ou Lettres de marque, il seroit puni comme Pirate:

XX. Si les Vaisseaux des Sujets ou Habitans de l'une des deux Parties abordent à une Côte appartenant à l'un ou à l'autre desdits Alliés, sans avoir intention d'entrer dans un Port, ou, étant entrés, sans vouloir décharger ou entamer leur Cargaison, ou y ajouter, ils ne seront point obligés de payer, ni pour les Vaisseaux ni pour leurs Cargaisons, des Droits d'entrée ou de sortie, ni de rendre aucun compte de leurs Cargaisons, à moins qu'il n'y ait juste sujet de présumer, qu'ils portent à l'Ennemi des Marchandises de Contrebande.

XXI. Les deux Parties contractantes s'accordent de part et d'autre la liberté d'avoir, chacune dans les Ports de l'autre, des Consuls, Vice-Consuls, Agens et Commissaires, établis par elle-même, dont les fonctions seront réglées par convention particulière, lorsque l'une des deux Parties trouvera bon de faire de tels établissemens.

XXII. Ce Traité ne sera censé déroger en aucune manière aux Articles IX, X, XIX et XXIV du Traité avec la *France*, tels qu'ils étoient numérotés au même Traité conclu le 6 Février 1778, et qui font les Articles IX, X, XVII et XXII du Traité de Commerce, subsistant présentement entre les *États-Unis* de l'*Amérique* et la Couronne de *France* : il n'empêchera pas non plus *S. M. Catholique* d'y accéder et de jouir de l'avantage desdits quatre Articles.

XXIII. Si dans la suite les *États-Unis* de l'*Amérique* jugeoient nécessaire d'entamer des Négociations auprès du Roi ou Empereur de *Maroc* ou de *Fez*, ainsi qu'auprès des Régences d'*Alger*, de *Tunis* ou *Tripoli*, ou auprès de quelqu'un d'eux, afin d'avoir des Passeports pour la sûreté de leur Navigation par la *Méditerranée*, *L. H. P.* promettent, qu'à la réquisition, qu'en feront lesdits *États-Unis d'Amérique*, elles seconderont ces Négociations de la manière la plus favorable, par l'entremise de leurs Consuls résidant auprès des susdits Roi ou Empereur et Régences.

XXIV. La liberté de Navigation et de Commerce s'étendra sur toutes sortes de Marchandises, excepté seulement celles que l'ón distingue sous le nom de *Contrebande* ou *Marchandises prohibées* : Et sous cette dénomination de Contrebande et Marchandises prohibées seront compris seulement les Munitions de guerre ou Armes, comme Mortiers, Artillerie, avec leurs artifices et appartenances, Fusils, Pistolets, Bombes, Grenades, Poudre à tirer, Salpêtre, Soufre, Mêches, Boulets et Balles, Piques, Sabres, Lances, Halebardes, Casques, Cuirasses, et autres sortes d'Armes; comme aussi Soldats, Chevaux, Selles et Equipages de Chevaux. Tous autres Effets et Marchandises non spécifiés ci-dessus expressément, et même toutes sortes de Matières navales, quelque propres qu'elles puissent être à la construction et à l'équipement de Vaisseaux de guerre, ou à la fabrication de machines de guerre sur terre ou sur mer, ne seront ainsi censés, *ni à la lettre, ni selon quelque interprétation prétendue d'icelle quelconque*, devoir ou pouvoir être compris sous les *effets prohibés et de contrebande*; en sorte que tous ces Effets et Marchandises, qui ne se trouvent pas expressément nommés ci-dessus, pour-

ront, sans aucune exception et en toute
liberté, être transportés par les Sujets et
Habitans des deux Alliés des Places et vers
les Places appartenant à l'Ennemi; excepté
seulement les Places, qui, dans le même tems,
se trouveront assiégées, bloquées ou investies;
et pour telles sont tenues uniquement les
*Places entourées de près par quelqu'une des
Puissances belligérantes.*

XXV. Afin que toute dissention et querelle
puisse être évitée et prévenue, il a été convenu qu'au cas que l'une des deux Parties
vint à être en guerre, les Vaisseaux et Bâtimens appartenant aux Sujets ou Habitans de
l'autre Allié, seront pourvus de Lettres de
mer ou Passeports, exprimant le nom, la
propriété et le port du Vaisseau ou Bâtiment, comme aussi le nom et le domicile
du Patron et Commandant dudit Vaisseau,
ou Bâtiment; afin que par-là il conste que
le Vaisseau appartient réellement ou vrai-
ment aux Sujets ou Habitans de l'une des
Parties; lesquels Passeports seront dressés
et distribués selon la formule annexée à ce
Traité. Chaque fois que le Vaisseau aura
été de retour, il faudra qu'il ait de nouveaux Passeports pareils, ou du moins ces

Passeports ne devront pas être de plus ancienne date que de deux ans avant le tems où le Vaisseau a été la dernière fois de retour en son Pays. Il a été arrêté pareillement que tels Vaisseaux ou Bâtimens étant chargés, devront être pourvus non-seulement des Passeports ou Lettres de mer susmentionnés, mais aussi d'un Passeport général, ou de Passeports particuliers, ou Manifestes, ou autres documens publics, que l'on donne ordinairement aux Vaisseaux qui partent, dans les Ports d'où les Vaisseaux ont fait voile en dernier lieu, contenant une spécification de la cargaison, de la Place d'où le Vaisseau est parti et de celle de sa destination; ou, à défaut de tous iceux, de Certificats de la part des Magistrats ou Gouverneurs des Villes, Places et Colonies d'où le Vaisseau est parti, donnés dans la forme usitée, afin que l'on puisse savoir s'il y a quelques effets prohibés ou de contrebande à bord des Vaisseaux, et s'ils sont destinés à les porter en Pays ennemi ou non : et au cas que quelqu'un juge bon ou à propos d'exprimer dans lesdits documens les personnes à qui les effets à bord appartiennent, il pourra le faire librement, sans cependant y être tenu et sans que l'omission d'une telle expression puisse ni doive donner lieu à confiscation.

XXVI. Si les Vaisseaux ou Bâtimens desdits Sujets ou Habitans de l'une des deux Parties, faisant voile le long des Côtes ou en pleine mer, sont rencontrés par quelque Vaisseau de guerre, Capre ou autre Bâtiment armé de l'autre Partie, lesdits Vaisseaux de guerre, Capres ou Bâtimens armés, pour éviter tout désordre, resteront hors de la portée du canon, mais pourront envoyer leurs chaloupes à bord du Vaisseau marchand qu'ils rencontreront de la sorte, sur lequel ils ne pourront faire passer que deux ou trois hommes, à qui le Patron ou Commandant exhibera son Passeport, déclarant la propriété du Vaisseau ou Bâtiment, selon la formule annexée à ce Traité : Et le Vaisseau ou Bâtiment, après avoir exhibé un tel Passeport, Lettre de mer et autres documens, sera libre de continuer son voyage ; en sorte qu'il ne sera pas permis de le molester ou visiter en aucune manière, ni de lui donner chasse ou de le forcer à changer de cours.

XXVII. Il sera permis aux Marchands, Capitaines et Commandans de Navires, soit publics et équipés en guerre, soit particuliers et marchands, appartenant auxdits *Etats-Unis de l'Amérique* ou à quelqu'un d'eux, ou à leurs Sujets et Habitans, de prendre librement à leur service et recevoir à bord de leursdits Vaisseaux, dans tout Port ou Place de la Jurisdiction de *Leurs Hautes-Puissances susdites*, des Matelots ou autres, natifs ou Habitans de quelqu'un desdits Etats, à telles conditions qu'ils agréeront, sans être sujets pour cela à quelque amende, peine, châtiment, procès ou réprimande quelconques. Et réciproquement tous les Marchands, Capitaines et Commandans appartenant auxdits *Pays-Bas-Unis*, jouiront, dans tous les Ports et Places de l'obéissance desdits *Etats-Unis de l'Amérique*, du même privilège d'engager et recevoir des Matelots ou autres, natifs ou Habitans de quelque Pays de la domination desdits *Etats-Généraux*, bien entendu que ni d'un côté ni de l'autre, on ne pourra prendre à son service tels de ses Compatriotes qui se sont déjà engagés au service de l'autre Partie contractante, soit pour la guerre ou pour le négoce, et soit qu'on les rencontre à terre ou en mer, à moins que le Capitaine ou Patron, sous le commandement de qui de telles personnes pourroient se trouver, ne veuille de son plein gré les décharger de son service, sous peine qu'autrement ils seront traités et punis comme Déserteurs.

XXVIII. L'affaire de la réfraction sera réglée en toute équité par les Magistrats des Villes respectives, où l'on juge avoir quelque lieu de se plaindre à cet égard.

XXIX. Le présent Traité sera ratifié et approuvé par *Leurs Hautes-Puissances les Etats-Généraux des Pays-Bas-Unis*, et *les Etats-Unis de l'Amérique*; et les Actes de ratification de part et d'autre seront délivrés dans l'espace de six mois ou plutôt s'il se peut, à compter du jour de la signature.

En foi de quoi Nous Députés et Plénipotentiaires des Seigneurs Etats-Généraux des Pays-Bas-Unis, et *Ministres - Plénipotentiaires des* Etats-Unis de l'Amérique, *en vertu de notre autorisation et pleins-pouvoirs respectifs,*

avons signé le présent Traité et apposé le Cachet
de nos Armes.

Fait à la Haye, le 8 Octobre 1782.

Signés

(L S) GEORGE VAN RANDWYCK.
(L S) JOHN ADAMS.
(L S) B. V. LANTHEUVEL.
(L S) P. V. BLEISWYK.
(L S) W. C. H. VAN LYNDEN.
(L S) D. E. VAN HECKEREN.
(L S) JOAN VAN KUFFELER.
(L S) F. G. VAN DADEN tot den Gelder.
(L S) H. F. JASSENS.

TRAITE

D'AMITIÉ ET DE COMMERCE.

TRAITE

D'AMITIÉ ET DE COMMERCE,

Conclu entre SA MAJESTE LE ROI DE SUEDE *et les* ÉTATS-UNIS DE L'AMÉRIQUE SEPTEN-TRIONALE.

LE ROI DE SUÈDE, des Goths et des Vandales, etc. etc. etc. et les TREIZE ÉTATS-UNIS de l'Amérique Septentrionale ; savoir, New-Hampshire, Massachusetts-Bay, Rhode-Island, Connecticut, New-Yorck, New-Jersey, Pensylvanie, les Comtés de New-Castle, de Kent et de Sussex sur la Delaware, Maryland, Virginie, Caroline Septentrionale, Caroline Méridionale et Georgie, desirant d'établir d'une manière stable et permanente les règles qui doivent être suivies relativement à la Correspondance et au Commerce que les deux Parties ont jugé nécessaire de fixer entre leurs

Q

Pays , États et Sujets respectifs, Sa Majesté
et les États-Unis ont cru ne pouvoir mieux
remplir ce but qu'en posant pour base de
leurs arrangemens , l'utilité et l'avantage réciproques des deux Nations , en évitant toutes
les préférences onéreuses qui sont ordinairement une source de discussions , d'embarras
et de mécontentemens , et en laissant à chaque
Partie la liberté de faire , au sujet du Commerce et de la Navigation , les Réglemens intérieurs qui seront à sa convenance.

Dans cette vue , Sa Majesté le Roi de Suède
a nommé et constitué pour son Plénipotentiaire
le Comte Gustave - Philippe de Creutz , son
Ambassadeur extraordinaire près Sa Majesté
Très-Chrétienne , et Chevalier Commandeur
de ses Ordres ; et les Etats-Unis ont de leur
côté pourvu de leurs pleins-pouvoirs le sieur
Benjamin Franklin , leur Ministre Plénipotentiaire près Sa Majesté Très-Chrétienne ; lesquels Plénipotentiaires , après avoir échangé
leurs pleins-pouvoirs et en conséquence d'une
mûre délibération , ont arrêté , conclu et signé
les articles suivans.

ART. I. Il y aura une Paix ferme , inviolable
et universelle , et une amitié vraie et sincère

entre le Roi de Suède, ses héritiers et successeurs, et entre les Etats-Unis de l'Amérique, ainsi qu'entre les Sujets de Sa Majesté et ceux desdits Etats, comme aussi entre les Pays, Isles, Villes et Places situées sous la jurisdiction du Roi et desdits Etats-Unis, sans exception aucune de personnes et de lieux, les conditions stipulées dans le présent Traité devant être perpétuelles et permanentes entre le Roi, ses héritiers et successeurs, et lesdits Etats-Unis.

II. Le Roi et les Etats-Unis s'engagent mutuellement à n'accorder par la suite aucune faveur particulière en fait de Commerce et de Navigatton à d'autres Nations, qui ne devienne aussi-tôt commune à l'autre Partie; et celle-ci jouira de cette faveur gratuitement, si la concession est gratuite, ou en accordant la même compensation, si la concession est conditionnelle.

III. Les Sujets du Roi de Suède ne paieront dans les Ports, Hâvres, Rades, Contrées, Isles, Villes et Places des Etats-Unis, ou dans aucun d'iceux, d'autres ni de plus grands droits et impôts, de quelque nature qu'ils puissent être, qne ceux que les Nations les plus favorisées sont ou seront tenues de payer; et ils

Q 2

jouiront de tous les droits, libertés, privilèges, immunités et exemptions en fait de Négoce, Navigation et de Commerce dont jouissent ou jouiront lesdites Nations, soit en passant d'un Port à l'autre desdits Etats, soit en y allant ou en revenant de quelque partie, ou pour quelque partie du Monde que ce soit.

IV. Les Sujets et Habitans desdits Etats-Unis ne paieront dans les Ports, Hâvres, Rades, Isles, Villes et Places de la domination du Roi de Suède, d'autres ni de plus grands droits ou impôts, de quelque nature qu'ils puissent être et quelque nom qu'ils puissent avoir, que ceux que les Nations les plus favorisées sont ou seront tenues de payer; et ils jouiront de tous les droits, libertés, privilèges, immunités et exemptions en fait de Négoce, Navigation et Commerce dont jouissent ou jouiront lesdites Nations, soit en passant d'un Port à un autre de la domination de Sadite Majesté, soit en y allant ou en revenant de quelque partie ou pour quelque partie du Monde que ce soit.

V. Il sera accordé une pleine, parfaite et entière liberté de conscience aux Habitans et Sujets de chaque Partie, et personne ne sera molesté à l'égard de son culte , moyennant qu'il se soumette , quant à la démonstration publique , aux Loix du Pays. De plus , on permettra aux Habitans et Sujets de chaque Partie , qui décèdent dans le Territoire de l'autre Partie, d'être enterrés dans des endroits convenables et décens qui seront assignés à cet effet, et les deux Puissances contractantes pourvoiront chacune dans sa jurisdiction, à ce que les Sujets et Habitans respectifs puissent obtenir les Certificats de mort, en cas qu'ils soient requis de les livrer.

VI. Les Sujets des Parties contractantes pourront dans les Etats respectifs disposer librement de leurs fonds et biens , soit par testament , donation ou autrement , en faveur de telles personnes que bon leur semblera ; et leurs héritiers, dans quelque endroit où ils demeureront , pourront recevoir ces successions , même *ab in testatat*, soit en personne, soit par un Procureur, sans qu'ils aient besoin d'obtenir des Lettres de naturalisation. Ces héritages aussi bien que les capitaux et fonds que les Sujets des deux Parties , en changeant de demeure , voudront faire sortir de l'endroit de leur domicile, seront exempts de tout droit de détraction de la part du Gouvernement

des deux Etats respectifs. Mais il est convenu
en même tems que le contenu de cet Article
ne dérogera en aucune manière aux Ordonnances promulguées en Suède contre les émigrations, ou qui pourront par la suite être
promulguées, lesquelles demeureront dans
toute leur force et vigueur. Les Etats-Unis,
de leur côté, ou aucun d'entr'eux, seront libres
de statuer sur cette matière telle Loi qu'ils
jugeront à propos.

VII. Il sera permis à tous et chacun des
Sujets et Habitans du Royaume de Suède, ainsi
qu'à ceux des Etats-Unis, de naviguer avec leurs
Bâtimens en toute sûreté et liberté, et sans
distinction de ceux à qui les marchandises et
leurs chargemens appartiendront, de quelque
Port que ce soit. Il sera permis également
aux Sujets et Habitans des deux Etats de naviguer et de négocier avec leurs Vaisseaux
et marchandises, et de fréquenter avec la même
liberté et sûreté les Places, Ports et Hâvres
des Puissances ennemies des deux Parties contractantes ou de l'une d'elles, sans être aucunement inquiétés ni troublés, et de faire le
Commerce, non-seulement directement des
Ports de l'ennemi à un Port neutre, mais encore
d'un Port ennemi à un autre Port ennemi,

soit qu'il se trouve sous la jurisdiction d'un même ou de différens Princes. Et comme il est reçu par le présent Traité, par rapport aux Navires et aux marchandises, que les Vaisseaux libres rendront les marchandises libres, et que l'on regardera comme libre tout ce qui sera à bord des Navires appartenant aux Sujets d'une ou de l'autre des Parties contractantes, quand même le chargement ou partie d'icelui appartiendroit aux ennemis de l'un des deux, bien entendu néanmoins que les marchandises de contrebande seront toujours exceptées ; lesquelles étant interceptées, il sera procédé conformément à l'esprit des Articles suivans. Il est également convenu que cette même liberté s'étendra aux personnes qui naviguent sur un Vaisseau libre, de manière que quoiqu'elles soient ennemies des deux Parties ou de l'une d'elles, elles ne seront point tirées du Vaisseau libre, si ce n'est que ce fussent des gens de guerre actuellement au service desdits ennemis.

VIII. Cette liberté de Navigation et de Commerce s'étendra à toutes sortes de marchandises, à la réserve seulement de celles qui sont exprimées dans l'Article suivant, et désignées sous le nom de marchandises de contrebande.

IX. On comprendra sous le nom de marchandises de contrebande ou défendues, les armes, canons, boulets, arquebuses, mousquets, mortiers, bombes, pétards, grenades, saucisses, cercles poissés, affûts, fourchettes, bandoulières, poudre à canon, mêches, salpêtre, soufre, balles, piques, sabres, épées, morions, casques, cuirasses, hallebardes, javelines, pistolets et leurs fourreaux, baudriers, baïonnettes, chevaux avec leurs harnois, et tous autres semblables genres d'armes et d'instrumens de guerre servant à l'usage des Troupes.

X. On ne mettra point au nombre des marchandises défendues celles qui suivent; savoir, toutes sortes de draps et tous autres ouvrages de manufactures de laine, de lin, de soie, de coton et de toute autre matière; tout genre d'habillemens avec les choses qui servent ordinairement à les faire; or, argent monnoyé ou non monnoyé, étain, fer, plomb, cuivre, laiton, charbon à fourneau, bled, orge, et toute autre sorte de grains et de légumes, la nicotiane, vulgairement appellée tabac; toutes sortes d'aromates, chairs salées et fu-

mées, poissons salés, fromage et beurre,
bierre, huile, vins, sucres ; toutes sortes de
sels et de provisions servant à la nourriture
et à la subsistance des hommes ; tous genres
de coton, chanvre, lin, poix tant liquide
que séche, cordages, cables, voiles, toiles
propres à faire des voiles, ancres et parties
d'ancres, quelles qu'elles puissent être, mâts
de Navire, planches, madriers, poutres et
toutes sortes d'arbres, et toutes autres choses
nécessaires pour construire et pour radouber
les Vaisseaux. On ne regardera pas non plus
comme marchandises de contrebande, celles
qui n'auront pas pris la forme de quelque
instrument ou attirail servant à l'usage de la
guerre sur terre et sur mer, encore moins
celles qui sont préparées ou travaillées pour
tout autre usage. Toutes ces choses seront
censées marchandises libres, de même que
toutes celles qui ne sont point comprises et
spécialement désignées dans l'Article précédent ; de sorte qu'elles ne pourront sous aucune interprétation prétendue d'icelles être
comprises sous les effets prohibés ou de contrebande ; au contraire elles pourront être
librement transportées par les Sujets du Roi
et des État-Unis, même dans les lieux ennemis,

excepté seulement dans les Places assiégées, bloquées ou investies ; et pour telles seront tenues uniquement les Places entourées de près par quelqu'une des Puissances belligérantes.

XI. Afin d'écarter et de prévenir de part et d'autre toutes sortes de discussions et de discorde, il a été convenu que dans le cas où l'une des deux Parties se trouveroit engagée dans une Guerre, les Vaisseaux et Bâtimens appartenant aux Sujets ou Habitans de l'autre devront être munis de Lettres de mer ou Passeports, exprimant le nom, la propriété et le port du Navire, ainsi que le nom et la demeure du Maître ou Commandant dudit Vaisseau, afin qu'il apparoisse par-là que ledit Vaisseau appartient réellement et véritablement aux Sujets de l'une ou de l'autre Partie. Ces Passeports qui seront dressés et et expédiés en due et bonne forme, devront également être renouvellés toutes les fois que le Vaisseau revient chez lui dans le cours de l'an. Il est encore convenu que cesdits Vaisseaux chargés devront être pourvus non-seulement des Lettres de mer, mais aussi de Certificats contenant les détails de la cargaison, le lieu d'où le vaisseau est parti et celui de sa destination, afin que l'on puisse connoître s'ils ne portent aucune des marchandises défendues ou de contrebande, spécifiées dans l'Article IX du présent Traité, lesquels Certificats seront également expédiés par les Officiers du lieu d'où le Vaisseau sortira.

XII. Quoique les vaisseaux de l'une et de l'autre partie pourront naviguer librement et avec toute sûreté, comme il est expliqué à l'Article VII, ils seront néanmoins tenus, toute les fois qu'on l'exigera, d'exhiber tant en pleine mer que dans les Ports, leurs passeports et certificats ci-dessus mentionnés. Et n'ayant pas chargé de marchandises de contrebande pour un port ennemi, ils pourront librement et sans empêchement poursuivre leur voyage vers le lieu de leur destination. Cependant on n'aura point le droit de demander l'exhibition des papiers aux Navires marchands convoyés par des Vaisseaux de guerre; mais on ajoutera foi à la parole de l'Officier commandant le convoi.

XIII. Si, en produisant lesdits certificats, il fût découvert que le Navire porte quelques-uns de ces effets qui sont déclarés prohibés ou de contrebande, et qui sont consignés dans un port ennemi, il ne sera cependant pas

permis de rompre les écoutilles desdits Navires,
ni d'ouvrir aucune caisse, coffre, malle, ballot et tonneau, ou d'en déplacer, ni d'en
détourner la moindre partie des marchandises,
jusqu'à ce que la cargaison ait été mise à
terre, en présence des Officiers préposés à cet
effet; et que l'inventaire en ait été fait.
Encore ne sera-t-il pas permis de vendre,
échanger ou aliéner la cargaison ou quelque
partie d'icelle, avant qu'on aura procédé
légalement au sujet des marchandises prohibées, et qu'elles auront été déclarées con-
fiscables par Sentence; à la réserve néanmoins
tant des Navires mêmes que des autres marchandises qui y auront été trouvées, et qui,
en vertu du présent Traité, doivent être
censées libres; lesquelles ne peuvent être re-
tenues sous prétexte qu'elles ont été chargées
avec des marchandises défendues, et encore
moins être confisquées comme une prise légitime. Et supposé que lesdites marchandises
de contrebande ne faisant qu'une partie de
la charge, le Patron du Navire, agréât, con-
sentît et offrît de les livrer au Vaisseau qui
les aura découvertes, en ce cas, celui-ci,
après avoir reçu les marchandises de bonne
prise, sera tenu de laisser aller aussi-tôt le

Bâtiment, et ne l'empêchera en aucune manière de poursuivre sa route vers le lieu de sa destination. Tout Navire pris et amené dans un des ports des Parties contractantes, sous prétexte de contrebande, qui se trouve, par la visite faite, n'être chargé que de marchandises déclarées libres, l'Armateur ou celui qui aura fait la prise, sera tenu de payer tous les frais et dommages au Patron du Navire retenu injustement.

XIV. On est également convenu que tout ce qui se trouvera chargé par les Sujets d'une des deux Parties dans un vaisseau appartenant aux ennemis de l'autre Partie, sera confisqué en entier, quoique ces effets ne soient pas au nombre de ceux déclarés de contrebande, comme si ces effets appartenoient à l'ennemi même; à l'exception néanmoins des effets et marchandises qui auront été chargés sur des Vaisseaux ennemis avant la Déclaration de guerre, et même six mois après la Déclaration, après lequel terme l'on ne sera pas censé d'avoir pu l'ignorer: lesquelles marchandises ne seront en aucune manière sujettes à confiscation, mais seront rendues en nature fidèlement aux Propriétaires qui les réclameront ou feront réclamer avant la confiscation et vente; comme aussi leur provenu, si la reclamation ne pouvoit se faire que dans l'intervalle de huit mois après la vente, laquelle doit être publique; bien entendu nésnmoins, que si lesdites marchandises sont de contrebande, il ne sera nullement permis de les transporter ensuite à aucun Port appartenant aux ennemis.

XV. Et afin de pourvoir plus efficacement à la sûreté des deux Parties contractantes, pour qu'il ne leur soit fait aucun préjudice par les Vaisseaux de guerre de l'autre Partie ou par des Armateurs particuliers, il sera fait défenses à tous les Capitaines et Commandans de Vaisseaux de Sa Majesté Suédoise et des États-Unis, et tous leurs Sujets, de faire aucun dommage ou insulte à ceux de l'autre Partie; et au cas qu'ils y contrevienent, ayant été trouvés coupables, après l'examen fait par leurs propres Juges, ils seront tenus de donner satisfaction de tout dommage et intérêt, et de les bonifier, sous peine et obligation de leurs personnes et biens.

XVI. Pour cette cause, chaque particulier voulant armer en course, sera obligé, avant que de recevoir les patentes ou ses commissions spéciales, de donner, par-devant un

Juge compétent, caution de personnes solvables, chacun solidairement, par une somme suffisante, afin de répondre de tous les dommages et torts que l'Armateur, ses Officiers ou autres étant à son service pourroient faire en leurs courses contre la teneur du présent Traité et contre les Édits faits de part et d'autre en vertu du même Traité par le Roi de Suède et par les États-Unis, même sous peine de révocation et cassation desdites Patentes et Commissions spéciales.

XVII. Une des Parties contractantes étant en guerre, et l'autre restant neutre, s'il arrivoit qu'un Navire marchand de la Puissance neutre fût pris par l'ennemi de l'autre Partie, et repris ensuite par un Vaisseau ou par un Armateur de la Puissance en guerre, de même que les Navires et Marchandises, de quelque nature qu'elles puissent être, lorsqu'elles auront été enlevées des mains de quelque Pirate ou Écumeur de mer, elles seront emmenée dans quelque Port de l'un des deux États, et seront remises à la Garde des Officiers dudit Port, afin d'être rendues en entier à leur véritable propriétaire, aussi-tôt qu'il aura produit des preuves suffisantes de la propriété. Les Marchands, Patrons et Propriétaires des Navires

Matelots, Gens de toutes sortes, Vaisseaux
et Bâtimens, et en général aucunes marchandises ni aucuns effets de chacun des Alliés ou
de leurs Sujets ne pourront être assujettis à
aucun embargo, ni retenus dans aucun des
pays, Territoires, Isles, Villes, places, Rivages ou Domaines quelconques de l'autre
Allié, pour quelque expédition militaire,
usage public ou particulier de qui que ce soit,
par saisie, par force, ou de quelque manière
semblable. D'autant moins sera-t-il permis
aux Sujets de chacune des Parties de prendre
ou enlever par force quelque chose aux Sujets
de l'autre Partie, sans le consentement du
Propriétaire : ce qui néanmoins ne doit pas
s'entendre des saisies, détention et arrêts qui
se feront par ordre et autorité de la Justice,
et selon les voies ordinaires, pour dettes ou
délits, au sujet desquels il devra être procédé
par voie de droit selon les formes de Justice.

XVIII. S'il arrivoit que les deux Parties contractantes fussent en même tems en guerre
contre un ennemi commun, on observera de
part et d'autre les point suivants.

1°. Si les Bâtimens de l'une des deux Nations,
repris par les Armateurs de l'autre, n'ont pas
été au pouvoir de l'Ennemi au-delà de vingt-
quatre

quatre heures, ils seront restitués au premier Propriétaire, moyennant le paiement du tiers de la valeur du Bâtiment et de celle de la cargaison ; si au contraire, le vaisseau repris a été plus de vingt-quatre heures au pouvoir de l'Ennemi, il appartiendra en entier à celui qui l'aura repris.

2°. Dans le cas que, dans l'intervalle des vingt-quatre heures, un Navire est repris par un Vaisseau de guerre de l'une des deux Parties, il sera rendu au premier Propriétaire, moyennant qu'il paie un trentième de la valeur du Navire et de sa cargaison; et le dixième, s'il a été repris après les vingt-quatre heures; lesquelles sommes seront distribuées en guise de gratification aux Équipages des Vaisseaux qui l'auront reptis.

3°. Les prises, faites de la manière susdite, seront restituées aux Propriétaires, après les preuves faites de la propriété, en donnant caution pour la part qui en revient à celui qui a tiré le Navire des mains de l'Ennemi.

4°. Les Vaisseaux de guerre et Armateurs des deux Nations seront réciproquement admis

R

avec leurs prises, dans les Ports respectifs de chacune; mais ces prises ne pourront y être déchargées ni vendues qu'après que la légitimité de la prise faite par des bâtimens Suédois aura été décidée selon les Loix et Réglemens établis en Suéde, tout comme celle des prises faites par des Bâtimens Américains, sera jugée selon les Loix et Réglemens déterminés par les États-Unis de l'Amérique.

5°. Au surplus, il sera libre au Roi de Suéde, ainsi qu'aux Etats-Unis de l'Amérique, de faire tels Réglemens qu'ils jugeront nécessaires, relativement à la conduite que devront tenir leurs Vaisseaux et Armateurs respectifs, à l'égard des Bâtimens qu'ils auront pris et conduits dans les Ports des deux Puissances.

XIX. Les Vaisseaux de guerre de Sa Majesté Suédoise et ceux des Etats-Unis, de même que ceux que leurs Sujets auront armés en guerre, pourront en toute liberté conduire les prises qu'ils auront faites sur leurs ennemis dans les Ports ouverts en tems de guerre aux autres Nations amies, sans que ces prises, entrant dans lesdits Ports, puissent être arrêtées ou saisies, ni que les Officiers des lieux puissent prendre connoissance de la validité desdites prises, lesquelles pourront sortir et être conduites franchement et en toute liberté aux lieux portés par les commissions, dont les Capitaines desdits Vaisseaux seront obligés de faire montre.

XX. Au cas que quelque Vaisseau, appartenant à l'un des deux États, ou à leurs Sujets, aura échoué, fait naufrage ou souffert quelqu'autre dommage sur les côtes ou sous la domination de l'une des deux Parties, il sera donné toute aide et assistance aux personnes naufragées ou qui se trouvent en danger, et il leur sera accordé des passeports pour assurer leur retour dans leur Patrie. Les Navires et marchandises naufragées, ou leur provenu, si ces effets eussent été vendus, étant reclamés dans l'an et jour par les Propriétaires, ou leur ayant-cause, seront restitués, en payant les frais du sauvement, conformément aux Loix et Coutumes des deux Nations.

XXI. Lorsque les Sujets et Habitans de l'une des deux Parties, avec leurs Vaisseaux, soit publics, soit équipés en guerre, soit particuliers, ou employés au Commerce, seront forcés par une tempête, par la poursuite des Corsaires et des ennemis, ou par quelqu'autre nécessité urgente de se retirer et d'entrer dans quelqu'une des Rivières, Baies, Rades ou Ports de l'une des deux Parties, ils seront reçus et traités avec humanité et honnêteté, et jouiront de toute amitié, protection et assistance ; et il leur sera permis de se pourvoir de rafraîchissemens, de vivres, et de toutes choses nécessaires pour la subsistance, pour la réparation de leurs Vaisseaux, et pour continuer leur voyage, le tout moyennant un prix raisonnable ; et ils ne seront retenus en aucune manière, ni empêchés de sortir desdits Ports ou Rades, mais pourront se retirer et partir quand et comme il leur plaira, sans aucun obstacle ni empêchement.

XXII. Afin de favoriser d'autant plus le Commerce des deux côtés, il est convenu que dans le cas où la guerre surviendroit entre les deux Nations susdites, ce qu'à Dieu ne plaise, il sera accordé un tems de neuf mois après la Déclaration de guerre, aux Marchands et Sujets respectifs de part et d'autre, pour pouvoir se retirer avec leurs effets et meubles, lesquels ils pourront transporter ou faire vendre où ils voudront, sans qu'on y mette le moindre obstacle, ni qu'on puisse arrêter les effets, encore moins les personnes, pendant lesdits neuf msis; mais qu'au contraire, on leur donnera, pour leurs Vaisseaux et effets qu'ils voudront prendre avec eux, des passeports valables pour le tems qu'il sera nécessaire pour leur retour; mais s'il leur est enlevé quelque chose, ou s'il leur a été fait quelqu'injure, durant le terme prescrit ci-dessus, par l'une des Parties, leurs Peuples et Sujets, il leur sera donné à cet égard pleine et entière satisfaction. Ces passeports susmentionnés serviront également de sauf-conduits contre toutes insultes ou prises que les Armateurs pourront intenter de faire contre leurs personnes et leurs effets.

XXIII. Aucun Sujet du Roi de Suéde ne prendra de commission ou lettte de marque, pour armer quelque Vaisseau, afin d'agir comme Corsaire contre les Etats-Unis de l'Amérique ou quelques-uns d'entr'eux, ou contre les Sujets, Peuples et Habitans d'iceux, ou contre la propriété des Habitans de ces Etats, de quelque Prince ou Etat que ce soit avec lequel cesdits Etats-Unis seront en guerre. De même,

R 3

aucun Citoyen, Sujet ou Habitant desdits États-Unis, ou de quelqu'un d'entr'eux, ne demandera ni n'acceptera aucune commission ou lettre de marque, afin d'armer quelque Vaisseau pour courre sus aux Sujets de Sa Majesté Suédoise ou quelqu'un d'entr'eux ou leur propriété, de quelque Prince ou Etat que ce soit avec qui Sadite Majesté se trouvera en guerre. Et si quelqu'un de l'une ou de l'autre Nation prenoit de pareilles commissions ou lettres de marque, il sera puni comme Pirate.

XXIV. Les Vaisseaux des Sujets ou Habitans d'une des deux Parties, abordant à quelque Côte de la dépendance de l'autre, mais n'ayant point dessein d'entrer au Port, ou y étant entrés ne desirant pas de décharger leur cargaison ou rompre leur charge, ni seront point obligés; mais, au contraire, jouiront de toutes les franchises et exemptions accordées par les Réglemens qui subsistent relativement à cet objet.

XXV. Lorsqu'un Vaisseau appartenant aux Sujets et Habitans de l'une des deux Parties, naviguant en pleine mer, sera rencontré par un Vaisseau de guerre ou Armateur de l'autre, ledit Vaisseau de guerre ou Armateur, pour éviter tout désordre, se tiendra hors de la portée du canon, mais pourra toutefois envoyer sa chaloupe à bord du Navire Marchand, et y faire entrer deux ou trois hommes, auxquels le Maître ou Commandant dudit Navire, montrant son passeport qui constate la propriété du Navire, et après que ledit Bâtiment aura exhibé le passeport, il lui sera libre de continuer son voyage, et il ne sera pas permis de le molester, ni de chercher en aucune manière à lui donner la chasse, ou à le forcer de quitter la course qu'il s'étoit proposée.

XXVI. Les deux Parties contractantes se sont accordées mutuellement la faculté de tenir dans leurs Ports respectifs, des Consuls, Vice-Consuls, Agens et Commissaires dont les fonctions seront réglées par une Convention particulière.

XXVII. Le présent Traité sera ratifié de part et d'autre ; les ratifications seront échangées dans l'espace de huit mois, ou plutôt si faire se peut, à compter du jour de la signature.

R 4

En foi de quoi, les Plénipotentiaires respectifs ont signé les Articles ci-dessus et y ont apposé le cachet de leurs armes.

Fait à Paris, le trois Avril, l'an de grace mil sept cent quatre-vingt-trois.

(*Signé*) GUSTAV. PHILIP. Comte DE CREUTZ.
(L. S.)

B. FRANKLIN.
(L. S.)

ARTICLE SÉPARÉ.

Le Roi de Suède et les Etats-Unis de l'Amérique Septentrionale sont convenus que le présent Traité aura son plein effet pendant l'espace de quinze ans consécutifs, à compter du jour de sa ratification ; et les deux Parties contractantes se réservent la faculté de le renouveller au bout de ce tems.

Fait à Paris, le trois Avril, l'an de grace mil sept cent quatre-vingt-trois.

(*Signé*) GUSTAV. PHILIP. Comte DE CREUTZ.
(L. S.)

B. FRANKLIN.
(L. S.)

ARTICLES SÉPARÉS.

ART. Ier. SA Majesté Suédoise fera usage de tous les moyens qui sont en son pouvoir pour protéger et défendre les Vaisseaux et Effets appartenant aux Citoyens ou Habitans des États-Unis de l'Amérique Septentrionale, et à chacun d'iceux, qui seront dans les Ports, Hâvres ou Rades, ou dans les mers près des Pays, Islés, Contrées, Villes et Places de Sadite Majesté, et fera tous ses efforts pour recouvrer et faire restituer aux Propriétaires légitimes tous les Vaisseaux et Effets qui leur seront pris dans l'étendue de sa juris-diction.

II. De même, les Etats-Unis de l'Amérique Septentrionele protégeront et défendront les Vaisseaux et Effets appartenant aux Sujets de Sa Majesté Suédoise qui seront dans les Ports, Hâvres ou Rades, ou dans les mers près des Pays, Isles, Contrées, Villes et Places desdits Etats, et feront tous leurs efforts pour recou-vrer et faire restituer aux Propriétaires légi-

times tous les Vaisseaux et Effets qui leur
seront pris dans l'étendue de leur jurisdiction.

III. Si, durant une guerre maritime à venir,
les deux Puissances contractantes prennent le
parti de rester neutres, et d'observer comme
telles, la plus exacte neutralité, alors on est
convenu que s'il arrivoit que les Vaisseaux
marchands de l'une des Puissances, se trou-
vassent dans un parage, où les Vaisseaux de
guerre de la même Nation ne fussent pas station-
nés, ou bien s'ils se rencontrent en pleine mer
sans pouvoir avoir recours à leurs propres Convois; dans ce cas, le Commandant des Vaisseaux
de guerre de l'autre Puissance, s'il en est requis,
doit de bonne-foi et sincèrement leur prêter
les secours dont ils pourront avoir besoin,
et en tel cas les Vaisseaux de guerre et Frégates
de l'une des Puissances serviront de soutien
et d'appui aux Vaisseaux marchands de l'autre;
bien entendu cependant que les Reclamans
n'auroient fait aucun commerce illicite ni contraire aux principes de la neutralité.

IV. Il est convenu et arrêté que tous les
Marchands, Capitaines des Navires marchands,

ou autres Sujets de Sa Majesté Suédoise, auront l'entière liberté dans toutes les Places de la domination ou jurisdiction des Etats-Unis de l'Amérique, de conduire eux - mêmes leurs propres affaires, et d'employer qui il leur plaira pour les conduire, et qu'ils ne seront point obligés de se servir d'aucun Interprète ou Courtier, ni leur payer aucun honoraire, à moins qu'ils ne s'en servent. En outre, les Maîtres des Navires ne seront point obligés, chargeant ou déchargeant leurs Navires, de se servir des Ouvriers qui peuvent être établis pour cet effet par l'autorité publique ; mais ils seront entièrement libres de charger ou de décharger eux - mêmes leurs Vaisseaux, et d'employer pour charger ou décharger ceux qu'ils croiront propres pour cet effet, sans payer aucuns honoraires à titre de salaire à aucune autre personne que ce soit, et ils ne pourront être forcés de verser aucune espèce de marchandises dans d'autres Vaisseaux, ou de les recevoir à leur bord, et d'attendre, pour être chargés, plus long - tems qu'il ne leur plaira; et tous et un chacun des Citoyens, Peuples et Habitans des Etats-Unis de l'Amérique, auront et jouiront réciproquement des mêmes privilèges et libertés dans toutes les Places de la jurisdiction dudit Royaume.

V. Il est convenu que lorsque les marchandises auront été chargées sur les Vaisseaux ou Bâtimens de l'une des deux Parties contractantes, elles ne pourront plus être assujetties à aucune visite ; toute visite et recherche devant être faite avant le chargement, et les marchandises prohibées devant être arrêtées sur la plage avant de pouvoir être embarquées, à moins qu'on n'ait des indices manifestes ou des preuves de versement frauduleux de la part du Propriétaire du Navire ou de celui qui en a le commandement. Dans ce cas seul il en sera responsable et soumis aux Loix du Pays où il se trouve. Dans aucun autre cas, ni les Sujets d'une des Parties contractantes se trouvant avec leurs Navires dans les Ports de l'autre, ni leurs marchandises, ne pourront être arrêtés ou molestés pour cause de contrebande qu'ils auront voulu prendre à leur bord, ni aucune espèce d'embargo mis sur leurs Navires, les Sujets ou Citoyens de l'Etat où ces marchandises sont déclarées de contrebande, ou dont la sortie est défendue, et qui néanmoins auront vendu ou voulu vendre

et aliéner lesdites marchandises, devant être
les seuls qui seront duement punis pour une
pareille contravention.

FAIT à Paris, le trois Avril, l'an de grace
mil sept cent quatre-vingt-trois.

Signé GUSTAV. PHILIP. Comte DE CREUTZ.
(L. S.)

B. FRANKLIN.
(L. S.)

CONSTITUTION

DES ÉTATS-UNIS

DE L'AMÉRIQUE.

NOTE DE L'EDITEUR.

La Liberté Américaine, affermie par la guerre que les Peuples des treize Etats eurent à soutenir contre l'Electeur de Hanovre, sembla près de leur échapper, lorsque la Paix fut conclue. Chaque Etat, fatigué de sa longue agitation, de ses longs sacrifices, ne s'occupoit guères plus qu'à regagner pour lui seul ce que tous les autres Etars avoient perdu avec lui.

Cependant tous les bons esprits se convainquirent de cette vérité, qu'un Peuple n'est long-tems libre, que lorsqu'il est assez fort pour défendre sa liberté, et qu'il n'est fort que lorsqu'il est UN.

Les Représentans de la Virginie furent les premiers à indiquer un remède contre le marasme politique, qui déjà consumoit leurs voisins.

Une Convention Générale fut formée à Philadelphie, au mois de Mai 1787. Elle étoit composée de Réprésentans de tous les Etats, celui de Rhode-Island excepté, et sous la présidence de Washington : elle adopta une Constitution *unique*, qui fut ensuite présentée à la ratification d'un Congrès des treize Etats.

Nons plaçons ici cette Constitution : si on la compare aux diverses Constitutions de chaque Etat, on aura peut-être à gémir sur cette vérité, qu'il n'est pas de République, aussi démocratique qu'elle soit, qui n'amène incessamment le règne de l'Aristocratie.

CONSTITUTION
DES ÉTATS-UNIS
DE L'AMÉRIQUE.

Nous, LE PEUPLE DES ÉTATS-UNIS, afin de former une plus parfaite union, d'établir la justice, de maintenir la tranquillité domestique, de pourvoir à la défense commune, de faire fleurir la félicité générale, et d'assurer les biens précieux de la Liberté à nous-mêmes et à notre postérité, ordonnons et établissons cette Constitution pour les Etats-Unis de l'Amérique.

ARTICLE PREMIER.

Section I. Tous les Pouvoirs Législatifs accordés ici, seront confiés à un Congrès des Etats-Unis, qui consistera en un Sénat et une Chambre des Représentans.

Section II. La Chambre des Représentans sera composée de Membres choisis tous les deux ans par les Habitans des différens Etats ; et les Electeurs dans chaque Etat, auront les qualités requises pour des Electeurs de la branche la plus nombreuse de la Législature de l'Etat.

Nul ne pourra être Représentant, s'il n'a atteint l'âge de vingt-cinq ans, s'il n'a été sept ans Citoyen des Etats-Unis, et s'il n'est, lors de son élection, Habitant de l'Etat dans lequel il sera choisi.

Les Représentans et les taxes directes seront repartis parmi les différens Etats qui pourront être compris dans cette union, suivant leur population respective. On la déterminera, en ajoutant au rang des personnes libres, où l'on comprendra celles engagées à servir pour un terme limité, et d'où l'on exclura les Indiens non taxés, trois cinquièmes de toutes autres personnes. Ce dénombrement sera fait sous trois ans. après la première Assemblée du Congrès des Etats-Unis, et par la suite tous les dix ans, de la manière et sous la forme que la Loi ordonnera. Le nombre des Représentans n'excédera pas un pour chaque trente mille, mais chaque Etat aura au moins un Représentant; et jusqu'à ce qu'un tel dénombrement soit fait, l'Etat du New-Hampshire aura le droit d'en choisir trois; celui du Massachusetts, huit; Rhode-Island et les Plantations de la Providence, un; le Connecticut, cinq; le New-York, six; le New-Jersey, quatre; la Pensylvanie, huit; le Delawarre, un; le Maryland, six; la Virginie, dix; la Caroline-Nord, cinq; la Caroline-Sud, cinq; et la Georgie, trois.

Quand des places viendront à vaquer dans la Représentation de quelque Etat, le Pouvoir exécutif de cet Etat donnera des ordres d'élire (*writs of election*), pour remplir ces places vacantes.

La Chambre des Représentans choisira son Orateur (1) et ses autres Officiers; elle aura seule le droit d'*impeachement* (2).

————————————

(1) L'Orateur de la Chambre des Communes en Angleterre, est réellement le Président sous une autre dénomination; il pose les questions et rappelle à l'ordre.

(2) On appelle en Angleterre *Impéachment* tout

S 2

Section III. Le Sénat des Etats-Unis sera composé de deux Sénateurs de chaque Etat, choisis par la Législature de cet Etat, pour six ans, et chaque Sénateur aura une voix.

Dès qu'ils seront assemblés en vertu de la première élection, ils seront divisés, aussi également qu'il se pourra en trois classes ; les sièges des Sénateurs de la première classe seront vacans à l'expiration de la seconde année ; ceux de la seconde classe, à l'expiration de la quatrième année, et ceux de la troisième classe, à l'expiration de la sixième année, de façon qu'un tiers puisse être choisi tous les deux ans ; et si quelque vacance arrive par démission, ou autrement, durant le recès de la Législature d'un Etat, le pouvoir exécutif de cet Etat y nommera provisoirement jusqu'à la prochaine tenue

---

procès intenté par le Roi, la Chambre des Communes, ou même tout particulier, devant la chambre des Lords, et exclusivement jugé par eux. Il paroît qu'en Amérique la chambre des Représentans aura seule le droit d'intenter ces sortes de procès, c'est-à-dire, d'*empêcher* quelqu'un ; mais ces procès seront toujours jugés par le Sénat.

de la Législature, qui remplira alors les places vacantes.

Nul ne sera Sénateur s'il n'a atteint l'âge de trente ans, s'il n'a été neuf ans Citoyen des Etats-Unis, et si, lors de son élection, il n'est Habitant de l'Etat pour lequel il sera choisi.

Le Vice - Président des Etats - Unis sera Président du Sénat, mais il n'aura pas de voix, à moins qu'elles ne soient également partagées.

Le Sénat choisira ses autres Officiers, et même un Président *pro tempore* dans l'absence du Vice-Président, ou lorsqu'il exercera les fonctions de Président des Etats-Unis.

Le Sénat aura seul le pouvoir de juger tous les cas d'*impeachement*. Quand les Sénateurs siégeront à ce sujet, ils prêteront serment ou affirmation. Dans le cas où l'on procédera contre le Président des Etats-Unis, le Chef Haut-Justicier présidera. Nul ne sera déclaré atteint et convaincu sans le concours des deux tiers des Membres présens.

Les Jugemens, en cas d'*impeachement*, ne s'étendront pas plus loin qu'à la démission

S 3

de l'Office possédé, et à une sentence qui déclarera incapable d'occuper et de remplir aucun emploi d'honneur, de confiance ou de profit sous les Etats-Unis; mais la partie atteinte et convaincue n'en sera pas moins soumise et sujette à la plainte, au jugement, à la condamnation et à la peine suivant la procédure et les Loix ordinaires.

Section IV. Les époques, les lieux et la manière de procéder aux Elections des Sénateurs et des Représentans, seront réglés dans chaque Etat par la Législature de cet Etat; mais le Congrès pourra en tout tems, par un Décret, changer ou modifier de tels réglemens, excepté quant aux lieux destinés à choisir les Sénateurs.

Le Congrès s'assemblera au moins une fois par an; et cette Assemblée sera fixée au premier lundi de décembre, à moins que par une Loi il ne fixe un autre jour.

Section V. Chaque Chambre sera juge des Elections, Pouvoirs et qualités de ses propres Membres, et une majorité de chacune formera un *quorum* (1), pour procéder aux

_____

(1) *Quorum* est un mot latin dont on se sert fréquemment en Anglois, pour désigner un nombre

affaires; mais un plus petit nombre pourra s'ajourner de tel jour à tel jour, et pourra être autorisé à forcer les Membres absens à venir siéger de telle manière et sous telle peine que chaque Chambre le décidera.

Chaque Chambre pourra déterminer les règles sous lesquelles elle procédera, punir ses Membres, en cas de conduite malhonnête, et avec le concours des deux tiers expulser un Membre.

Chaque Chambre tiendra un Journal de ses délibérations et actes, et le publiera de tems en tems, en en exceptant telles choses qu'elle jugera exiger le secret; et les oui et non (1) des Membres de l'une ou l'autre Chambre, sur telle question que ce soit, seront enregistrés sur le Journal, à la requisition d'un cinquième des Membres présens.

Aucune des deux Chambres, durant la session du Congrès, ne s'ajournera, sans le

---

de Députés ou de Commissaires suffisant pour agir. Par exemple, dans un Comité de sept personnes, quatre forment un *quorum*.

(1) Manière la plus ordinaire de donner son suffrage sur-tout dans les matières graves.

consentement de l'autre, à un plus long délai que trois jours et dans aucun autre lieu que celui dans lequel les deux Chambres seront séantes.

Section VI. Les Sénateurs et Représentans recevront pour leurs services une compensation qui sera fixée par une Loi et payée du Trésor des Etats-Unis. Pour aucun cas, excepté trahison, félonie et violation de la paix, on ne pourra les arrêter durant leur service à la session de leur Chambre respective, pendant qu'ils s'y rendront et qu'ils retourneront au lieu de leur résidence; et pour aucun discours ou débat dans l'une ou l'autre Chambre, on ne pourra leur demander aucun compte ailleurs que dans cette même Chambre.

Aucun Sénateur ou Représentant ne pourra, durant l'espace de tems pour lequel il a été élu, être nommé à aucun emploi civil sous l'autorité des Etats-Unis qui auroit été créé, ou dont les émolumens auroient été augmentés pendant cet espace de tems; et personne occupant un emploi sous les Etats-Unis, ne pourra être Membre de l'une ou l'autre Chambre, tant qu'il continuera d'occuper cet emploi.

Section VII. Tout Bill pour lever des revenus, doit sortir originairement de la Chambre des Représentans; mais le Sénat pourra y concourir pour les amendemens, ou en proposer comme pour les autres Bills.

Tout Bill qui aura passé dans la Chambre des Représentans et dans le Sénat, sera, avant de devenir Loi, présenté au Président des Etats-Unis : s'il l'approuve, il le signera; sinon il le renverra, avec ses objections, à la Chambre dans laquelle il aura été proposé. Cette Chambre enregistrera tout au long les objections sur son Journal, et procédera à examiner le Bill de nouveau : si, après cette révision, les deux tiers de la Chambre s'accordent pour que le Bill passe, on l'enverra, ainsi que les objections, à l'autre Chambre pour y être également revisé; et si les deux tiers de cette Chambre l'approuvent aussi, alors il deviendra Loi : mais, dans tels cas, les voix dans les deux Chambres seront prises par oui et non ; et les noms des personnes votantes pour ou contre le Bill seront enregistrées sur le Journal de leur Chambre respective. Si un Bill présenté au Président n'est pas renvoyé par lui dans l'espace de dix jours, dimanches exceptés, il deviendra Loi, comme s'il l'avoit signé, à moins que le Congrès; en s'ajournant à plus long terme, ne mette obstacle à son renvoi, auquel cas il n'auroit pas force de Loi.

Tout ordre, résolution ou délibération, auxquels le concours du Sénat et de la Chambre des Représentans sera nécessaire (excepté les questions d'ajournement) seront présentés au Président des Etats-Unis, et, avant qu'ils puissent être mis à exécution, seront approuvés par lui; ou s'il les désapprouve, seront revisés par les deux tiers du Sénat et de la Chambre des Représentans, suivant les règles et les restrictions prescrites dans le cas d'un Bill.

Section VIII. Le Congrès aura le pouvoir d'établir, percevoir des taxes, des droits, des impôts et des accises pour payer les dettes, et pourvoir à la défense commune et au bien général des Etats-Unis; mais tous droits, impôts et accises seront uniformes par tous les Etats-Unis.

D'emprunter de l'argent sur le crédit des Etats-Unis;

De faire des Réglemens pour le Commerce avec les Nations étrangères, entre les différens Etats et avec les Tribus Indiennes;

D'établir une règle uniforme de naturalisation, et des loix uniformes au sujet des banqueroutes, par tous les Etats-Unis ;

De battre monnoie, d'en régler la valeur,
ainsi que celle des monnoies étrangères, et de
fixer l'étalon des poids et des mesures ;

De pourvoir à la punition de ceux qui contreferoient les effets publics et la monnoie
courante des Etats-Unis ;

D'établir des Bureaux de postes et des routes
de postes ;

D'encourager les progrès des Sciences et des
Arts, en assurant pour des tems limités aux
Auteurs et aux Inventeurs le privilège exclusif
de leurs intérêts et de leurs découvertes ;

D'établir des Tribunaux inférieurs à la Cour
Suprême ;

De déterminer et punir les pirateries et félonies commises en haute-mer, et les offenses
contre le droit des gens ;

De déclarer la guerre, d'accorder des Lettres
de marque et de représailles, et de faire des
Réglemens concernant les prises sur terre et
sur mer ;

De lever et d'entretenir des armées ; mais

aucune appropriation d'argent pour cet usage
n'aura lieu pour un plus long terme que deux
ans ;

D'établir et d'entretenir une Marine;

De faire des Réglemens pour le gouvernement et l'administration des forces de terre
et de mer ;

De pourvoir à la convocation des Milices,
pour mettre à exécution les Loix de l'union,
réprimer les insurrections et repousser les
invasions;

De pourvoir à organiser, armer et discipliner les Milices, et en régir telle partie qui
pourra être employée activement au service
des Etats-Unis : réservant à chaque Etat respectivement la nomination des Officiers et le
pouvoir de former les Milices selon la discipline prescrite par le Congrès ;

D'exercer la Législation exclusive dans tous
les cas quelconques sur tel District (n'excédant pas dix milles en quarré) qui deviendra
par la cession des Etats particuliers et l'acceptation du Congrès, le siège du Gouvernement
des Etats-Unis, et d'exercer une autorité pareille sur tous les lieux achetés, du consentement de la Législatute de l'Etat, dans les

limites duquel seront ces lieux, pour l'érection des forts, des magasins, des arsenaux, des chantiers et des autres bâtimens nécessaires.

Et de faire toutes les Loix nécessaires et convenables pour mettre en exécution tous les pouvoirs ci-dessus énoncés et tous les autres pouvoirs dont cette Constitution investit le Gouvernement des Etats-Unis, ou aucun de ses Départemens ou de ses Officiers.

Section IX. L'immigration (1) ou introduction de toutes personnes que aucun des Etats actuellement existans jugera à-propos d'admettre, ne sera pas prohibé par le Congrès avant l'année mil huit cent huit; mais une taxe ou droit pourra être imposé sur cette introduction, pourvu que cette taxe ou droit n'excède pas dix dollars (2) par personne.

---

(1) Ce terme a été introduit exprès pour régler l'introduction des Nègres.

(2) Le dollar vaut à-peu-près cent huit sols de notre monnoie.

Le privilège des Lettres *d'Habeas Corpus* (1) ne sera suspendu que dans les cas de rébellion, ou quand la sûreté publique pourra l'exiger.

Aucun Bill de proscription ni Loi *ex post facto* (2) ne sera passé.

On ne pourra mettre de capitation ou autre taxe directe à moins qu'elle ne soit répartie proportionnellement au cens ou dénombrement ordonné ci-dessus.

Nulle taxe ou droit ne sera imposé sur des articles exportés d'aucun état; nulle préférence ne sera accordée par aucun réglement de commerce ou de revenu, aux Ports d'un Etat sur ceux d'un autre; nul Vaisseau chargé pour ou par un Etat, ne sera obligé de faire

---

(1) La Loi *d'habeas corpus* prévient qu'un citoyen ne puisse être arrêté sans un Décret, et prescrit que tout homme arrêté, doit être examiné par un Juge dans les vingt-quatre heures. Elle donne aussi en Angleterre le droit à tout homme arrêté dans quelque lieu du Royaume que ce soit, de se faire conduire à Londres dans la prison du banc du Roi.

(2) *Ex post facto* Law : Loi pour offenses passées.

de déclaration, acquitter ou payer des droits dans un autre.

Aucun argent ne sera tiré du Trésor qu'en vertu d'appropriations fixées et ordonnées par la Loi ; et un Etat régulier, et un compte des recettes et dépenses du Trésor public, sera publié de tems en tems.

Aucun titre de Noblesse ne sera accordé par les Etats-Unis ; et personne occupant sous eux un emploi de confiance ou de profit, ne pourra, sans le consentement du Congrès, accepter aucun présent, émolument, emploi ou titre d'aucune espèce quelconque, d'aucun Roi, Prince ou Etat étranger.

Section X. Aucun Etat n'entrera en traité, alliance ou confédération ; n'accordera de Lettres de Marque ou de représailles ; ne battra monnoie; ne mettra en circulation de billets de crédit; ne rendra obligatoire l'offre d'aucune chose (1), que des espèces courantes d'or et d'argent; ne passera aucun bill de proscription, ni loi d'*ex post-facto*, ni loi altérant

---

(1) Il existoit des Loix qui contraignoient à recevoir en paiement les papiers-monnoie et autres billets publics sur des offres réelles.

l'obligation des contrats, ni accordera aucun titre de noblesse.

Aucun Etat ne pourra, sans le consentement du Congrès, mettre aucun impôt ou droit sur les importations et les exportations, excepté ce qui sera absolument nécessaire pour subvenir aux frais qu'entraîneront ses loix de police et de surveillance; et le produit net de tous droits et impôts mis par tout état sur les importations ou exportations, sera pour le trésor des Etats-Unis; et toutes ces sortes de Loix seront soumises à la révision et au contrôle du Congrès.

Aucun Etat ne pourra, sans le consentement du Congrès, imposer aucun droit de tonnage; tenir des troupes sur pied ou des vaisseaux de guerre en tems de paix; entrer en aucun accord ou pacte avec un autre Etat, ou avec une Puissance Etrangère; ou entrer en guerre, à moins qu'il ne soit attaqué réellement ou en un danger assez pressant, pour n'admettre aucun délai.

ARTICLE II.

Section Iere. Le Pouvoir Exécutif sera conféré à un Président des Etats-Unis d'Amérique. Il occupera cet emploi durant l'espace de

quatre

quatre ans, et il sera, ainsi que le Vice-président, choisi pour le même terme, élu comme
ci-après.

Chaque Etat choisira, suivant les formes que
la Législature de cet Etat prescrira, un nombre
d'Electeurs, égal au nombre réuni de Sénateurs
et de Représentans, auquel cet Etat aura droit
dans le Congrès; mais aucun Sénateur ou Représentant, ou personne occupant un emploi
de confiance ou de profit, sous les Etats-Unis,
ne sera nommé Electeur.

Les Electeurs s'assembleront dans leur Etat
respectif, et nommeront par scrutin deux personnes desquelles une au moins ne sera pas ha-
bitante du même Etat qu'eux; ils feront une
liste de toutes les personnes nommées, et du
nombre de suffrages que chacune aura obtenus.
Ils signeront et certifieront cette liste, et la
feront passer toute scellée au Siége du Gouvernement des Etats-Unis, sous l'adresse du
Président du Sénat. Le Président du Sénat ouvrira
tous les certificats en présence du Sénat et de
la Chambre des Représentans, et les suffrages
seront alors comptés. La personne ayant le
plus grand nombre de suffrages sera Président,
si ce nombre forme une majorité du nombre
entiér d'Electeurs nommés; et s'il y en a plus

T

d'une, qui ait une telle majorité, et qui ait un nombre égal de suffrages, alors la Chambre des Représentans choisira immédiatement, par la voie du scrutin, l'une d'elles pour Président; et si personne n'a de majorité, alors la même Chambre choisira de la même manière le Président parmi les cinq qui réuniront le plus de suffrages. Mais en choisissant le Président, les suffrages seront pris par Etats, la représentation de chaque Etat formant un suffrage. Un *quorum*, à ce dessein, ne pourra consister de moins d'un ou de plusieurs membres des deux tiers des Etats, et une majorité de tous les Etats sera nécessaire pour le choix d'un Président. Dans tous les cas, après le choix du Président, la personne ayant le plus grand nombre de suffrages des Electeurs, sera Vice-Président; mais s'il en restoit deux ou plus, qui aient un nombre égal de suffrages, le Sénat choisira le Vice-Président parmi elles, par la voie du scrutin.

Le Congrès pourra déterminer le tems de choisir les Electeurs, et le jour où ils donneront leurs suffrages, lequel jour sera le même pour tous les Etats-Unis.

Nul, excepté un naturel né Citoyen, ou un Citoyen des Etats-Unis, à l'époque de l'adoption de cette Constitution, ne sera éligible à l'office de Président; nul ne sera non plus éligible à cet office, à moins d'être parvenu à l'âge de 35 ans, et d'avoir été 14 ans résidant dans les Etats-Unis.

En cas de mort, de démission volontaire ou forcée du Président, ou d'incapacité à remplir les fonctions et les devoirs de son office, lesdites fonctions et lesdits devoirs seront dévolus au Vice-Président, et le Congrès pourra pourvoir, par une Loi, au cas de privation d'office, de mort, de démission ou d'incapacité du Président et du Vice-Président à-la-fois, déclarant quel Officier remplira alors les fonctions de Président, et cet Officier les remplira en conséquence, jusqu'à ce que l'incapacité cesse, ou qu'un nouveau Président soit élu.

Le Président recevra pour ses services, à des époques déterminées, une compensation qui ne sera ni augmentée, ni diminuée, durant la période de tems pour laquelle il aura été élu, et il ne recevra, durant cette période, aucun autre émolument des Etats-Unis, ni d'aucun d'entr'eux.

Avant d'entrer dans les fonctions de son office, il prêtera le Serment ou affirmation ci-après :

« Je jure (ou j'affirme) solemnellement de
« remplir fidellement l'Office de Président des
» Etats-Unis, et de faire usage de tout mon
« pouvoir pour conserver, protéger et défendre
» la Constitution des Etats-Unis. »

Section II. Le Président sera Commandant
en Chef de l'Armée et de la Marine des Etats-
Unis, ainsi que des Milices des différens Etats,
quand elles seront appellées au service effectif
des Etats-Unis; il pourra demander l'opinion
par écrit de l'Officier principal de chacun des
départemens èxécutifs, sur tout objet relatif
aux fonctions de leur office respectif, et il
aura le pouvoir d'accorder des répis et des par-
dons pour offences contre les Etats-Unis, excepté dans le cas d'*impéachement.*

Il aura le pouvoir, avec et par l'avis et
consentement du Sénat, de faire des traités,
pourvu que ce soit avec le concours des deux
tiers des Sénateurs présens; il proposera, et
avec, et par l'avis et consentement du Sénat,
nommera les Ambassadeurs, les autres Ministres
publics et Consuls, les Juges de la Cour Suprême, et tous les autres Officiers des Etats-
Unis, à la nommination desquels cette Constitution n'a point pourvu d'une autre manière,

et qu'elle fixera par une Loi. Mais le Congrès peut, par un Décret, investir le Président seul, les Cours de Justice ou les Chefs de Départemens, du Droit de nommer tels Officiers inférieurs qu'il jugera à propos.

Le Président aura le pouvoir de remplir toutes les places qui pourront venir à vaquer durant le recès du Sénat, en accordant des commissions qui finiront avec la prochaine session du Sénat.

Section III. Il fera connoître de tems en tems au Congrès l'état de l'union ; il recommendera à sa considération telles mesures qu'il jugera nécessaires et convenables ; il pourra, dans les occasions extraordinaires, convoquer les deux Chambres ou l'une d'elles ; et en cas qu'elles ne soient pas d'accord sur l'article de l'ajournement, il les ajournera lui-même à l'époque qu'il jugera à propos. Il recevra les Ambassadeurs et les autres Ministres publics ; il veillera à ce que les Loix soient fidellement exécutées, et accordera les Commissions à tous les Officiers des Etats-Unis.

Section IV. Le Président, Vice-Président et autres Officiers civils des Etats-Unis, seront démis de leur office, par la voie d'*impeachement*, pour et sur conviction de trahison, corruption, ou autres malversations et crimes capitaux.

ARTICLE III.

Section I. Le Pouvoir Judiciaire des Etats-Unis sera conféré à une Cour Suprême, et à autant de Cours inférieures que le Congrès voudra par la suite en ordonner et en établir. Les Juges de la Cour Suprême, ainsi que ceux des Cours inférieures, conserveront leurs Offices tant qu'ils se comporteront convenablement, et recevront, à dés époques fixes, pour leurs services, une compensation qui n'éprouvera aucune diminution, tant qu'ils resteront dans leur office.

Section II. Le Pouvoir Judiciaire s'étendra à tous les cas, dans le droit et dans l'équité(1) qui se rapporteront à cette Constitution, aux Loix des Etats-Unis, et aux Traités faits ou à faire sous leur autorité; à tous les cas regardant les Ambassadeurs, les autres Ministres publics et les Consuls; à tous les cas

---

(1) La Cour d'Equité ou de Chancellerie en Angleterre, est un Tribunal qui juge, non selon la Loi écrite, mais selon l'équité.

d'Amirauté et de Jurisdiction maritime ; aux différends dans lesquels les Etats-Unis feront partie ; aux différends entre deux ou plusieurs Etats, entre un Etat et les Citoyens d'un autre Etat , entre les Citoyens de différens Etats, entre les Citoyens du même Etat , réclamant des terres octroyées par différens Etats ; et entre un Etat , ou les Citoyens de cet Etat, et des Etats, Citoyens ou Sujets étrangers.

Dans tous les cas regardant les Ambassadeurs, les autres Ministres publics et les Consuls, et dans ceux où un Etat sera partie, la Cour Suprême aura une Jurisdiction primaire ; dans tous les autres cas sus-énoncés, la Cour Suprême aura jurisdiction d'appel quant au droit et quant au fait, avec telles exceptions et tels Réglemens que le Congrès ordonnera.

Le procès de tous les crimes , excepté dans les cas d'*impeachement*, se fera par Jurés, et ce procès sera suivi dans l'Etat où lesdits crimes auront été commis; mais s'ils n'ont été commis dans les limites d'aucun Etat, le jugement se rendra sur le lieu ou les lieux que le Congres aura fixés par une Loi.

T 4

Section III. La trahison contre les États-Unis consistera seulement à leur susciter la guerre, à se joindre à leurs ennemis, ou leur donner aide et assistance. Nul ne sera convaincu de trahison sans la déposition de deux témoins du même délit annonçant trahison, ou sans son aveu en pleine audience.

Le Congrès aura le pouvoir de déterminer le châtiment de la trahison ; mais aucune Sentence de trahison n'entraînera infamie ou forfaiture que durant la vie de la personne condamnée.

A R T I C L E   I V.

Section I. On accordera dans chaque État une foi pleine et entière aux Actes publics, aux registres et aux procédures judiciaires de tout autre État ; et le Congrès pourra, par des Loix générales, ordonner de quelle manière l'évidence de ces Actes, registres et procédures devra se prouver, et l'effet qu'ils entraîneront.

Section II. Les Citoyens de chaque État auront droit aux priviléges et immunités de Citoyens dans les différens États.

Une personne accusée dans un État de tra-

hison, félonie ou autre crime, qui aura fui
pour se dérober à la Justice, et que l'on re-
trouvera dans un autre Etat, sera, sur la demande du Pouvoir Exécutif de l'Etat d'où elle
aura fui, livrée pour être conduite dans l'Etat
qui devra connoître du crime.

Nulle personne engagée pour tel tems de
service ou de travail dans un Etat, sous la
sanction des Loix de cet Etat, ne pourra, en
se sauvant dans un autre, être déchargée en
vertu d'aucune Loi ou d'aucun Réglement de
cet autre Etat, de son service ou de son travail ; mais elle sera rendue à la réquisition de
celui à qui son service ou son travail pourra
être dû.

Section III. De nouveaux Etats pourront être
admis par le Congrés dans cette union ; mais
aucun nouvel Etat ne sera formé ou érigé dans
la jurisdiction d'aucun autre Etat, ni aucun
nouvel Etat ne sera formé par la jonction de
deux ou plusieurs Etats ou portions d'Etats,
sans le consentement des Législatures des
Etats intéressés, et sans celui du Congrès.

Le Congrès pourra faire toutes les règles
et tous les réglemens nécessaires relativement
au territoire et aux autres propriétés appartenant aux Etats-Unis, il pourra aussi en

disposer, et rien, dans cette Constitution, ne sera interprété de manière à porter préjudice à aucun droit des Etats-Unis, ou d'aucun Etat particulier.

Section IV. Les Etats-Unis garantiront à chaque Etat, dans cette Union, une forme républicaine de Gouvernement, et ils protégeront chacun d'eux contre les invasions, et, sur la réquisition du Pouvoir législatif ou de l'exécutif (quand la Législature ne pourra être assemblée) contre les violences domestiques.

A R T I C L E V.

Le Congrès, toutes les fois que deux tiers des deux Chambres le jugeront nécessaire, proposera des amendemens à cette Constitution, ou, sur la réquisition des Législateurs de deux tiers des différens Etats, convoquera une Convention (1) pour proposer des amendemens, et, dans l'un et l'autre cas, ces

─────────────────────

(1) Convention, Assemblée fédérative de plusieurs personnes dans un Etat, ou de plusieurs Etats réunis, et dont l'objet est toujours de proposer, agréer ou rejetter quelque point de Législation.

amendemens seront valides et légaux, comme partie de cette Constitution, quand ils seront ratifiés par les Législatures, ou par les conventions de trois quarts des différens Etats, suivant que le Congrès proposera l'un ou l'autre mode de ratification ; pourvu qu'aucun amendement fait antérieurement à l'année mil huit cent huit, ne touche en aucune manière à la première et quatrième clauses de la neuvième section du premier article ; et qu'aucun Etat sans son consentement ne soit privé de son suffrage égal dans le Sénat.

ARTICLE VI.

Toutes dettes et tous engagemens contractés avant l'adoption de cette Constitution, seront aussi valides contre les Etats-Unis sous cette Constitution, que sous la Confédération.

Cette Constitution et les Loix des Etats-Unis qui seront faites en conséquence, et tous les traités faits ou qui seront faits sous l'autorité des Etats-Unis, seront la Loi suprême du Pays, et les juges, dans chaque Etat, seront tenus de s'y conformer ; nonobstant tout ce qui pourroit se trouver dans la Constitution ou dans les Loix d'aucun Etat, de contraire à cette loi suprême.

Les Sénateurs, les Représentans, les Membres des Législatures des différens Etats, et tous les Officiers exécutifs ou judiciaires, soit des Etats-Unis, soit des différens Etats, s'engageront, par serment ou affirmation, à maintenir cette Constitution ; mais aucun serment concernant la religion ne sera jamais exigé comme condition nécessaire pour occuper aucun Office ou emploi public sous les Etats-Unis.

A R T I C L E   V I I.

La ratification par les Conventions de neuf Etats, sera suffisante pour l'établissement de cette Constitution entre les Etats qui l'auront ratifiée.

Fait en Convention, du consentement unanime des États présens, le dix-septième jour de septembre de l'année du Seigneur mil sept cent quatre vingt-sept; et la douzieme de l'indépendance des États-Unis de l'Amérique. En foi de quoi nous avons tous signé.

GEORGE WASHINGTON, *Président et Député de la Virginie.*

New-Hampshire.   { Jean Langdon.
                   { Nicolas Gilman.

Massachusetts. . .	{ Nathaniel Gorham. Rufus King.
Connecticut. . . .	{ Guillaume Samuel Johnson. Roger Sherman.
New-York.	{ Alexandre Hamilton.
New-Jersey. . . .	{ Guillaume Livingston. David Bréarly. Guillaume Patterson. Jonathan Dayton.
Pensylvanie. . . .	{ Benjamin Franklin. Thomas Mifflin. Robert Morris. George Clymer. Thomas Fitzsimons. Jared Ingersoll. Jacques Wilson. Gouverneur Morris.
Delawarre.	{ George Read. Gunnig Bedford junior. Jean Dickinson. Richard Bassett. Jacob Broom.
Maryland.	{ James M'henry. Daniel de St. Thomas Jenifer. Daniel Carrol.
Virginie.	{ Jean Blair. Jacques Madison junior.

Caroline-Nord... { Guillaume Blount.
Richard Dobbs Spaight.
Hugues Williamson.

Caroline-Sud.... { Jean Rutledge.
Charles Cotesworth Pinkney.
Charles Pinkney.
Pierre Butler.

Georgie....... { Guillaume Few.
Abraham Baldwin.

Attesté.

GUILLAUME JACKSON, *Secrétaire.*

EN CÒNVENTION.

PRÉSENTS;

Les Etats de New-Hampshire, de Massachussetts, de Connecticut, M. Hamilton de la part de NewYork, de New-Jersey, de Pensilvanie, de Delaware, de Maryland, de Virginie, de la Caroline-Nord, de la Caroline-Sud et de Georgie.

RÉSOLU

Que la Constitution ci-dessus soit présentée aux Etats-Unis assemblés en Congrès, et que l'opinion de cette Convention est que la Constitution soit ensuite soumise dans chaque Etat à une Convention de Délégués, choisis dans chaque Etat par ses habitans, sous la recommendation de sa Législature, pour y être consentie et ratifiée, et que chaque Convention en la consentant et ratifiant, en donne aussi-tôt avis aux Etats-Unis assemblés en Congrès.

Résolu que c'est l'avis de cette Convention, qu'aussi-tôt que les Conventions de neuf Etats auront ratifié cette Constitution, les Etats-Unis assemblés en Congrès fixent un jour où des Electeurs soient choisis par les Etats qui l'auront ratifiée, un autre jour où les électeurs s'assemblent pour donner leurs suffrages pour le choix d'un Président, et enfin le lieu et l'époque où l'on commencera à procéder aux affaires sous cette Constitution; que après une telle publication, les Electeurs soient nommés et les Sénateurs et Représentans élus : que les Electeurs s'assemblent le jour fixé pour l'Election du Président, et fassent passer leurs suffrages certifiés, signés, scellés et adressés, comme la Constitution le prescrit, au Secrétaire des Etats - Unis assemblés en Congrès; que les Sénateurs et les Représentans s'assemblent au lieu et au tems fixé; que les Sénateurs choisissent un Président du Sénat à l'effet seulement de recevoir, ouvrir et compter les suffrages, et qu'après qu'il sera choisi, le Congrès, de concert avec le Président, procède sans délai à l'exécution de cette Constitution.

Par l'ordre unanime de la Convention.

GEORGE WASHINGTON, *Président.*

GUILLAUME JACKSON, *Secrétaire.*

EN

EN CONVENTION.

17 Septembre 1787.

MONSIEUR,

Nous avons actuellement l'honneur de soumettre à la considération des Etats - Unis assemblés en Congrès cette Constitution qui nous a paru la plus convenable.

Les amis de notre Pays ont long-tems senti qu'il étoit désirable et ont désiré que le pouvoir de faire la Guerre, la Paix et les Traités, celui de lever des impôts et de régler le Commerce, et ces deux pouvoirs correspondans, l'Exécutif et le Judiciaire, fussent pleinement et formellement conférés

V

au Gouvernement général de l'Union ; mais l'impropriété de confier un dépôt d'une telle étendue à un seul corps d'hommes, est évidente. De-là résulte une nécessité d'une organisation différente.

Il est évidemment impraticable dans le gouvernement fédératif de nos Etats, d'assurer tous les droits de Souveraineté indépendante à chacun, et néanmoins de pourvoir à la sûreté et à l'intérêt de tous. Des individus entrant en société, doivent sacrifier une portion de leur Liberté pour conserver le reste ; la grandeur du sacrifice doit dépendre autant de la situation et des circonstances, que de l'objet à obtenir. Il est difficile dans tous les tems de tirer avec précision la ligne de démarcation entre les droits que l'on doit sacrifier et ceux que l'on peut conserver ; et dans l'occasion présente la difficulté étoit encore augmentée par la différence qui existe entre les divers Etats quant à leur situation, leur étendue, leurs usages et leurs intérêts particuliers.

Dans toutes nos délibérations à ce sujet, nous avons toujours eu en vue ce qui nous paroît devoir être le plus cher intérêt de tout vrai Américain, la consolidation de notre union à laquelle est attachée notre propriété, notre félicité, notre sûreté, peut-être notre existence nationale. Cette importante considération, gravée fortement et profondément dans nos esprits, a engagé chaque Etat dans la Convention à être moins rigide sur les points sécondaires, que sans cela, on auroit pu l'espérer; ainsi la Constitution que nous présentons aujourd'hui, est le résultat d'un esprit d'amitié, de déférence et de condescendance mutuelle que la singularité de notre situation politique rendoit indispensable.

Nous ne devons pas espérer peut-être que cette Constitution obtienne l'approbation pleine et entière de chaque Etat ; mais chacun d'eux considérera, sans doute, que si ses intérêts seuls eussent été consultés, les suites auroient pu en être très-nuisibles et désagréables aux autres ; que cette Constitution soit d'ailleurs susceptible d'aussi peu d'objections qu'on devoit raisonnablement s'y attendre, c'est ce que nous espérons et ce que nous croyons ; qu'elle puisse procurer le bien-être durable de ce Pays qui nous est si cher à tous, et assurer sa Liberté et son bonheur, voilà notre souhait le plus ardent.

Nous avons l'honneur d'être avec un profond respect,

M O N S I E U R ,

De votre Excellence,

Les plus humbles et obéissans serviteurs.

GEORGE WASHINGTON, *Président.*

Par l'ordre unanime de la Convention.

A son Excellence
le Président du Congrès.

CONGRÈS

DES ÉTATS-UNIS

V 3

NOTE DE L'ÉDITEUR.

La premiere session du Congrès; à la ratification duquel la Constitution qu'on vient de lire avoit été soumise, commença le 4 Mars 1789. C'est à New-Yorck que se réunirent les Représentans : ils s'occupèrent davantage à assurer la splendeur du Commerce, qu'à créer de nouve'les entraves à l'Aristocratie. Ils établirent un *Département des Affaires étrangères*, un *Département de la Guerre*, un *Département de la Trésorerie*. Ils fixèrent les appointemens des Officiers exécutifs des Gouvernemens; ils allouèrent des compensations aux Membres du Sénat et de la Chambre des Représentans des Etats-Unis, et aux Officiers des deux Chambres; ils allouèrent une compensation aux Juges de la Cour Suprême et des autres Cours, au Procureur-Général des Etats-Unis, au Président et au Vice-Président : enfin ils établirent les Cours judiciaires, et ajournèrent leur seconde session au premier Lundi du mois de Janvier 1790.

Cependant les Membres du Congrès avoient été chargés spécialement de porter quelques amendemens à la Constitution; ils s'occupèrent à remplir ce devoir. Nous rapportons fidelement leurs derniers Arrêtés, et nous laissons au Lecteur le soin de les comparer avec les Constitutions premières des divers Etats.

CONGRÉS

DES

ÉTATS-UNIS.

Commencé et tenu dans la Ville de New-Yorck, le mercredi 4 Mars 1789.

LES conventions d'un certain nombre des Etats ayant, à l'époque où elles ont adopté la Constitution, exprimé le desir, pour prévenir la fausse interprétation ou l'abus de ses pouvoirs, qu'il y soit ajouté des clauses ultérieures, déclaratoires et restrictives; et l'extension des fondemens de la confiance publique dans le Gouvernement devant mieux assurer les fins bienfaisantes de son institution;

Il est *résolu* par le Sénat et la Chambre des Représentans des Etats-Unis d'Amérique, assemblés en Congrès, avec le concours de deux

V 4

tiers des deux Chambres, que les articles suivans soient proposés aux Législateurs des différens Etats comme amendemens à la Constitution des Etats-Unis, pour que partie de ces articles, ou tous ces articles, quand ils seront ratifiés par les trois quarts desdites Législatures, aient force de Loi sous tous points et égards, comme partie de ladite Constitution.

Articles en addition et en amendement à la Constitution des Etats-Unis d'Amérique, proposés par le Congrès, et ratifiés par les Législatures des différens Etats, conformément au cinquième article de la Constitution originale.

ARTICLE PREMIER.

Après le premier dénombrement ordonné par le premier article de la Constitution, il y aura un Représentant pour chaque trente mille personnes, jusqu'à ce que le nombre des Représentans monte à cent ; après quoi, la proportion sera réglée par le Congrès, de manière qu'il n'y ait pas moins de cent Représentans, ni moins d'un Représentant pour chaque quarante mille personnes, jusqu'à ce que le nombre de Représentant monte à deux cents ; après quoi, la proportion sera réglée par le Congrès, de manière qu'il n'y ait pas moins de deux cents Représentans, ni plus d'un Représentant pour chaque cinquante mille personnes.

ARTICLE II.

Aucune Loi, pour changer la compensation pour les services des Sénateurs et Représentans, ne sera passée, jusqu'à ce qu'une élection de Représentans ait eu lieu auparavant.

A R T I C L E I I I.

Le Congrès ne fera aucune Loi concernant un établissement de religion, ou pour en défendre le libre exercice, ou pour diminuer la liberté de la parole ou de la presse, ou le droit du Peuple de s'assembler paisiblement, et de présenter des pétitions au Gouvernement pour réformation d'abus.

A R T I C L E I V.

Une Milice bien réglée étant nécessaire à la sûreté d'un Etat libre, le droit du Peuple d'avoir ou de porter des armes sera respecté.

A R T I C L E V.

Aucun Soldat, en tems de paix, ne sera logé dans aucune maison, sans le consentement du Propriétaire, ni en tems de guerre, sinon de la manière que la Loi prescrira.

A R T I C L E V I.

Le droit du Peuple d'être à l'abri dans leurs personnes, leurs maisons, leurs papiers et leurs effets, de toutes saisies et recherches injustes, ne sera point violé; et aucun ordre ne sera délivré, qu'il ne soit fondé sur une cause probable, appuyé par serment ou affirmation, et qu'il ne décrive particuliérement le lieu à visiter, et les personnes ou choses à saisir.

ARTICLE VII.

Nul ne sera tenu de défendre à un crime capital ou tout autre crime infamant, sinon sur la dénonciation ou l'accusation d'un Grand-Juré, excepté dans les cas qui auront lieu dans l'armée de terre ou de mer, ou dans la Milice, quand elle sera en service effectif, en tems de guerre ou de danger public. Nul ne sera exposé pour le même délit à courir deux fois le risque de perdre la vie ou quelque membre, ni ne sera forcé dans une cause criminelle d'être témoin contre lui-même, ni privé de la vie, de la liberté ou de sa propriété, sans être jugé juridiquement; et nulle propriété particulière ne sera prise pour l'utilité publique, sans un juste dédommagement.

ARTICLE VIII.

Dans toute poursuite criminelle, l'Accusé jouira du droit d'être jugé promptement et publiquemen par des Jurés impartiaux de l'Etat et du District où le crime aura été commis, lequel District aura été préalablement déterminé juridiquement, ainsi que du droit d'être informé de la nature et de la cause de l'accusation, d'être confronté avec les témoins contre lui, d'obtenir une Ordonnance pour faire comparoître des témoins en sa faveur, et d'avoir l'assistance d'un Conseil pour sa défense.

ARTICLE IX.

Dans les Procès en droit commun, où la valeur en litige passera vingt dollars, le droit d'être jugé par Jurés sera conservé; et aucun fait jugé par des Jurés ne sera revisé dans aucune Cour des Etats-Unis, que conformément aux Réglemens de droit commun.

ARTICLE X.

Il ne sera point exigé de caution excessive, imposé d'amende excessive, ni infligé d'emprisonnement cruel ou extraordinaire.

ARTICLE XI.

L'énumération de certains droits dans la Constitution ne sera point interprétée comme un déni ou comme un mépris d'autres droits retenus par le Peuple.

ARTICLE XII.

Les pouvoirs que la Constitution ne délègue pas aux Etats-Unis, ou qu'elle n'interdit pas aux Etats, sont conservés aux Etats respectivement ou au Peuple.

FREDERICK-AUGUSTE MULHENBERG, Orateur de la Chambre des Représentans.

JEAN ADAMS, Vice-Président des Etats-Unis, et Président du Sénat.

Attesté, JEAN BECKLEY, Greffier de la Chambre des Représentans.

SAMUEL A. OTIS, Secrétaire du Sénat.

F I N.

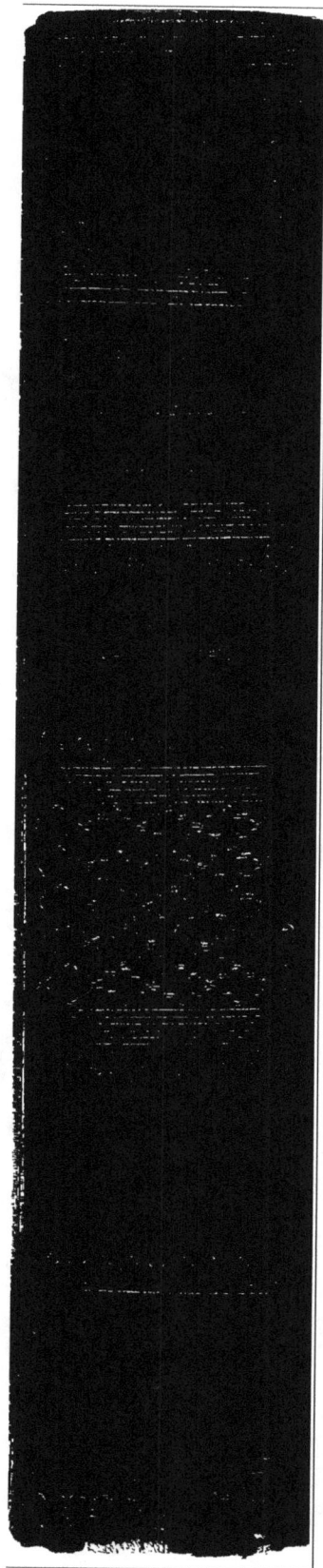